中国
礼乐文化
丛书

中国的修养

曹胜高
著

上海文艺出版社

中国的修养 | 目录 |

中国传统文化的当代意义　1

引言　1

第一章　励志
第一节　自立　8
第二节　自勉　34
第三节　自新　49
第四节　自信　59

第二章　正心
第一节　明心　74
第二节　全性　84
第三节　慎欲　93
第四节　养气　106

第三章　修身
　　第一节　养生　122
　　第二节　谨慎　135
　　第三节　省思　143
　　第四节　浑厚　150

第四章　德行
　　第一节　大度　168
　　第二节　隐忍　180
　　第三节　善友　188
　　第四节　格局　197

第五章　向学
　　第一节　读书　210
　　第二节　为学　223
　　第三节　深思　233
　　第四节　明理　241

第六章　立业
　　第一节　齐家　254

第二节　处事　265

　　第三节　用人　274

　　第四节　谋略　286

结语　295

初版后记　297

修订版后记　298

精编版后记　299

中国传统文化的当代意义

楼宇烈

对待传统文化,我们既不能完全抛弃,也不能原封不动地保留下来,而要把文化和传统之间的关系处理好。我们对传统文化的很多解释应该是古为今用的,所以对传统的选择主动权还是在我们自己手上,能不能很好地发扬传统文化的优秀方面,这个责任也在我们自己。中华文化的内容都是相通的,我们现在学习它一定要融会贯通。

一

文化的发展与经济、政治的发展是密切相关的。一个生命不仅仅是肉体,还要有精神,而且精神对肉体是起支配作用的。一个国家也是这样,经济是基础,但经济要怎样才能健康发展?这需要它的文化起作用。在近代这100多年来,西方国家凭借他们强大的物质文明来侵犯东方国家,整个亚洲地区除了日本之外,都先后沦为了西方的殖民地半殖民地。但上个世纪尤其是二战以后,东方掀起了民族解放运动,这些国家先后都摆脱了西方的殖民统治,取得了民族的独立。在政治上求得解放以后,这些国家在经济上有很多传统观念是深入我们血液中的，永远去掉不了。所以，对待传统文化，我们既不能完全抛弃，也不能原封不动地保留下来，其实这两者是事实上的不可能。既然如此，我们就要把文化和传统之间的关系处理好。国家、民族之间的竞争归根结底会落实到文化上，而不仅仅是落实在经济上。所以文化的继承发扬是非常重要的一个问题，因为，没有文化，一个民族的特性就没有了，这个民族也就不可能存在了。我们常讲爱国主义，要爱国，就要认同这个国家的历史，历史又落实在文化上，因为文化是历史的载体，认同历史也就是认同这个文化传统。龚自珍研究春秋史得出这样一个结论："欲灭人之国，必先灭其史。"要灭掉一个国家首先要灭掉这个国家的历史，人民不知道自己的历史，不知道自己的文化，对这个国家还有什么感情呢？从这个方面讲，对于历史、文化传统的认同不是一个一般的问题，而是一个根本的、事关我们国家、民族生存的问题，而且从文化方面来讲，它也是一个国家、民族的精神之所在。

近几年我一直在讲这样一个问题：我们要树立文化的主体意识。在现代世界，文化交流是文化发展的一个非常重要的动力。从我们自己国家的文化发展历史来看也是这样。中华文化是由许许多多的文化相互交流、相互吸收形成的文化共同体。我们知道先秦有诸子百家，这个局面到了战国时期已经开始相互交流、影响。通过这样的交流，到了汉初一些学派开始壮大了，也有一些开始衰落了。司马迁的父亲司马谈在《论六家要旨》中介绍了当时儒、道、墨、名、法、阴阳六学派的思想，百家变成了六家。这六家经过汉代的文化交流、相互吸收后又有一些被淘汰了，最后形成了儒、道两大家。这两家之所以能够延续下来靠什么？就是靠保持了他们自己的主体性。一种思想不能保持自己的主体性,它本身就不可能有发展。后来两汉之际佛教传入了中国,开始作为一个外来的文化加入,对于当时的儒、道两家的思想有很大的冲击。儒、道两家同时也吸收了佛教的思想。到了南北朝时期,通过这样的相互交流,佛教已经渗透到了中华文化的方方面面,特别是渗透到了中国民间的一些习俗中。一种思想只有落实到生活习俗中去,它的生命力才是强大的,否则的话只是一些空洞的理论和认识。

我们现在讲中国的传统文化受到很大的冲击,从中国近代的历史进程看可以分为这么几个阶段:第一个阶段是认为中国原有的精神文化还是很有意义的,也是很强大的,中国弱就弱在物质文化方面,所以要赶上西方只要在物质文明上积极学习和发展就可以了,这就是洋务运动时"中学为体,西学为用"的思想。但洋务运动最后以失败告终,搞了30年的洋务运动,建立起了当时非常强大的北洋水师,可是在一场甲午战争中就被打败了。于是我们开始考虑体制、机制的问题,考虑制度文明的问题。儒家的文明不行,就要批判,就要改,所以要进行制度改革。西方提供了我们两种榜样,一种就是像英国、荷兰那样走君主立宪的道路,把国王架空,实权放到议会当中,这就是康有为领导的戊戌变法。可是戊戌变法也没有成功。在随后的第二个阶段中,孙中山像法国大革命那样,彻底推翻了封建王朝,建立了共和制度。但辛亥革命既成功又不成功,因为虽然把皇帝拉下了马,但是旧军阀势力又非常强大。于是人们开始思考精神文明层面的因素。新文化运动就是要改造精神文明,当时首当其冲的就是儒家文化,所以对儒家文化进行了激烈的批判。但这些实际上还是停留在社会政治层面,对于一般世俗生活中传统的东西并没有冲击多少。最后到了"文化大革命",从根本上铲除了文化在日常生活中的东西,很多生活习俗消失了。经过了"文化大革命"以后,我们在基本的家庭生活中也把我们的传统割断了,所以我们现在很多人对于基本的家庭伦常观念不是很清楚,有的根本不认同。

二

孔子在《论语》里面有一句话说:"父为子隐,子为父隐,直在其中矣。"我们要建立法制社会,父亲包庇儿子,儿子包庇父亲,这还"直在其中"? 这不符合法律。所以中国人做什么事情都要讲合情合理合法,在我们很多人心目中合理合法可以接受,但合情不能接受,认为法律是没有情的。法是不是就不容情呢? 上世纪九十年代初我去韩国,想了解一下儒家文化在当下韩国社会中还有什么样的影响。我发现,在他们的法律中对包庇罪怎么处理有这样的规定:如果隐匿者跟他没有血缘关系,根据他的罪状,要判十年;但如果同样的情节发生在和他有血缘的直系亲属之间就可以减刑。这在我们看来有点儿荒唐。但我仔细看他们伤害罪里还有一条,如果人与人之间相互伤害,没有亲族的血缘关系的,根据他伤害的轻重判五年,但如果是直系亲属之间的关系,就得判十年。把这两条放在一起看,就可以看到法律的意图:重视亲情。我们都知道韩国受中国儒家思想影响极深,所以我看到这两条后马上就想到孔子这句话。

我们人间之情大致归纳起来也就是三类:一是亲情,二是友情,三是爱情。这三类"情"中最不稳固的就是爱情。亲情、友情应该是永恒的,爱情却是变化的。两个人有爱情,到一定程度后结合了,这个爱情已经转变成亲情了,亲情就不能像爱情那么随便了:我们好就在一起,不好就分手。他要考虑相互之间的责任,这就是亲情的要求,就不能够还停留在爱情上了。我们中国人最重视的一个礼是婚礼。礼,始于冠、本于婚,但现在的婚礼可以说没有什么规矩,大家吃吃喝喝,吵吵闹闹,顺便恶搞一下就完了,没有留下什么深刻意义。所以我们一定要规范一下婚礼,要让两个人通过婚礼受到一种教育,认识到责任发生变化了,双方都要为对方负责;婚前如果讲孝道的话,他只要对自己的父母尽孝道就可以了,结婚以后还要为对方的父母尽孝道。如果有了子女,以后他还要对子女负责任。为什么在中国古代婚礼上要一拜天地、二拜高堂呢? 就是要感恩,让他有这种感恩的心。

我们现在的人在这方面是比较缺乏的,以自我为中心,从来没有想过我的生存、我的成长、我的成就是离不开他人的。没有天地我们能活得了吗? 在中国人的理念中,天地是一切生命的来源,所以天地是万物的父母。荀子讲礼有三本,第一就是"天地者,生之本也",天地是一切生命的本原,所以我们要感谢天地。荀子讲"先祖者,类之本也",中国人的生命观念是族类观念,生命是由父母、祖父母给予的。所以,我们为什么要拜天地、拜父母? 报恩,勿忘本也。人最基本的品质里面就应该有报恩的思想。荀子还说,"君师者,治之本也"。过去的君也指圣人,意即圣人和老师是他懂得做人道理的根本。"治"的意思是治人治己,治人必先治己,正人必先正己。所以中国传统文化要求我们不忘本。

年轻人说要实现自我价值,我举双手赞成。我们每个人都应该实现自我价值,但怎么实现呢? 被别人认同才有价值,要取得别人的认同,他必须要对别人作出贡献。我有时候开玩笑说,儒家告诉了我们一个实现自我价值的秘诀,可是我们却说是否定自我价值的罪魁祸首。因为儒家告诉我们要投入到群体中去,我们做什么事情都要为群体去做,这不是最好的一个实现自我价值的方法、途径和秘诀吗?可是有人讲中国人一点儿自我都没有,怎么没有自我呢?前半生为父母服务,后半生为子女服务,就是没有为自己。我们说现在看可能是这样,但是我们为子女、为父母服务这就是中国人的价值观念,生命就是这样延续的。他现在对父母的尊重、尊敬实际上就是为了将来他的子女对他尊重和尊敬。所以生命就是这样一代一代延续,报应也是这样一代一代去延续。其实我觉得这是一个非常简单的道理,我们现在也有很多人讲孝,好像给父母吃饱穿暖就是孝,其实不是这么简单的事情。《礼记》里面讲孝有三本,"大孝尊亲",就是使他的父母受到社会的尊重;其次是"勿辱",不要让他父母受到社会的侮辱;"其下能养",能养是其下。

　　有人问:中华文化这么好,那么中华文化里面糟粕多不多?当然有。比如中华文化里面讲君要臣死,臣不得不死,父要子亡,子不得不亡。这是愚忠愚孝。其实儒家也不提倡这个。《孟子》里面有一个故事。有人问孟子,成汤杀了夏桀,武王杀了纣王是不是以下犯上,犯上作乱?孟子说:"闻诛一夫纣矣,未闻弑君也。"谁都讨厌他,谁都抛弃他,他成了孤家寡人,这怎么能说是以下犯上呢?所以《周易》里面才有一句话叫"汤武革命,革故鼎新"。《荀子》里面讲得更清楚了,"入孝,出悌,人之小行也",就是回到家里能孝,出到外面能尊重长辈,这只是"小行"。那么什么是人之"大行"呢?"从道不从君,从义不从父,人之大行也。"也就是孝和忠都是有原则的,不是提倡愚忠愚孝,大家有兴趣可以看看《荀子·子道》。

可以看出,我们对传统文化的很多解释应该是古为今用的,所以对传统文化选择的主动权还是在我们自己手上,能不能很好地发扬传统文化的优秀方面,这个责任也在我们自己。有时候出现了一些问题或者一些不好的现象,有人就说是我们传统文化造成的,这是推卸责任。今天的事情要我们自己担当起来,对传统文化运用得好坏也是我们今人的问题,而不是文化本身的问题。

三

中华文化的内容都是相通的,我们现在学习它一定要融会贯通。古代非常强调学习各种各样的技艺。按照《礼记》里面的讲法,中国古代八岁入小学,十五岁入大学。入小学后学习的一个内容是洒扫应对,即打扫卫生,接待客人。第二个内容是进退有节,怎么进、怎么退,都是仪式上的东西。有一句话叫"徐行后长",是说当有长辈与他同行的时候,一定要让长辈走在前面,而他要慢慢地跟在后面。第三个内容是学习六艺,礼、乐、射、御、书、数。这主要是仪轨的东西。除礼乐外,射、御就是射箭、驾车,书就是我们现在讲的书法,数就是指的术数,就是天文、地理之类的东西。从六艺里面我们可以看到,文艺可以说是礼乐的表演,这些东西都是修身养性的。去年北京奥运会上,韩国在射箭比赛方面失利了,没有得到冠军,他们很懊恼,认为应该得到。因为他们从小学四年级就开始学射箭。为什么射箭受到那样的重视呢?

按照《礼记》来讲,射也是非常重要的礼仪,有乡射礼。乡礼就是社区活动的礼,其体现的最重要的精神是尊老爱幼。如果在乡礼上有90岁的老人,那么80岁的老人要等90岁的老人坐下以后才能坐。射礼里面体现什么精神呢?必须要身正,要身正必须先心正,只有身正、心正才能射中。如果他没有射中不能埋怨,说这个靶设得不对,这个时候他必须反省我心正了没有、身正了没有。射礼是让我们通过射培养自己心正、身正,反省自己的品德。这些礼绝对不是简单的娱乐项目,而是通过这些礼培养自己的行为。

十五岁进大学后要学什么？要学穷理、正心、修身,学这些做人的大道理。所以就整个中国传统教育来讲,我们可以看到都是围绕着怎样做人来进行的,即中国传统教育的宗旨和目的就是教人怎么做人,也就是为人之道。我们讲教育乃立国、强国之本,何者又为教育之本呢？为人之道就是教育之本。我们现在的教育停留在知识的传授上、技能的传授上,这就失去了教育的意义,或者说失去了中国传统教育的意义。我们都知道一句话,授人以鱼不如授人以渔,所以我讲为学之方是教育之要。所谓为学之方就是教给他怎么样发现知识、掌握知识、运用知识,这比教他一些现成的知识重要得多、根本得多。

现在学科分得很细,以至于各科之间完全是隔绝的,这就不可能让我们的思想相互联系,融会贯通。就中国传统来讲,如果教了他这个只会干这个,不会干那个,那我就再也不教了。《论语》里面有一句话,"不愤不启,不悱不发",就是说学生必须有强烈的追求知识的要求,如果他没有这种要求我不会去启发他；如果他有了这个要求,我可以去点拨他。所以启发教育不是我灌给他,而是他有了要求以后才去教。接着下边还有一句话,"举一隅不以三隅反,则不复也",举一不能反三,他的知识就是一个死的知识。举一能反三才是活知识,才能够融会贯通,能够由此及彼。知识都是融会贯通的。中国古代有这样的话:不为良相就为良医。做良相与做良医的道理是相同的。作为一个良相就是要调和各种矛盾,使社会达到和谐。所以中国人比喻宰相是大厨师,他能够调和鼎鼐,把各种味道的东西放在一起做出一锅美味的汤来,这就是和。宰相就是做这个事情的,就是高级厨师。而良医也是调和人的脾胃,调和人的五脏六腑以达到平衡,通瘀解塞,道理是一样的。《黄帝内经》里面有一句话:"圣人治未病不治已病,治未乱不治已乱。"这句话从中医的角度来讲也是治病的原则。荀子曾经讲过一句话:"君子治治不治乱。"有了乱难道不管吗?不是,君子治乱是"去乱而被之以治",就是恢复礼仪,建立好礼仪秩序。所以不是就乱治乱,治乱只是治标,必须要抓本,就是把社会的礼仪制度建设好。

中国的学问也都是相通的,如果举一不能反三的话就是孺子不可教。为什么我们现在不能出大师呢?因为我们都不能举一反三,说一是一,说二是二,不能融会贯通。中华文化中的儒、释、道都是庞大复杂的知识体系,但是大道却永远是简易的。我们如果能够融会贯通,把握住三教的根本精神,就可以无所不通了。大道简易是中国人最朴素的一个想法,因为天地之道就是简易,我们从《易经》就可以读到这个道理。《易经》的"易"有三个意思:一个是不易,一个是变易,一个是简易。不易是个基础,所谓不易就是要定位,天地定位,刚柔定位,也就是有相对的东西。有了相对的东西才会产生变易,而变易是最核心的东西,因为事物的发展经常会走到自己穷尽的地方,如果走到穷尽的地方而不能自己变通的话,它就到此为止了;如果可以调整、变通,就可以继续发展下去。所以,才有《周易》里面的话"穷则变,变则通,通则久"。变也可以说是一切事物的根本规律,不变就要死亡了。变了以后就可以通,找到新的道路了,通了就可以久。而简易是天地之大德,尊重事物本来的面貌是最简易的。

所以，我们学习传统文化最根本的也就是要把握传统文化的根本精神，而不要被它的复杂、博大精深"吓唬"住了。深入进去就不复杂了，要能把握它的根本精神就可以左右逢源了。所以，我希望年轻人能够在传承和发扬我们传统文化方面积极地努力。

引言

中华文化最大的传统是什么？

是随时随地重视人的心性塑造与行为养成。

无论是唐以前所推崇的五经，还是宋元后所重视的四书，都关注于君子人格的培养、注重道德人格的完善。中华文化一直坚信：培养出一个温文尔雅的君子，就能够改善一个家庭；培养几个君子，就能改变一个家族；培养出一代君子，就能改良整个社会。因此，中华文化关注的核心命题，便是人该如何发展、如何完善、如何提高、如何超越，通过反省自己、修养自己、完善自己、锤炼自己，成长为一个内外兼修的君子，进而承担治国平天下的家国责任。

汤用彤先生曾说："大凡欲了解中国一派之学说，必先知其立身行己之旨趣。"[1]要了解某种学说的立场，就看其意在培养什么样的人，如何培养人。在中华文明中，儒家学说之所以被重视，很大程度上是因为其关注于人的发展成长，关注于人的立身处事，期望每一个中国人都能通过读书明理，成长为具有君子人格和道德人格的人，把自己的成长与社会的发展结合起来。

《大学》中说：

> 古之欲明明德于天下者,先治其国,欲治其国者,先齐其家;欲齐其家者,先修其身;欲修其身者,先正其心;欲正其心者,先诚其意;欲诚其意者,先致其知,致知在格物。

春秋时期的"国",是指大大小小的诸侯国,大者数千里,小者数十里,相当于现在的一个地区而已。周秦时期能接受教育的多是贵族子弟,其被作为王朝、诸侯国的储君培养,所谓的"治国",便是在自己的封地上实现国泰民安,然后再来说天下如何如何。也就是说,无论理想有多大,都要从自己的一亩三分地做起,先扫一屋,再扫天下。扫一屋,便要管好家人,老婆孩子热炕头,一家人其乐融融,父慈子孝。要做到齐家,需要先修身,就是自己先成为家人的榜样。

如何才能修好身呢?要先正心,端正自己的内心,心正则身正,心邪则行秽,心坦荡则人光明,心龌龊则事鄙陋。正心的关键,在于诚意。对别人真诚,不撒谎不吹牛;对自己真诚,不欺骗自己,不心存侥幸,不好高骛远。诚意就是真实地面对自己的所思所想,这就要建立在致知的基础上。致知就是有完善的知识体系,能形成自己独立的思考、判断。这就需要对人情洞明、物理通达,这就是"格物"。

这样一来,儒家认为培养人有八个基本途径:格物、致知、诚意、正心、修身、齐家、治国、平天下。其循序渐进,由小及大,由近及远。仿佛打游戏闯关一样,心性修炼、行为锤炼也要一关一关地过,一级一级地升,坚持不懈地做,毫不疲倦地走,不知不觉就会由一个懵懂少年,成长为睿智干练的精英。

这是中华文化培养人的模式:锤炼了一个人的心性,也成就了一个人的一生;点燃了一个人的梦想,就启动了一个人的发展;培育了一个人的习惯,便塑造了一个人的未来。

第一章

励志

我们从小就被父母、亲戚问道："你的理想是什么？""长大之后想做什么？"

现在是否还能记起当时的回答？是否还坚持着当时的理想？

如果现在再问自己有什么志向，我们还能讲出来吗？说出来的志向是经过深思熟虑的吗？是曾经为之付出并始终坚守的吗？少年时的梦想与志向，是已经杳无踪迹？还是仍萦绕心头？

一个人要想做事业、要想有发展，首先就要励志。孔子曾说：

三军可夺帅也，匹夫不可夺志也。[2]

军队的统帅可以改变，但一个人的志向却是不能轻易改变的。这是因为，志向不是念头，更不是想法，是一个人对未来的深思熟虑，是一个人经过理性思考并愿意为之奋斗终生的目标。人如果没有志向，就像行车没有目的、走路没有方向，看似整天在努力，却不明白自己的付出是为了什么？久而久之，仿佛进入循环往复的磨道，经年累月地走，却始终不能走出别人设计的圈子。

自古成大事者，从小就有鸿鹄之志。秦末起义领袖陈胜，只是一个佣耕者，也就是替别人种地的短工。有一次耕作间息，他仰望苍天，对干活的同伴说了一句惊天动地的话：

"苟富贵，无相忘！"——假如有一天谁大富大贵，不要忘了受苦受难的同伴啊！

其他的佣耕者头也不抬,不屑一顾,可能很多人心中都飘过一个字:切——

不过还是有个人响应了他一句:大哥,咱不过是个农夫,哪来的富贵!

陈胜依然仰望白云,长叹一声说:"燕雀安知鸿鹄之志哉!"

体验过这种孤独的还有陈涉的老乡庄周,就是那个梦见过蝴蝶、遇见过骷髅、借过粮食、骂过河监的庄子。他在《逍遥游》中做了一个比喻:小麻雀的理想就是先饱食,然后在草丛间、树梢上飞翔,一上一下,一窜一跳,非常快乐。大鹏要向上高飞几万里,必须先锤炼自己,然后找准机会乘风起飞,付出的要比麻雀多得多,收获却不一定比麻雀多,但鲲鹏所见到的世界、所感受到的天地之阔,肯定要比麻雀高远、广阔得多。

陈涉、庄周将燕雀与鸿鹄进行对比,觉得屋檐之乐的小麻雀、小燕子,如何能知道鸿鹄高远的志趣呢?单就快乐或幸福指数而言,麻雀、燕子或许要更快乐一些,或饱食终日,无所事事;或知足常乐,无忧无虑。鸿鹄要高翔,就必须飞得高,飞得远,飞得久,飞得累。因为,希望越多,失望也就越多;志向越高,付出也就越大。

但人类历史的向前发展,有时是循规蹈矩的步步为营,有时则是龙腾虎跃的一日千里。循规蹈矩孕育着平凡,龙腾虎跃催生着变革。历史需要步步为营的稳定发展,更需要一日千里的快速进步。特别是百舸争流的技术突破、社会转型与制度变革时期,只有有志向者才能敢于担负起时代责任,置身于历史现场中,去实现人生的璀璨。

人类的每一步发展,就在于总是有人不甘心做燕雀。这些不甘心的人,很多成就了一番大事业。

当时与陈涉同时叹息的,还有另外两个人。

一个是项羽。他不是站在田垄间,而是站在秦始皇南巡时夹道欢迎的人群中,眼巴巴地看着秦始皇仪仗队的兵强马壮、旌旗飞扬、鼓乐喧天,更看到了百姓拜伏在地的高呼万岁。项羽说:"彼可取而代也!"——我能取代这家伙!这话是从牙缝里挤出来的不服气。

另一个是刘邦。刘邦当时是亭长,亭长是秦代最小的吏,管方圆十里大的地方。论权力,远没有现在的村长大,秦汉人烟稀少,亭长也就在那遥远的小山村管个几十口人。刘邦也看到了秦始皇巡视的仪仗,也说了一句话:"大丈夫当如此也!"——做人还是要做这样的人!这口气是羡慕嫉妒,但不像项羽那样恨。

这三人决定了秦朝的结局,他们的三句话也决定了三人的命运。

陈涉没能继续耕地,如果秦朝官吏不征发他去戍边,他就会在田埂上慢慢变老,死得安然。但他在戍边路上遇到了人生的抉择。秦律规定,戍边者必须按时到达集合地,结果一场大雨毁了他们前行的路,——肯定要误了集结的日子。按照秦律,不能按时到达就要处死。秦的官员受过良好的司法训练,不敢变通,只能执行。是让秦官杀掉就此了却此生?还是杀掉秦官掌握自己的命运?关键时,陈涉的鸿鹄之志,让他不甘心就这么成了刀下之鬼,而是揭竿而起,把刀狠狠砍向了秦朝。

项羽听说陈涉、吴广在大泽乡起义,便决心起事,成为秦始皇那样的人。他与叔父项梁会同乡人,杀了会稽太守殷通,召集所熟悉的豪强与官吏,一起反秦。很快拉起了一支八千人的队伍,任命郡中豪杰出任校尉、侯、司马,一呼百应,控制了长江下游。

第一章 励志　5

刘邦也把羡慕转化为行动的能力。陈涉振臂一呼，豪杰响应，天下动荡。乱世最能锤炼豪杰，也最能淘汰庸才。沛县县令觉得刘邦是个人才，让樊哙去找刘邦，期望他能保卫家乡。结果，刘邦、萧何、曹参一商量，觉得与其跟着别人干，不如自己干，便率领百姓杀掉县令，刘邦立为沛公，开始了大丈夫当如此的事业。

三人之所以能够成就一番大事业，在于卑微时便有与众不同的志向，才能在风起云涌时，逆风飞扬，做出惊世骇俗的决策。不同的是，陈涉的心中，装的是富贵；项羽想的，不过是排场；刘邦赞叹的是"大丈夫"的事业。三人最初的长叹，决定了他们最终结局的迥异。陈胜攻下了陈县便称王；项羽做了西楚霸王之后，总惦记着衣冠还乡；刘邦则忍辱负重，坚持到最后，成为延续四百年的汉朝开国之君。三人的志向相似，决定了三人都能成就一番事业；但境界不同，却让他们在成就之路上有了天壤之别。

明朝名士陈继儒编格言集《小窗幽记》，收录了诸多格言，其中有一句说：

> 贫不足羞，可羞是贫而无志；贱不足恶，可恶是贱而无能。

穷困没必要感到羞耻，人最该羞耻的是走投无路时仍没有志向。二十多岁贫穷很正常，此时还在读书，还没有工作；三十多岁贫穷也可以理解，或是没有继承财富，或是结婚、生子、买房、买车而所剩无几；但四十多岁还没有经济独立，那便是自己的问题。孔子言："四十无闻，斯不足畏矣。"一个人到了四十岁仍然一事无成，必然是自己在某些方面存在致命的缺陷。要么心性上没有修养好，不足以成事；要么能力有欠缺，不能够做事。

回望历史，诸多成就事业的人，之所以能从卑微走向高远，从柔弱走向刚毅，从平庸走向卓越，关键在于"宜守不移之志，以成可大之功"。[3]就是一个人能否成就大事业，不在于幸运、聪明、勤奋，而在于能否一如既往地不忘初心，坚守志向。

苏轼所说的"不移之志"，一是要坚持梦想。也许梦想非常遥远，只要脚踏实地一步一步往前走，就离目标越来越近。过程把握住了，结果自然就有。二是不要轻易变换目标。常立志不如立长志，我们常常有很多想法，也会遇到各种机会，面对各种诱惑，正因为如此，持之以恒坚持下来的便是极少数，最终他们会从众人中脱颖而出。相反，那些看似聪明的人却在突如其来的幸运中迷失了自己，或者在没有理想的勤奋中循规蹈矩地放弃了追求，既没有曾经轰轰烈烈的投入，也没有真真实实的获得，最终只能把理想寄托在孩子身上，让他们来实现自己曾经有过、却从没有去实现的所谓梦想。

我们身边从不缺少有梦想的人，但为何成就者却少之又少？关键在于不能坚持，更不能持久。没有行动的梦想，只能是空想；没有坚持的梦想，只能是幻想。这就需要我们用梦想来自立，用坚持来成就。

第一节　自立

　　自立,是不要存依附于他人的想法,要尽量凭着自己的能力去做事,致力于提高自己的能力,提升自己的修养。在现实中,有时候或许需要依靠各种关系、各种力量才能把事情做好,但能否走得更远,还是要靠自己。俗话说:"打铁还得自身硬。"自己具备了成就事业的基础,才能百往无不利。韩非子便言:"恃人不如自恃也。"[4]依靠别人不如依靠自己,这便是自立。

　　自立,说起来很容易,但做起来却很难。在生活中,哪怕要做一件小事,都需要付出一定的努力。如果我们的梦想是远远超过身边的人,那就要付出比他们更多的努力。通向事业大道的,只能是踏踏实实的一步一个脚印。苏轼在讨论晁错的功绩时,说过这样一句话:

　　　　古之立大事者,不惟有超世之才,亦必有坚忍不拔之志。[5]

晁错是西汉杰出的政治家,在汉景帝即位后出任御史大夫。当时的御史大夫,职责是协助丞相处理朝政事务,主管执法与纠察。晁错需要面对的最大问题不是打老虎、打苍蝇的问题,他需要对付汉高祖、汉文帝的那些龙子龙孙们。刘邦为了巩固皇权,将他的八个儿子封到全国各地,拱卫皇室以守天下。汉文帝又把他的四个儿子封出去,到了汉景帝时,天下除了皇帝,还有赵王、燕王、楚王、吴王、济南王、济北王、胶东王、胶西王、齐王、临淄王、梁王、淮南王、衡山王、长沙王、九江王。这十五个诸侯王手握军事权、行政权,都有虎视眈眈的实力;有的还能铸钱,更是不把皇帝放在眼里。从经济上说,王国富得流油,皇帝却穷得无奈。从军事上说,皇帝名正言顺地掌握天下,诸侯王却实际控制重要地区。

这些诸侯王安心做贪官、富官也好,偏有人有野心,觉得自己势力强大不是皇帝的赏赐,而是自己能力强,之所以没有当皇帝,是汉高祖、汉文帝的选择不当,于是便有觊觎皇位的野心。皇帝要想巩固自己的皇位,朝廷要想保持一份体面的话,就需要限制诸侯的权力。负责纪律检查的晁错,便坚决主张削夺诸侯权力和封地,来巩固中央政权。这便给了心存不满的诸侯王一个把柄,吴、楚、赵、济南、淄川、胶西、胶东七个诸侯王便以"清君侧"为名,发动叛乱。汉景帝一看:摊上大事了,便处死晁错以谢天下。但七王不仅没有停兵,反而看到了汉景帝自断臂膀的软弱,于是大举进攻,形成了"七王之乱"。

在苏轼看来,晁错的削藩与被杀,是自己勇于承担历史责任,而不计较个人安危。仁人志士、英雄豪杰之所以能够立德、立功,正在他们"为能出身为天下犯大难,以求成大功",敢于面对历史的困境,以一己之力在大多数人沉默、退却时而选择承担,成为为民请命的人,成为担负责任的人。遗世独立,横而不流,闭心自慎,秉德无私,是为自立。

王勃，一生只活了二十七岁，却留下许多名垂青史的诗篇，是中国文学无法忽略的一位青年才子。他能写出《滕王阁序》《送杜少府之任蜀州》这些名篇，在于他天赋异禀。他九岁时，读颜师古注的《汉书》，就看出颜师古的错误，还撰写了《指瑕》十卷，一一加以讨论。十六岁时应幽素科试及第，授朝散郎，品位是从七品上，是当时最年轻的官员。用现在的眼光看，一个十六岁的青少年被提拔为一个副处长，恐怕有人要喧哗了，忍不住要查查他有没有背景。

王勃真没有背景，他的父亲王福畤只是雍州司功参军，也是从七品下的官，比王勃做官的起点还低。这类官员在唐代一抓一大把，能把孩子弄到朝廷让皇帝任命，老王肯定没有这个本事，要不他也不会官越做越下，越做越小，越做越远。其实，王勃最大的靠山，就是相信自己。他有高度的自信，曾在《观内怀仙》中说：

玉架残书隐，金坛旧迹迷。牵花寻紫涧，步叶下清谿。
琼浆犹类乳，石髓尚如泥。自能成羽翼，何必仰云梯。[6]

这首诗是他在一个道观游览时所想，却可以看出，王勃没有把自己的未来寄托于神仙点化，而是坚信只要自己修养好、准备好，便不需要仰仗别人提携，就能成就事业。这样一看，我们就不会对王勃羡慕、嫉妒，而只能转为赞叹了。他生活在人人崇信仙、佛的时代，并期望神仙、佛祖能够给自己一些眷顾、提携时，却有着这种自立的精神。正因为如此，他才有信心依靠个人努力去读书思考，有动力通过提升个人才德、能力来完善自己。

自立，是相信自己，勉励自己，不攀附，不趋势，先把自己能做的事情做好,先把自己能管的事情做好。这是一个人成长发展的基础,是一生绕不过去的积淀。

自立,首先是立志做大事。大事,就是把自己的发展和社会的发展同步,把个人价值和社会价值结合起来。事业的成功,固然可以带来安逸的生活,我们做事业的目的,却不能只把个人享受作为目标,而要担负起家庭责任、社会责任和历史责任,尽最大努力让社会变得更好,让周围的人能够因为我们的工作而活得更健康、更开心、更舒适。这样的立志,才是真正意义的超越一己之私利,为天地立心,为生民立命。

陆九渊是宋代著名的教育家、哲学家,他的理论水平能与朱熹打个平手。二人曾在鹅湖进行过一场辩论,结果都觉得对方在行,自己有理,谁也说服不了谁,这场相约相会也成为中国学术史上的佳话。我可以不同意你的观点,甚至可以针锋相对地辩论,但我们仍然是好朋友,相互尊重,相互成就。这既是个人雅量,更是对学术发自内心的敬畏。在历史长河中,每一个人不过是浪花一朵;在宇宙变迁中,每个人不过是沧海一粟。我们能够超越同时代所有的人,却无法超越自己所处的时代。学术,正是因为有无数学者的传承才得以永续发展,每个学者的成就,都是无数人成全的结果。即便在某个领域或者某个时代熠熠生辉,也只不过是浩若星空的人类文明史中的一点光亮而已。自立,是相信自己;尊重他人,则能理解自己。

陆九渊也是一个牛人。他从小便立志要做圣人,他读《论语》,也读程颐、程颢的著作,发现二程说法与孔子不同,便下决心要考证。他在十三岁时便说:"宇宙内事乃己分内事,己分内事乃宇宙内事。"觉得自己有责任把天地运行之理、宇宙变化之气与人心性修为之法融通思考。宇宙与心性,便成为陆九渊建构学理的基础。他这样告诫弟子说:"志小不可以语大事,不可自暴、自弃、自屈。"[7]人做事,若一己之私太重,则格局太小,不能与之语大事,更不能与之共谋大事。人最可怕的,不是没有才华、没有机遇,而是没有远大志向,斤斤计较于私利,才华、才能不能为社会造福,而成为加速庸俗或堕落的助推器。

世上万般皆苦,要想成就些事业,便会有困苦、艰难、磨难、非议相随,多数人逢此际遇,常怀疑自己的选择,放弃最初志向,退回到出发点。在走投无路时坚持下来,志不衰,气不馁,越挫越奋勉,并能带领众人走出时代困境,纾解百姓疾苦者,才是中华民族的脊梁,才是中国历史的主流。

苏轼所谓的"坚忍不拔之志",正是在无望中的振臂高呼,在无助时的援之以手,在一塌糊涂时的奋发,在一筹莫展中的坚持。那么,立志是不是简单设立一个人生规划呢?我们究竟该如何自立呢?

一、立身要正

立身要正,是自己行为端正。人要有风骨,不趋炎附势,不巧言令色。随着年龄的成长,一方面要多倾听不同的意见,探究世事的真相,不迷信,不盲从。另一方面要能判断周围的人和事,孰是孰非,何去何从,形成清晰的认知。有些曾令我们敬仰的师友,有时的所作所为会让我们失望;有些看似普通的陌路人,却能在关键时给予援助。青年人的每一步成长,都是步履蹒跚,都是伤痕累累,都是满腹委屈,我们不能因为遇到了一时一地的困境,便改变了需要一生坚持的操守,更不能忘记来此世间的责任与担当。

这就要养成充实的内心,养成坚强的性格,虽然每一天可能是庸庸碌碌,与常人无异,但要让这些庸庸碌碌能聚沙成塔,知道自己想要什么,能做什么,在做什么。该坚持的操守,不能轻易放弃;该修养的心性,知道时不我待。在看似平凡的每一天,却能让自己不平凡起来,那就是拓展格局,涵养心性。范开评价辛弃疾的词作,认为辛词写得好,不仅在于辞笔,而在于辛弃疾的磊落雄豪之气,他在《稼轩词序》中说:"器大者声必闳,志高者意必远。"[8]认为辛弃疾的词气势宏大,读起来让人心潮澎湃,在于辛弃疾格局宽大,境界高拔,充满了位卑未敢忘忧的家国情怀和责任担当。这是单凭辞藻无法堆砌出来的伟岸,也是单凭口号无法喊出来的情感流露。

文学创作如此,学术研究如此,历史评判亦如此。文学创作、学术研究、历史评判皆为天下公器,桃李不言,下自成蹊。在历史的某个节点,人似乎有高低贵贱之分,但在人类文明史上,人的德行、功业、学术,却不是按照职务高低来评定,而是按照对人类的贡献而确立。孔子、孟子、荀子、陶渊明、李白、杜甫、吴敬梓、曹雪芹能够侧身于中华文明史,就在于他们为中华民族提供了思想的范式、精神的象征和文化的品位,让我们能够在忙碌中得以清醒,在迷乱中得以理智,在庸俗中得以自省。屈子辞赋悬日月,楚王台榭空山丘,众口铄金的妇孺,没有记住数不清的帝王将相,却念念不忘这些给我们精神滋养、道德示范和人生启迪的哲人与作家。因此,我们在确定人生理想时,要有更博大的格局、更开阔的眼界、更高远的志向,让其成为支撑我们立身处事的精神动力。

徐干是建安七子之一,在那个动乱、篡位、杀伐、瘟疫集于一时的时代里,他潜身穷巷,颐志保真。有时连饭都吃不上,却专志于

第一章 励志 13

学。汉魏之际敬重才学、敬仰德行,许多刺史、太守尊敬徐干能安心读书,纷纷出面邀请他入仕,但徐干不为所动,知道自己该要什么。曹操也曾邀其做县令,他也婉拒了。后来他曾一度出任五官将文学,给曹丕做文学侍从。五六年后,便称病辞归,觉得乱世与繁华,并不符合自己的心志。他去世后,曹丕感叹说:"观古今文人类不护细行,鲜能以名节自立,而伟长独怀文抱质,恬淡寡欲,有箕山之志,可谓彬彬君子矣!"[9]古今文人多无行,很少能保持独立高洁的名节,徐干能够坚持操守、不羡慕富贵,曹丕敬重其君子人格。

曹丕只看到徐干的行为,却不能理解徐干的内心。徐干在《中论》中有这样一句话:

> 君子不恤年之将衰,而忧志之有倦。不寝道焉,不宿义焉。言而不行,斯寝道矣;行而不时,斯宿义矣。

这句话最能透露出他的心声,读至此处,心中惊悸。我们每一个人心中都有一个理想,但却不由自主都生活在现实之中。理想很丰满,让人念念不忘;现实如此骨感,让人辗转反侧。少年时代曾有扬鞭纵马的豪情,随着年龄的增长,渐渐变得老成持重,甚至患得患失,忘记了曾经的翩翩少年,忘记了有过的人生畅谈,只能相对无言,沉默自保。常常为了能让现实丰满起来,就用理想来补充现实,一点一点地从了尘俗,在提升收入、获得利益时,离理想也越来越远,最终现实丰满的背后,是理想的灰飞烟灭。

徐干意识到每日案牍劳形,不使体累,却使心累。行政的琐屑,可以约束人的行为,更能驯服人的内心,特别是当抱着理想精神、抱着健全人格、抱着高洁操守时,很难与刀笔吏从容相处。徐干在应付一段差事时,还是怀念居家的自在,那可能少些名头、少些衣食,但内心无疚无愧,行事不忧不惧,守于道德的乐地,守于人格的健全。

徐干是幸运的,曹丕尊重他的选择,并成全了他;曹操是他的知音,也能理解他。曹操挟天子以令诸侯,在常人看来已经位极人臣,但他仍觉得志向未能实现,他在《龟虽寿》说:

神龟虽寿,犹有竟时;腾蛇乘雾,终为土灰。
老骥伏枥,志在千里;烈士暮年,壮心不已。

这是一个坚持梦想并为之奋斗一生的豪杰,在晚年仍有壮志未酬的感慨。可见曹操的志向,并非做多大的官,而是要统一全国,实现四海升平、天下有序。但时不我待,历史没有成全曹操的志向,也没有成全诸葛亮的智谋,两人都殚精竭虑,为了一个相似的理想,各自付出,出师未捷身先死,长使英雄泪满襟。

曹操和诸葛亮的志向,不是普通百姓的求田问舍,多置几套房,多买几辆车,这很容易实现。但他们是要统一全国,诸葛亮要兴复汉室,把曹操赶走;曹操要剿灭军阀,平定吴蜀。曹操说自己要"周公吐哺,天下归心",学周公辅佐成王,要替成王把大大小小的造反者、割据者镇压下去,让天下都心服口服地接受中央政府的统一治理。这就注定曹丞相与诸葛丞相要有一个人最终壮志未酬。

壮志要用一生来坚持、去践行,挂在嘴上的是口号,宣扬出去的是新闻,只有默默刻在心中为之奋斗终生的才是志向,为了志向倾其所有付出的方是事业。徐干的志向是立德,曹操、诸葛亮的志

第一章 励志 15

向是立功。立德是用一生的辛苦,坚守做人的底线、做事的操守,成就道德人格。立功是用一生的辛劳,完成一个时代无数人的共同期待。无论是去坚守,还是去成就,要时刻告诫自己:士不可不弘毅,任重而道远。

曾国藩是古代中国立身处世的典范,他这样来理解人的立身做事:

> 做人之道,以刚介为自立之基,以敬恕为养心之要。[10]

刚介被视为一个人自立的根本。刚,是刚强、刚健,是至死无悔的坚持,是百折不挠的操守。能刚强就能不改初衷,能刚健就能坚持初心。介,是耿直,是立身正,是进道勇,是坚持原则、坚守底线。有了刚介作为海岸线,心如潮水,也就有了止规和堤防。曾国藩言心性修为的境界,一在敬,对长辈、对良师、对益友,要怀敬重之心与之交往,才能得到他们的倾心教诲。二在恕,对那些伤害自己的人、不如自己的人,或内心卑琐的人,要有几分宽恕可怜之意,不与之斤斤计较,就能放下诸多尘俗纠纷。

曾国藩的提纲挈领,与《格言联璧·持躬》中的修身之道可以呼应:

> 心术以光明笃实为第一,容貌以正大老成为第一,言语以简重真切为第一。

从内心来讲,要心性开朗,充满阳光,诚实正直;容貌上,要堂堂正正,沉着稳重;言语上,简明扼要,语重心长。对任何人都不闪烁其词,言语浮泛,要做到真诚、真切、真实。

一是心术光明笃实,要让自己内心乐观、光明。乐观者,相信所有的事情都能解决。生活由无穷问题构成,工作便是解决这些问题的存在,正因为有无数问题的存在,我们的生活才五光十色,我们的工作才意义非凡。光明者,没有阴暗心理,天地无私,不听谣、不传谣,无事不可对人言。人之内心,皆存猥琐与高尚,观察人,结交人,多留意他人积极、高尚、伟岸、方正的一面,见贤思齐;不要探究龌龊、鄙陋、狭隘之处,即便遇到,见不贤而自省,保持心术端正、光明、笃实。来说是非者,定为是非人,有些人整天嘟嘟囔囔,叽叽歪歪,孔子言之为小人长戚戚。这些人德行或许不坏,也能做些有益的事,但常盯着他人的过失或者不足,品头论足,闲言碎语,断不是磊落坦荡之人,与之常处,久而久之,便将目光聚焦于人事纠纷之中,陷入是非窝里,觉得他人都不如自己,自怨自艾,白白辜负了自己一生的志向,枉费了一身的才学。

二是容貌正大老成。相由心生,一个人内心充满阳光时,他的容颜就会满含笑意,蒙娜丽莎的神秘微笑便是如此,内心平和愉悦,脸上便有喜悦的和气。内心充满惆怅,脸上便有遮不住的忧郁,即便微笑也是皮笑肉不笑,说话常常言不由衷。君子内省不疚,心胸坦荡,容貌便光明正大。正大,为行为端正,格局阔大,有堂堂正正的廊庑之气。老成,是做事沉稳,既能负重,也能负责,还能负担,处事不惊,行己有方。苏轼在《留侯论》中,用"猝然临之而不惊,无故加之而不怒"来形容人的老成持重。一件事情突然降临到头上,不会很震惊;有人误解他、歪曲他,也不至于恼羞成怒。正大老成,是对心性的概括,也是对待人处世的描述。要想达到这样的境地,不仅需要日常行为的锻造,更需要修心养性的磨炼。

三要言语简重真切。简,是简明扼要;重,是语重心长。简单明了的语言,必待纯静如水、温润如玉的内心流露。心有杂念,便闪烁其词;心有邪念,便吞吞吐吐。与其修饰语言,不如洗净心肠,心口合一,言为心声,说话简而不晦,重而有情。有时真心话不太好听,但为人谋而能忠,久而久之他人也能理解。若非真心话,花言巧语,也不能入心,感动不了别人,反倒增加了更多隔阂。中华文化反感巧言令色者,孔子曾说:"巧言令色,鲜矣仁。"[11]老子也说:"信言不美,美言不信。"[12]两位哲人谆谆告诫我们:一个人面容表情丰富,言辞圆滑世故,只能欺骗陌生人,却不能打动熟悉者。这也是为何有人真朋友越来越少,家庭关系越来越紧张,或在于满嘴谎话,或在于满口套话。道貌岸然的自我感觉良好,殊不知早被人看穿了画皮底下的丑恶,只不过大家不愿与之计较,看见画皮敬而远之而已。

那么,一个有志向的年轻人应该如何修养心性呢?《菜根谭》中有几句格言讲:

> 气象要高旷,而不可疏狂;心思要缜密,而不可琐屑;
> 趣味要冲淡,而不可偏枯;操守要严明,而不可激烈。

气象高旷,是要不断修养自我,日新月异地进步,做到胸次高迈,视野旷远。气象是一个人的气质,是一个人全部精神状态的外化,人无论何时何地,要有激愤气象。林庚先生曾说:走路的时候,一定要抬头挺胸,能时刻抬起头走路的人,是任何困难都压不倒的。这话是说走路的姿势,更是要求一个人随时随地保持精神焕发。韦应物描述人的气象:

> 高旷出尘表，逍遥涤心神。[13]

高旷，是不要被尘俗蒙蔽了眼睛，也不要被得失扰乱了胸怀，要时刻意识到自己有潇洒出尘的梦想，有与众不同的追求，有坚守一生的操守。这些需要有不同流俗、不甘平庸的志向推动，才能够坚持。有了坚持，有了操守，便知道哪些事不必做，哪些事必须做，心中有定力，就不会进退失据，胡思乱想，以致心浮气躁，一事无成。因此，气象高旷，一是说人要举止端正，心正则体端，端体则正心，要站有站相，坐有坐相，言谈举止，从容得体。二是要有高拔的情志，不要被尘俗中的油滑、流风遮蔽了高尚的追求，不自觉地被周围庸俗的人或无益于世的事所同化。

心思缜密，是洞察人情物理，从无解处求解，从入手处思考，设身处地，将心比心，将每一个细节考虑周到。司空图《二十四诗品》中讲诗歌有"缜密"一品，特征是"语不欲犯，思不欲痴"，言辞细密、思虑详切。这里说的是文学，从心性修养上讲，便是要能够端正其心，不堕入思维的牢笼。一生用心，可以成功；一时、一地用心，可以成就；甚至对一个人用心，也会赢得信任。大多数人之所以一事无成，在于常常粗枝大叶，不是智力不够，而是没有事能挂在心上。要想把某件事做成，简单应付显然不行，凡事都要用心操持、精心设计。有时会遇到有人抱怨一事无成的困顿，若要问他：到目前为止，认真、用心做过什么事？那些做出一点成就的人，哪怕仅仅是能考上好大学的人，至少全力以赴学习过，把读书当回事，把老师教导当回事。

趣味冲淡，是要能够淡定下来。一是在生活上，要养成良好的家居习惯。住处不必高楼大厦，但要明窗净几；用物不必贵重，但求干净整齐。金庸先生曾出任浙江大学文学院院长,学校在西湖边给他一套别墅,但他只住了一个晚上,就捐给杭州市了。他说自己一个平头老百姓,住这么大的房子不合适。这是睿智,更是冲淡,在于时时刻刻能守住本心。二是在心性上,要耐得下世俗纷扰处,割得下人事牵缠处,淡得下花红柳绿,降得下意气忿怒,保持心境恒定。缺乏自我的人,往往需要帽子、位子、银子才有底气;缺少自明的人,常常需要前呼后拥、阿谀奉承才有自信。趣味冲淡,是要求我们少几分市侩,多几分清高;少几分庸俗,多几分优雅;少几分无聊,多几分真诚。

操守严明,是必须有原则,有底线,有规矩,能做到非礼勿听,非礼勿言,非礼勿视,非礼勿动。有些官员断崖式的命运,有些商人跳楼式的结局,确实令人惋惜。之所以如此,不是机遇,也不是能力,而是他们不断放弃原本的操守,不断降低自己的底线,最终把自己逼到人生的死角,无路可走。孔子的弟子子贡,是很多人羡慕的儒商,他曾问孔子"富而无骄"能否使人福泽绵长?孔子的回答是要做到"富而好礼",即越是条件好,成就大,就越要讲规矩,越要操守严明,这样才能让自己与家族长盛不衰。

二、立德要高

《左传·襄公十四年》记载了中国人心中的三不朽:

> 太上有立德,其次有立功,其次有立言。虽久不废,此之谓不朽。

其中所言的德行第一,成为中国人观察衡量人的标准。立德,是要人能够按照价值共识的要求来行为处事。社会的发展,凝聚了无数共识,这些共识最大程度地保障了人与人之间的合作、沟通与认同,对群体共识的认同、对价值共识的尊重,便是人的德行。人若在现实中要获得发展,取得成就,首先就是要能够体认、遵守群体的价值共识,具备成就事业的德行。立身是自我修炼,立德是把修心养性的成果体现出来,作为道德力量,遵守社会共识,维持价值认同。

讨论立志,首先要明确,人的道德水准,不仅维系着志向的高低,而且决定着成就的高下。德行可以作为事业去追求,功业却不必然能成就德行。王阳明认为:

> 志于道德者,功名不足累其心;志于功名者,富贵不足以累其心。但近世所谓道德,功名而已;所谓功名,富贵而已。[14]

有志于立德的人,看重的是做人做事是否合乎道义,不会把功名和富贵时时放在心上。有了道德自律,就能时刻保持一份清醒:面对不义之财,要想一想是否合乎道德的要求;面对不义之事,也要用道德标准来衡量。王阳明感慨后世之人,并不理解立德、立功的原义,不知道德行要高于功名,功名也绝非富贵。

殷周之际的伯夷和叔齐,被视为立德的榜样。司马迁作《史记》,将帝王都放在"本纪"中写,把诸侯与杰出人士放在"世家"中叙述,将影响历史进程的重要人物放在"列传"中写。他作七十列传,第一篇是《伯夷叔齐列传》。将之作为列传之首,在于二人虽无功业,也无富贵,更无著述,但却用一生坚持了独立不迁的人格。

伯夷、叔齐是孤竹君的儿子,老国君临终遗命,要立次子叔齐为继承人,叔齐觉得做弟弟的不该即位,要把王位让给伯夷;伯夷觉得自己要是即位,那就违背了父亲的遗愿,于是逃离了孤竹国。叔齐也不愿即位,干脆也跟着哥哥逃离。两人痛恨殷纣王的暴虐,逃到了周国。周武王伐纣时,二人扣马谏阻,希望不要以暴制暴。武王灭商后,他们觉得周武王的做法与自己的道德认知不同,便耻食周粟。天下已经归周,所有粟米皆周所产,二人便采薇而食,最终饿死于首阳山上。司马迁将二人置于列传之首,既不是赞美他们逃国,也不是赞美他们饿死,而是表彰二人的抱节守志的道德操守。

一个国家、一个民族、一个社会,必须有一个基本的价值共识,作为判断世道人心的依据,作为评判做人做事的标准,这个社会才能正向运转,跨越历史的灰暗走向光明。立德,是一个人、一件事为社会注入正能量,维系群体共识,维系价值认同。对个人而言,看似没有获得;对社会而言,正是无数人的不违法、不乱纪、不猥琐、不龌龊,人类才能不断凝聚共识而形成价值认同,人与人之间才不会是被算计、被利用、被仇恨。正因为如此,中华文化才将"立德"置于"立功"之前,用来表彰那些坚守价值共识、守在道德高地的贤良。

立德,不是外在的实现,而是内在的自觉。韩非子曾感慨说:"志之难也,不在胜人,在自胜也。"[15]人的立志,不是简单地战胜别人,而在于不断超越自我,既在知识、能力上超越,更在心智、修为上超越。

超越自我的有效途径,不是耳提面命,而是慎独自省:

> 君子戒慎乎其所不睹,恐惧乎其所不闻,莫见乎隐,莫显乎微,故君子慎其独。[16]

慎独，是能够在独处时约束自己。其实，每个人都了解自己，尤其是在幽暗独处时，自己内心深处的想法，只有自己清楚，那是最原始的自己。一个人的境界究竟如何，不是取决于在人前的高谈阔论、文质彬彬，而是取决于在隐私场合独处时的所思、所想、所做、所为。儒家认为人的修心养性，在于独处时要能够真实面对自己，了解心中幽微隐秘之处，在此时此刻要能守住内心的纯净，不要被污浊沾染。

这便是诚意，真实地面对自己的想法，不要欺骗自己。现实生活中，我们或许习惯于自我宽慰，找出理由来安慰自己，原谅自己，其实，有时是在欺骗自己。今天下雨了，可以有理由不去上课、不去工作，看似获得了别人的谅解或理解，其实是在为懒惰、怯懦找借口，久而久之便骗了自己。读书写文章，几个注释不认真核对，看似欺骗编辑，实际欺骗了自己。久而久之，会养成应付了事、敷衍塞责的习惯。小事轻易放弃、小节不加注意，习惯成自然，小节终累大德。人生是由无数小事、无数细节组成，祸患常积于忽微，细节决定了成败。一时的懒散、一时的侥幸，最终让人生之防、事业之堤溃于蚁穴。

人要想成就一番事业，只能不断成长，既要懂得放弃自我，也要学会尊重自我，在放弃中成长，在尊重中自信。放弃自我是与原先的旧我告别，每一天都以崭新的面貌出现。与昨天的自己告别，就会获得一个崭新的自己。日新月异，不断成长，是对自己最大的尊重和礼遇。做了错事，要鼓励自己："没事的，这是过去的我；从明天起，我就是全新的自己。"做了对事，也要告诉自己："别在意，那是昨天的成就；明天还要面临更大的挑战。"成功时，这一切都已经过去，要从头开始；失败时，这一切也都过去了，可以重新再来。

日常生活中，最基本的德行，便是早日担负起自己的责任。能担负起家国责任,是大德。德行为仁,责任为义。心存大爱,便能大义凛然,勇于负责。真正的豪杰、志士能成大事业,在于责任担得起、恩怨放得下、成败想得到、事业做得成、得失看得破、闲杂撇得开。该做之事一定尽力做好,做错了就勇于承担责任。有的人在天下动荡时,能一呼百应,在于他有责任意识,不顾个人安危,忧国忧民,勇于担负。大多数人之所以碌碌无为,在于不愿承担自己的责任,不敢承认自己的错误,更遑论对历史、未来负责。

一个人最高的德行,在于能够承担时代责任;一个人最大的优点,是要放得下个人恩怨,而以公心对待社会。对别人有恩要忘掉,别人对自己有怨也要忘掉,内心少几分计较,少几分比较。如果帮助别人是为了要人家报恩,那么不是为他,而是为己。这样,心里便放不下恩怨,就容易生出各种不平衡、不愉快,怨恨一多,心态就失衡,睚眦必报,会让自己的格局越来越小,做人越来越小气,朋友也会越来越少。

敢于负责,勇于自省,坦诚不足,改过自新,是立德的法门。只要做人,就会有对错;只要做事,就会有成败。做人做事,但求问心无愧,不求人人皆能理解。人的欲望,是需要的少,想要的多。追求越多,失望就越多,越追求反而越痛苦,特别是不自量力时,什么都想得到,最终什么也得不到,苦因复造苦果。人生一世,哪能事事只获得而不舍弃呢?做事有舍有得,生活才能有轻有重,步骤才能有缓有急,行稳致远,方能步步踩在节点上。

三、立言要慎

对一般人来说,立言是表达自己的想法;对学者来说,立言是要著书立说。无论表达自己的想法,还是著书立说,立言的过程,

都是把自己的想法说出来,使其成为公共产品,成为社会舆论,因此立言要谨慎。《周易·系辞上》讲立言之法:

> 君子居其室,出其言善,则千里之外应之。

君子不出所居而观天下,其美言、高论能被很多人传颂,千里之外的人能够响应,在于言之有物、言之有序。其中所言的"善",就是要让自己的文章、谈话或者言论,能够契合社会的价值共识和道德规范,要能合乎世道人心的良性发展。

刚刚进入学术研究领域的学者,要先给自己定一个原则,那便是有话则说,无言则默。别人说过的话,自己要引用,就要加上注释承认是别人说的,养成学术规范。韩非子曾做过一个比喻:山上的野兔到处跑,因为它没有主人,大家都去追,这样是可以的。知识、观念、言论来说,就像奔跑的野兔,每个人都可以去理解、去研究、去表达。但不能把别人表达的拿过来说成是自己的,这与窃取就没有区别了。

现在我们处于一个需要表达、可以表达的时代,微信、微博的快捷发表,给我们提供了随心所欲的表达机会,一会儿的忍不住,即时的冲动愤怒,很容易冲动地表达出来。读书时忙着要毕业;参加工作后,单位要考核,于是心中难免焦虑。在这种境遇中,学问是被逼出来的,创新是被设计出来的,成果是被考核出来的,大家也很压抑、很委屈,忍不住就想骂人。话说出去,就无法收回,在公共场合讲话,要三思而后言。

学术研究成果的发表,也是要慎重一些。体制逼着我们不断发表,但尽量要从学术的角度来看自己的研究成果,而不是看某些刊物的级别。级别高的刊物不一定都是好文章,有些是粉墨登场之作。一般的杂志也有好文章,可能淹没在众目睽睽之中。我们做研究、写文章时,要告诫自己:解决了什么问题?有何创新?到底思考清楚了没有?我读博士时,老先生的教诲是不要轻易发表文章,火候不到,写出来的东西不够深思熟虑,轻易发表,发现立论不实将来是会后悔的。孔子曾说:"立德者必有言,有言者不必有德。"转换成学术研究的话语,有学问的人一定能写出文章,发表很多文章、拿了很多奖项的不一定有学问。

我们宁愿坚信,很多发表了文章、拿了很多奖项的人还是很有学问的。优秀的学者,心中总有一个尺度,不被那些浮躁的名利、虚空的学风扰乱了心志,坏了自己有志于学的梦想。如果读书不是为了思考,而是为了寻章摘句写论文;如果写作不是为了真知灼见,而是为了填表评职称,这样的读书便会不求甚解,写了无数论文,却从没有把一本书读透;拿了一大堆吓人的帽子,底下不过是个包装精致的稻草人。

立言有两种,一是道问学,即言之有据地阐释。刘勰《文心雕龙·章句》言及这种研究方法:

> 夫人之立言,因字而生句,积句而成章,积章而成篇。

读书积累知识,进而把其中的道理阐释出来,成为专业化的理论,建构其学说学理。二是尊德性,即表达个人的见解、所思所想。前者是学术,重视言之有据;后者是创作,强调言之有理。二者并无高下之分,只是两种不同的范式。

范晔评价东汉名儒丁鸿时,说了立言立行的标准:

> 君子立言，非苟显其理，将以启天下之方悟者。立行，非独善其身，将以训天下之方动者。言行之所开塞，可无慎哉！[17]

丁鸿父亲封爵阳陵侯，他继承爵位后，便封地大办学堂。汉明帝很欣赏这位博学知礼又能教化百姓的读书人，便召他入朝为侍中。后汉章帝召开白虎观会议讨论经学时，丁鸿才学最高，论述最精，论难最明，被称为"殿中无双丁孝公"。他在和帝时期，预感到太后窦氏及其家族实力太大，建议和帝防微杜渐，稳定了政局，得到了史家的高度评价。范晔言有责任担当的人，写文章不仅是为了稻粱谋，而是为了教育、启发天下之人。写文章是在与天下人对话，有没有真知灼见，有没有真情实感，是下笔之前要想好的。无病呻吟的东西就不要说，没有格局的牢骚不要发，既然去写、去说，就要竭尽全力去创新，形成独到的见解。

要有真知灼见，就要有独立的学术品格；要有独立的学术品格，必须有独立的人格。陆九渊告诫他的学生：

> 自立自重，不可随人脚跟，学人言语。[18]

为什么不能学人言语？按照王符的说法，学术圈也有"一犬吠形，百犬吠声"的情形。[19]一只狗开始狂吠，一群狗就会跟着它叫，但它们却不知道为什么叫。写文章、做研究也是如此，有些内容大家都翻来覆去道听途说，却不知出处何在。因此，不明白的事一定要认真思考，不要总是跟在别人后面邯郸学步，那样永远走不出别人的影子，永远在他人的画地为牢中作茧自缚。齐白石曾告诫自己的学生："学我者生，似我者死。"只追求形似于老师，就失去自我创新，走到死路上。学术研究要不断拓展人类知识的边界,创新是要与时俱进地解决学术的恶痛点,人类就是在不断更新的过程中进化而来。创造、创新是人类文明的内在需求,也是一个人超越自我的必然要求。

立言的标准是什么呢?《围炉夜话》中说:

> 大丈夫处事,论是非,不论祸福;士君子立言,贵平正,尤贵精详。

坦坦荡荡的大丈夫,要能坚持操守,论事情的成败得失,关注于大是大非,即使遭点灾祸也毫无怨言。评价文章的优劣,关键在于立论公允平实,语言精确详备,使人信服。做学问、写文章的根本,是守正出新。可以标新,可以立异,但不能哗众取宠。有些结论看似令人耳目一新,却经不起推敲,既不符合常理,也不符合常识。如有人翻案说《红楼梦》不是曹雪芹写的,明天又考证出来李清照是一个爱赌、嗜酒、好色的女人,后天又言李白原来是个大混混。矫枉不可过正,做文章既要凭证据,也要合乎常理,不要以揭秘的目的、窥人隐私的好奇去研究,而是中正平和,用堂堂之阵去建构全新的学术体系,用赳赳之气开拓更多的学术领地。

四、立功要远

我曾在某所师范大学的班上做过调研,问同学们什么是成功?

异口同声的回答是:有钱!

在一个市场经济为主导的商业社会里,货币化地衡量任何事,符合我们基本的认知逻辑。如果在大街上听到这样的说法,不足为奇。但在大学中，在未来老师眼中，将有钱作为衡量成功的标准、作为成功的标志，还真的让我有些不太适应。社会分工不同，成功的标准便不一样。真正的成功，是在自己的工作领域中做出一般人无法企及的成就。比如一个官员的成功，是让自己管理的区域政通人和；一个学者的成功，是完成了多少有创新性的研究；一个工程师的成功，是制造了多少新的设备；只有一个商人的成功，是拥有了多少财富。如果所有职业都把收入的多少视为衡量成功与否的标准，那人类文明史便会是暴发户、掠夺者与海盗的历史。要按照这样的标准，彪炳史册的陶渊明、杜甫、吴敬梓、曹雪芹、塞万提斯、米勒、爱迪生都不能被视为成功者，甚至那些慷慨赴国难的人，也会被看得一文不值。民族英雄被否定、历史人物被戏说、经典著作被调侃，正是这种太过功利的评价标准，让很多崇高的、伟大的事情瞬间失去了意义。

有时会有人说：现在是个理想缺失的时代，不要跟我谈理想，理想已经戒了。其实，听这话、说这话的人，绝对不是没有自己的梦想，只不过梦想是让自己生活得更好。但如果梦想不是仅仅为个人生活得好，而是发自内心地与大多数人一起生活得好，我们同样会对他的理想报以敬意。

读书人最高大上的梦想，就是张载在《西铭》中所言的：

> 为天地立心，为生民立命，为往圣继绝学，为万世开太平。

这应该是中国士大夫最高尚的志向，也是他们最庄严的使命。黄宗羲曾说过："宋亡之后无中国，明亡之后无华夏"，满是心酸与无奈。但他将宋作为一个历史节点，便是看到了宋代的知识分子，有着严肃而崇高的价值关怀。他们对学术、对家国、对艺术、对文化都有着近乎苛求的认真,有着近乎偏执的严肃。到了元朝,异族的统治,使得汉族士大夫中开始弥漫着无可无不可的情绪,原本严肃的家国责任变成了嬉笑怒骂式的讨论。明朝的高压政策,使得士大夫开始形成无对无不对的心态,艺术创造变成了随心所欲的涂鸦式。清朝文字狱的威胁,把中国的学术研究推到了亦步亦趋的繁琐考订。思想被装进了牢笼之后,学者们皓首穷经地围着一堆化石般的文献进行标本一样的解剖。思想原创动力消失的背后,是失去了对天下事务的自觉担当,失去了对士大夫高贵责任的继承。顾炎武面对天下兴亡,只好喊出了"匹夫有责",那是因为明末的士大夫已经不能再如石介、范仲淹、张载那样的傲岸,更没有了骨鲠之气,仰脸祈求一官半职而感恩戴德。

一个国家,一个民族,一个地区,一个时代,总有心怀天下、心忧天下的人,他们不仅忧思天下,而且前赴后继,为这个世界更好而默默奉献。所有的伟大都出自平凡,所有的成功都源于积累。如果我们没有遇到这些人,是我们的不幸,现在接触的人还不足够优秀。如果遇到了,我们如果做不到,就要更尊敬他们,毕竟我们这个时代,太需要能够为了别人利益而付出的人。

立功,是要有益于家国,有益于时代,有益于百姓,而不仅仅是计较于个人的得失。程颐注意到了君子与小人的区别,在于君子格局阔大,所思所想都是天下事业,而小人则斤斤计较于个人私利:

> 君子之志,所虑者岂止一身,直虑及天下千万世。小人之虑,一朝之虑,不遑其身。[20]

这里讲的"小人",不是做道德上的划分,而是格局太小,天天计算个人私利。格局大的人具有家国关怀,以大局为重。格局小的人患得患失,锱铢必较。君子所担心的、所忧虑的,不是自己一身一时之事,而是天下人之事、千万世之事。小人思考的则是如何让自己酒足饭饱。因此,小人可以由着性子来决定事情的做与不做,今天高兴了就对人承诺许愿,明天不高兴了便破口大骂。君子心量博大,装得下天下之人、天下之事,因而能做到不以物喜,不以己悲。朱熹言:"大丈夫当容人,勿为人所容",[21]大格局的人,要学会包容他人,才能领导他人,原谅他人。

有了高远的志向,有了高拔的境界,做事就会目光远大,而不是只盯着眼前的蝇头小利。很多优秀的企业家,像台湾的王永庆、香港的李嘉诚、美国的比尔·盖茨、马斯克,都是从白手起家做起,其能够做大,不是因为机遇好,而是因为要么诚实经营,要么试图解决人类未来的困境。王永庆最初只是一家小米店的学徒,后来借钱开了一家自家的小米店。天下开磨坊的人很多,为什么他能做大?很简单,别人是在做生意,他是在做事业。别人在米中羼杂加糠,王永庆从来不那样去做,他碾出来的是最精致的米,送米随叫随到,一斤米也好,两斤米也好,再小的生意他都要送去。久而久之,口碑一好,生意就多;生意一多,收益就高。其实,只要目光长远,坚持用功,做任何事情,都能随时起步,随时加速度,道路就会越走越宽阔。

我们走上职场之初,要把自己塑造成一个品牌,让接触过我们的人,认可我们,信任我们,支持我们,这样才能成全我们。有时候会付出一些成本,或者吃一些亏,但还是要坚信,在走上人生的高速公路之前,我们需要走过一段窄窄的引道,有没有勇气在狭窄而盘旋的引道上走一会儿,决定了一个人做事的眼光,也决定了他能否步入人生的快车道。

明白了这个道理,我们就应该在大学期间,在工作之初,珍惜所有的时间来提高自己的能力,留心所有的机会,让其成为自己的投资积累。在大学期间,我们不仅要读书、学知识,更要学会与人相处,要学会与朋友相处、与同学相交、与老师沟通,学会妥善地处理各种矛盾,隐忍周围人事中的不愉快。人贵于行之,而不贵于知之。所有的学问、知识和道理,都是服务于现实的,都是要践行才能有益,否则就变成了只会从书本到书本的书呆子。所有的著述,不是为了让后人死记硬背其中的文字,而是要明白其中的道理,作为现实的指导,作为立身处事的依据。孔子和他的弟子们假如要知道后人会闭门读一辈子的《论语》,写出一大堆研究论文或者学术专著,而不去修身、不去修德,恐怕更要述而不作。

大学阶段去打工挣钱很辛苦,很多学生兼职做家教,有助于改善生活。但要目光长远,不要把攒多少钱作为读书时的理想,而要把掌握多少知识、学会多少本领、提高多少能力、提升多少修为作为自己成长的尺度。假如大一、大二、大三一直重复做一个工作,三年没有任何提高、没有任何进步,就要反思了:是不是自己只算着每天每小时的报酬,可能忘记了总结经验去发展,让自己水平更高?实际是把快速提升自己的机会放弃了。自己能做的事,别人也能做,只能随行就市;自己能做的事,有些人能做,就能讨价还价;自己能做的事,大部分人做不了,就可以坚定要价。因此,大学期间、参加工作之初,首要的任务是把自己的脑袋装满,而不是把口袋装满。

没有大的发展,还有一种可能,就是做事时功利性太强,做家教就是为了挣钱,没有把家教的孩子当成亲人用心地教,用脑做事固然能赚钱,但常常会计算如何省力、如何应付,缺少真投入,缺少真负责,也是多数人年轻时的通病,只想着多休息一会,去敷衍一下,即便做再久,也只能低层次重复。用心做事,就要全力以赴,就要殚精竭虑,就要目光长远,即便做家教,也要真是为学生好,严格要求,认真负责。孩子和家长能感受到我们的认真,孩子便会明显进步,在这过程中,我们收获的不仅是报酬,更是做事的认真,养成成事的习惯。

第二节　自勉

常立志不如立长志,志向高远,不付诸行动,永远只能是心头想想,嘴上说说。北宋隐士林逋就感慨说:"心不清则无以见道,志不确则无以立功。"[22] 要想做成一些事,哪怕是无所事事的隐居,也需要坚韧不拔,才能忍受物资困乏。人要想成就点事,就要付诸努力,点点滴滴地积累,坎坎坷坷地前行,锲而不舍地追求,知道自己要什么,追求什么,养成自勉的习惯,让自己坚强。

很多人在学生时代都试图写日记,现在调查一下坚持下来的人有多少?很多同学也曾立志要坚持锻炼,刚开始还能做到,后来也就放弃了,要么早上有雨,要么白天有事,用借口原谅自己,以回护自己的松懈。朱熹就曾告诫学生:

>　　只患立志不坚,只恁听人言语,看人文字,终是无得于己。[23]

不停地立志,若不能坚持,就等于没有树立志向。只听别人讲话,而不去思考、不去践行、不去检验,最终只能鹦鹉学舌般地重复,却不能大鹏展翅般地高翔。没有自己的切身体验而获得间接经验,只能是纸上谈兵的文字游戏。

中国历史上,但凡能成大事业的人,很少有纨绔子弟出身,大部分却是出自布衣之身。孔子、孟子、韩愈、范仲淹、岳飞等从小丧父,最后却能成就大功业,关键在于他们能够自勉。没有依靠,就得自己努力;没有资源,便需要加倍的勤奋,"人一能之己百之,人十能之己千之",每一步都善始善终,每一步都兢兢业业,行稳致远,不知不觉就走到了很多人的前面。有志向,就要不断地鼓舞自己,面对困难毫不气馁,面对困境毫不妥协。志向是我们的理想,更是我们的信仰,越是困顿的时候就越要坚持,越艰辛的时候越要坚守。"老当益壮,宁移白首之心;穷且益坚,不坠青云之志"。[24]如此坚韧,才能成长;如此坚守,才能成就。当我们看到老师或朋友有学问,敬佩、羡慕之后,便要奋起直追,他们也是从大学生一步一步走过来的,一本书一本书读出来的,一个实验一个实验做出来的,以他们为榜样,不懈精进。

就大学生而言,要想把书读好:一要有志,确立修身、齐家、治国、平天下的博大志向,把学习当成自己发展的源泉,把读书当成事业成就的动力。二要有识,提升自己的见识。有的人读书很多,却习惯讲费尔巴哈怎么说、马克斯·韦伯怎么说、海德格尔怎么说。本科生这么说,尚可理解;到了研究生阶段,就要思考自己该怎么说?读书人最怕没有自己的思想和见识。读书,是要把知识变成自己的一部分,而不要把自己变成知识的一部分,要一边读书一边思考。读书的目的就是要长见识、学方法。一个人只读书不思考,就是无见识的书虫了。三要有恒,就是持之以恒。既然立志读书、做学问,就不是简单把它当成职业,而是要把它当做一辈子的事业。当成职业来做,做事就是尽头;当成事业来做,做事总是起点。所以,有志于学绝不会甘居下游,也不会轻易放弃自己。

有识则知学问无尽。见识越广,才越会发现世界上需要总结的东西太多了,尚没有完成的事太多了。图书馆的藏书如此之多,也绝没有一个人能在看完所有书之后,就能把世界的一切道理都穷尽。学理工的,总有新的课题要研究;做材料的,总有新的东西要合成;研究历史的,总有未解之谜等待发掘;从事文学的,总有表达不尽的意思需要去表述。随时要告诉自己,任何事情都没有止境,任何事情都没有边沿。

我们要有大见识,要有做精深研究的志趣。不要自我陶醉于既往的成就,也不要自卑于前辈学人的高论。不能像河伯,看到大海的时候,就徒自感叹;更不要像井底之蛙,守着水洼泥巴,就自认为很幸福。只要我们有远大志向,并为之努力,必然会有非凡见识,产生持久的恒心。

一、勉志

勉,就是要坚持;勉志,就是坚守自己的志向。一个人确定了志向,有时会因为外面的环境,或主观的原因而有所懈怠。当外界有引诱时,就很容易放弃了自己的想法。"志行万里者,不中道而辍足;图四海者,非怀细以害大",[25]立了很远大的志向,却半途而废,不能坚持,等于没有立志向;真正立下"图四海"的志向,就不要再斤斤计较一些局部的细节,更不要因为一些末梢枝节的事情,而放弃了最初的追求。所以,立志只是一个开始,真正能坚持才有意义、才有价值。

人在生活中、在发展中,大致分两种类型:一类人的目标非常强,不达目的,誓不罢休。这样的人只盯着前面看,有时候反而会失去生活的情趣,会减少对身边事物的关注。另一类人常常会关注到身边的事情,做小事做得非常好,却没有远大志向,没有明确目标。要想真正做成些事,一是要坚持往前走,咬定青山不放松,不要轻易放弃自己的追求;二是要志存高远,不被环境或者身边琐事干扰。

坚持,就要"不为穷变节,不为贱易志"。[26]这里的"穷",是指一个人成长得不顺利,发展遇到瓶颈,无法突破自己,有时感觉走不动了。要往前走,必然要逢山开路遇水搭桥,就要付出格外多的努力。特别是要走别人不常走或不愿走的路,这就要付出常人难以理解、难以想象的辛劳。大多数人之所以平庸,之所以成为芸芸众生,不在于他们没有改变自己的想法,而在于他们缺少改变自己的勇气,常因为某些人事纠纷、一些众口纷纭,便放弃了目标,随波逐流。

贱,是地位低下,或不被别人尊重。现实生活中,大部分的人都是从基层、底层起步,都要经过一番努力奋斗,才能赢得大家的认同。每一个出身贫寒的人,都有过被歧视的时刻。当被歧视时,有句流传很广的话说:今天你对我爱理不理,明天我让你高攀不起。如何让自己有"高攀不起"的资本,是很多人此时的想法,比如要挣更多的钱,要有更多的权力,让别人觉得自己有用。这样看似获得了尊重,实际是放弃了自己最初的追求。如果太在意对自己爱理不理的人,实际是为了他人的羡慕决定自己的发展方向,尽管也能发展,但很容易陷入流俗的陷阱。其实,一个人的成功,并不是完全用功名利禄来衡量,更不是用地位高低做标志,而应该以对社会的贡献来衡量。对我们爱理不理的人,有可能是非常世俗的人,为赢得这类人的尊重,只能去做官或者发财。这样一来,岂不被别人牵着鼻子走?

很多朋友在小时候都立过志向,长大以后却改变了。有的是被生活所迫,有的是为物质所诱。在读书期间想穿一些好的服饰,或想得到一些奢侈品,但是自己没有能力购买,怎么办呢?就会想尽一切办法去挣钱,忘了自己入学的志向,忘了应该要读书、要完善自己,要发展自己,只常常津津乐道于物质上的获得,被名利所诱,改变初衷,结果放弃了自己求学的初衷,放弃了自己一二十年的学习积累,看似和光同尘,实则碌碌无为。

徐干专门讨论过治学与勉志的问题,他说:

> 志者,学之师也;才者,学之徒也。学者不患才之不赡,而患志之不立。是以为之者亿兆,而成之者无几,故君子必立其志。[27]

一个人有才华,不一定能成事;但一个人真正有志向,就能够成就大事业。才华是学问的徒弟,志向则是学问的导师。什么是导师?导师是给自己指引方向、引向正路、教给本领的人。导师会给他指出一条学术研究的方向,或用学术思路、治学心得、言行举止引导我们、影响我们。人,其实不必担心没有才华,应该担心没有良师益友的鼓励,更应该担心自己没有志向来鼓励。徐干认为,天下做学问的人不计其数,能够做成大学问的、能够做出事业的,却寥寥无几。原因就在于,很多人仅凭依聪明,却没有坚定志向,白白辜负了满身才华。要想做事业,必须时时刻刻坚守自己的目标,"立志欲坚不欲锐,成功在久不在速",[28]不要轻易去改变。真正意义上的成功,不是今日刚付出,明日就能速成,而在于持之以恒的坚持,保质保量地完成。

现实生活中,我们常常在困难时放弃理想。其实,困难却是磨砺自己性情、坚定情志的关键时期。曾国藩总结自己的心性成长,正在于苦闷无助时:

> 吾生平长进,全在受挫受辱之时,务须咬牙励志,蓄其气而长其智,切不可戬苶然自馁也。[29]

这真是"吃一堑长一智"的文言表达。受挫折、受委屈、受窝囊时,恰恰是人沉浸下来去思考、总结自己所作所为的时刻。摔倒了,挨打了,酸楚了,痛心了,这是最难受的时候,在被冷落之后的反思,虽然彻骨地痛,却能成为入髓的冷静。一个人只有耐得住这种受挫的痛苦、忍得下心性的磨难,才能够真正明白自己到底想要什么? 到底想做什么?

中国历史上,凡做大事的人都有一个受辱的经历,周文王被囚羑里、勾践卧薪尝胆、韩信屈于恶少年的胯下、刘邦在鸿门宴上卑躬屈膝……在常人难以忍受的耻辱面前,为了自己的理想,忍受身体发肤被损害、高傲心志被侮辱,选择忍辱负重,选择沉默图强,坚持活下去。曾国藩觉得此时的"务须咬牙励志",是打碎牙齿和血吞,咽得下那口气,才能迈过这道坎。每一个人在发展过程中总会遇到艰难、困苦、险阻,没有人一生会一帆风顺,面对困境时,有师友的鼓励,更要能自勉。几乎所有伟大的人、成功的人都要经过心灵的炼狱,要经历一个咬牙坚持的过程。只有这个过程,才能让人坚强;只有这个过程,才能让人成长。每一次困窘时,恰恰是人长进的过程,让人长智慧、长耐心、长见识、长胸怀、长气度。这个时候不抛弃、不放弃,就像江河千折百回出深山,有过不停息,才能一马平川走到海。

二、勉时

立志不能坚持,有时是环境影响、琐事缠绕,有时则单纯是时间上难以保证。有时买了一本书,打算去读,却放在书架上,一放就忘了。一年读一本书,并不困难,但若问自己,二十多年来,是不是深入地读了十本、二十本书呢?读了很多,记住了多少?学了很多,落实到行为处事上又有多少呢?读书这样容易的事,尚且如此,更何况还有更多复杂、艰难的事情要我们去做呢?

很多时候,不能坚持,主要是在时间上不能坚持。能做成点事业,需要有三个基本条件:一是心性修为,二是学习能力,三是时间管理。"逝者如斯夫,不舍昼夜",[30]时光稍瞬即逝,青春也不能持久,我们一生最多也就三万多天。这三万多天中,每天都有无数琐事缠身,让我们难以心无旁骛地读书,心平气和地思考。在日复一日的闲散中,不知不觉长大了,也不知不觉变老了。越懒越闲越无聊,越无聊就越东家长西家短,把目光盯在别人身上,或流短蜚长,或暗地使绊,坏了自己的心性,也枉费了自己的一生。

魏晋时期有一个大学者叫王肃,学问非常好,与大学问家郑玄不相上下。可惜他做学问,不能公允持平,而颇有意气,要与郑玄作对。郑玄解经时用古文经,他就用今文经,就是要与郑玄不同。这样来看,他做学问不是为了学术,而是为了自己标新立异,白白辜负了学术积累。传说他伪造了不少古书,后人觉得他学品不好,不太重视他的学术。他能造出伪书,也有了不得的学问,至少读了很多书。他是怎么读书的呢?

> 冬者岁之余,夜者日之余,阴雨者时之余。[31]

每到冬天,大家休假回家,闲而无事打牌、聊天、说闲话。漫长的冬天没有农事,天气寒冷也不方便出去,却恰恰适宜于读书。春天容易伤春,夏天容易困倦,秋天容易悲秋,只有冬天是读书的好时候。把冬天利用起来,就能读很多书,王肃说是"冬者岁之余"。晚上少人踪,闲着无事,正好可以安心读书。读书宜静,夜深人静,最能体悟书中的玄妙高论,拥书入眠,要比胡思乱想失眠好得多。闲人觉得阴雨天是睡觉天,气压低,睡着很舒服。古代时,一到阴雨天,道路泥泞,人也稀少,出行不便,待在家中,心如止水,难得清静,正好读书、思考。

能够做成点事,就要花费比别人更多的时间、精力。真正能成就大业的人,必然要能与时间赛跑。比庸人跑过了时间,就变成了高人;高人跑过了时间,就变成了牛人。人没有生而知之的,要读书,要实践,事业是用时间堆出来的,成就也是时间积蓄而成的。颜之推告诫读书的孩子们说:

> 光阴可惜,譬诸逝水,当博览机要,以济功业。[32]

成就事业的第一个法宝,就是随时计算时间成本。光阴可贵,掌握时间,利用时间,节省时间,才能多读有用的书,多做有益的事。读书要博览,一是多读书,博览群书;二是会读书,读出书中的精华所在,尽可能在最短的时间内吸收尽可能多的经验、智慧、教训,让自己能够想明白、想清楚。

读书要博采精鉴,除了精通本学科的专业书籍,更要有博采众长的眼光。读书、思考的目的,是服务于现实,服务于生活,服务于心性修为,只有结合现实问题、关照社会人生,体察内心情志,读书思考才能入心、入行。人的个性不同,有人擅长理性思维,有人擅长感性体悟,没有高低优劣之分,只有合适不合适的体会。兴趣因人而异,我们知道自己最擅长做什么,最感兴趣的是什么。做自己最喜欢的事心安理得,做自己最擅长的事得心应手。这样就能专精其长,广博其趣。倘若两者不能兼备,就找最擅长的事来做,也能做出诸多成绩。只想做感兴趣的事,是浪漫主义,30岁以前不妨浪漫一些,做做自己想做的事。30岁以后就要现实一些,要做自己该做的事。

中国文化中有很多惜时的名句:"莫倚儿童轻岁月,丈人曾共尔同年",[33]不要因为自己年幼就无所忧虑、无所顾忌地轻抛岁月,白发苍苍的老丈们都是从这个年龄过来的。他们也都有过梦想,回头对年轻人的告诫,不是老生常谈,而是一代一代人的反省、体验和总结。魏源总结为学之道时说:"志士惜年,贤人惜日,圣人惜时。"[34]有志向者一年一年地计算自己的目标,贤明者一日一日地衡量自己的成长,圣人则一个时辰一个时辰地珍惜自己的生命。志士是有追求的人,贤人是践行理想的人,圣人是提出理想的人。其差别,不在于出身,而在于谁更会管理时间、更会利用时间。齐白石老人晚年绘画技法突飞猛进,一在于艺术积累到了,炉火纯青,信手拈来;二在于坚持"不叫一日闲过",每天都是宝贵的,不能浪费;每次作画都是认真的,不能马虎。圣人、贤人、名人都是用时间堆出来的,那我们现在要做的,就是立刻去做!马上行动!

三、勉行

立志,最重要的是付诸实践。志向不能作为谈资,去坐而论道,而是作为动力,支配自己去做。到老的时候,我们可以感激自己年轻时立下志向,因为坚持了一生的习惯、志向、操守、兴趣,让自己受益,才使得一生没有碌碌无为的悔恨。

勉行,一是要鼓励自己立了志,就要认真去做;二是要勉励自己,行动一定合乎志向。立志,不光是要立志向,同时也要立身。刘备曾告诫刘禅说:"勿以恶小而为之,勿以善小而不为。"[35]既然立志要做大事业,就要时时刻刻地让自己的一举一动、一言一行合乎发展的要求。做事时,心里面有时会打小算盘,但有志向约束,就会放下鸡零狗碎之念。小学时,我们可能写过作文《一件小事》,大致都会写在马路边捡到一分钱,交给警察叔叔还是不交给警察叔叔呢?交就是小善,不交就是小恶。在如此的内心矛盾之中,心性便开始了成长,其决定往何方走、如何走,心性的高下与狭阔便由此分野。

人能勉行,在于自省。我们都不是天生完人,如何能够超越自我,养成成就事业的好习惯呢?要靠随时反省。孔子说:

躬自厚而薄责于人,则远怨矣。[36]

对自己的反省,要严格;对他人的过失,要厚道;对别人做错的事,要宽容。少责人之失而多赞赏他人的优点,善于反省,又能宽以待人,这样别人的不满、抱怨就会越来越少,自己也在不断的自我完善中成长起来。反省,是孔子成为圣人、弟子们成为贤人的法宝。孔子曾说"见贤思齐焉,见不贤而内自省也",[37]这不仅是他自己的人生体悟,更是师门的修身要求。日常生活中遇到行事上、德行上比自己好的人,要向他学习;看到行事上、德行上有瑕疵缺陷的人,要反省自己有没有相同的毛病。

勉行,要学会反思、借鉴。三人行,必有我师。通常的解释是三个人在一起,一定有一个是我的老师。三人为众,其实是指周围很多人,都有值得我们学习的地方。只有广采博览,兼善众长的人,才能不断看到别人的优点,从别人的发展中学到经验。让自己有一双发现别人长处的眼睛,随时随地处于海纳百川的成长之中。听别人讲话,要有鉴别意识,更要有吸纳意识,不能总是充满批判精神,只看别人的缺点,总觉得别人不如自己高明。有时候人家讲错了一句话,自己就在下面窃窃私语,甚至开始大肆宣扬,自以为高明。倘若这样,就会觉得自己的学问如何之大,如何完美,而他人错误百出,这就很难进步。实际上,我们听别人说话时,即使他讲了二十句空话,只要有一句话有用,就应该记下来。这样一来,接收的东西会越来越多,知识会越来越丰富,眼界会越来越开阔。若总是发现别人的短处,总是觉得人不如己,做人难免骄纵,做学问就会自我感觉学问很多、很大,很容易目空一切,实际活在自娱自乐的想象之中。

见贤思齐,思齐的不仅是知识,更重要的是德行。如果能够把周围人的优点全部吸收了,那前途就未可限量,做事也会世事洞明,人情练达。见不贤,要反省自身。怎么反省呢?要想想自己遇到这种情况会不会也如此,自己有没有这个人或这一类人的轻薄之处。每次自省,都会发现别人眼下的过失,或许就是自己曾经的伤痛。避免了他们此刻的失误,未来的行进就会谨慎得多。

勉行,是心性成长的磨刀石,也是超越众庶的助推器。荀子体

验得深刻,表述得也清晰:

> 无冥冥之志者,无昭昭之明;无惛惛之事者,无赫赫之功。[38]

冥冥,是深沉宽广的无可限量。人若没有这种深厚宽广的志向,就没有动力去洞悉无边无际的知识。无论是面对书本,还是面向现实,都有无穷的未知领域等待我们去探寻。北京大学首届中国传统文化博士生班开学典礼上,田余庆先生曾引宋人的话来比喻,说大学是"有发头陀寺,无官御史台"。[39]"头陀"为和尚,带发头陀寺,是说大学是带发修行的场所,不仅增进学问,而且涵养心志。无官御史台,是说在大学里读书,要有关注现实、关注古往今来成败得失的意识。身在校内,目光却要落在世间,关注社会,关注人生。大学培养的是独立思考的精神,不局限于成说;也是一种自主自立的人格,不依附于他人。在古代中国,御史是管弹劾官员的,需要自身端正,才能指责奸邪。学者要做"御史台",就是要有怀疑、批评的精神,怀疑成说,批评丑恶,就需要我们对古往今来的兴衰成败、潮起潮落的世事纷纭了然于胸,才能言之有理、论之成章。

惛惛,是形容人在发展中总会经历一番头昏脑涨。写文章,写着写着写不下去了;想问题,想着想着就陷入困境;做事,做着做着就遇到瓶颈。这不是陷入绝境,而是绝处逢生的时机,是穿越瓶颈实现飞跃的时期。王国维先生曾描述治学、做事的三种境界,第一重为"衣带渐宽终不悔,为伊消得人憔悴",不停地付出,不停地积累,没有清晰的思路,只有无怨无悔地坚持。读书做事,一定有"面壁十年图破壁"的过程。若能坚持三年、坚持十年认真读书做事,积累深厚了,思考广博了,便会豁然贯通。再回过头来看看原先读的书、写的文章、说的话、做的事,会发现自己其实已经走了很远。无惛惛之事者,无赫赫之功,若转换成现在的话,便是不经历风雨,怎么能见彩虹?没有人能随随便便成功。

诸葛亮曾给外甥写信,告诫他如何勉行:

> 夫志当存高远,慕先贤,绝情欲,弃凝滞,使庶几之志,揭然有所存,恻然有所感;忍屈伸,去细碎,广咨问,除嫌吝,虽有淹留,何损于美趣,何患于不济。若志不强毅,意不慷慨,徒碌碌滞于俗,默默束于情,永窜伏于平庸,不免于下流矣。[40]

志存高远,是人生的立意要高,不同流俗,始得高拔。如何做到志存高远呢?

第一,慕先贤,要向贤人学习。贤人能践行理想,向贤人学习,要有志向,能修炼心志,约束行为。

第二,绝情欲,即约束扰乱心志的七情六欲。诸葛亮认为天下之大,有无穷的事可以做,年纪之轻,正是茁壮成长的关键,不要整天沉湎于情思、欲望。早恋便是过早沉湎于男女情思。年轻人骨骼肌肉都没长成,自己还管不了自己,能对另一个人负责么?不能随便因为一棵歪脖树,便忘记了整片森林。

第三,弃凝滞,做人做事不要黏黏糊糊的,要干练利索。做文章最怕凝滞,给人以黏腻不爽之感,不知所云。做人、做事、说话要做"直取心肝刽子手",抓住要害,抓住关键,抓住关节,直来直去。一个事情今天完不成,明天也不行,后天还不行,没有一个痛快话儿。做人之所以凝滞,一是决断力不够,二是没有原则,三是不敢承担责任。所有人都觉得某个人不错,是不是好人?孔子的回答是,不是好人。所有人都称赞的好人,是没有原则的"老好人",不是真正的好人。什么样的人是好人?好人说他好,是因为其善;坏人说他坏,是因为有原则、有操守,不同流俗。

第四,忍屈伸。大丈夫能屈能伸,该刚的时候要刚,该柔的时候要柔。我们在成长时,不要过分地想到委屈,不要去计较私利,不能算计着一件事能有什么好处,有什么弊端,要勇于承担责任。该做的事要全力以赴去做,不该做的事要坚决抵制。与他人之间有了意见冲突,也不必放在心上化不开,只要认真反省、问心无愧即可。哪怕做一件小事,不可能让所有人都说自己好,也不能强迫自己去讨好所有人。物以类聚,人以群分。与志同道合者相处好,这是能力;能与志趣不同的相处好,这是襟怀。

第五,去细碎,广咨问。在琐事上糊涂一些,不斤斤计较。有问题时,一是要向众人咨询,二是自己多思考、多审问,找出解决办法来。有同学说自己跟了导师这么长时间,导师什么都没教。随导师读书,不需要开什么书目,更没有什么秘笈可以让人一夜之间功力倍增,关键要留心老师的文章、实验和指导,想一想导师的文章自己读了吗?其中体现着老师做学问的路数;导师著作中经常引用的文献资料,拿来看了吗?知道老师读过哪些书吗?处处留心皆学问,知识就在不经意间。

即便在漫不经心的谈话时,也要听听有没有自己不知道的新东西。与人谈论,不能总是抱有逆反心理,不听对方意见,偏要争论;也不能总是唯唯诺诺,对方说的总有道理,一定要自己清醒地思考。读书最忌讳偏听偏信,能读进去,也要能走出来,能够辨清是非对错。借用鲁迅先生的话来讲,就是要学会剜坏苹果。坏的地方就剜掉,好的地方保留。待人也应如此。评价一个人,优点就是优点,缺点就是缺点,客观准确,不因人废言,也不因言废人。

第六,除嫌吝。吝,是吝啬;嫌,是夸耀。要做成事业,尽量要心境开阔,不自以为是,也不抱残守缺。做人也是如此,不要吝啬感情,对别人多关爱一些,多夸奖一句。嫌,还指做人做事一定要有避嫌的心理。不好的方面,可做可不做的就不要去做;好的方面,可做可不做的一定要去做。人言可畏,人心险如山川,[41]避嫌疑就是立身内敛,做事谨慎。

诸葛亮认为,以上各点若能做到,即使仍有不足,也不会损伤美德,也不会影响趣味。这样的人,不会有走投无路的忧患,更不会有渡河迷津无舟而陷于绝地的危险。如果一个人志向不能坚定,缺乏高拔的志趣,忙于尘俗之事,纠缠于狭隘私情,总免不了堕入平庸。日常生活,难免交际、难免应酬,但不要沉迷其中,虚掷光阴。真正成事之人,感情是开朗的,心志是坚定的,对周围的人、对天下都充满关爱之心。

第三节　自新

自新,是每日都使自己更进步。《大学》里讲:"苟日新,日日新,又日新。"若能把每日都作为一个新的开始,每日都有一个崭新的自己,一日一日坚持下来,便能塑造一个全新的自我。这句话的成语版,是日新月异;标语版,便是好好学习,天天向上。假如我们每天都能进步一点点,每天都在与旧我告别,一年之后回头再看,会发现已经走出了很远。

人的发展就像登山,无限风光在险峰,但我们都要从山脚开始,越向上走,需要改变的就越多。儒家认为不断修养自己、完善自己、发展自己,就能达到"止于至善"的境地。不懈修德,人人可以成为尧舜。佛教认为"佛乃众生,众生乃佛",一个普通的人,德行、修养、心性达到了超凡脱俗的境界,也可以成佛。圣贤与佛,不是天生的,是由普通人一步一步修行,一点一点自新,最终成为人所敬仰的智者、慧者。事不可易成,名不可易得,福不可易享,世上没有轻而易举的事业,也没有什么唾手可得的功名,更没有不期而至的幸福,都是经历勇于自省、长于改过的磨砺,才获得令人惊喜的成就。

一、新身

新身，是自新的起点，在于告别旧我，努力改过。什么是"过"？孔子说："过而不改，是谓过矣。"[42]有过失不是"过"，有过失不努力改正才是"过"。孩童学习走路，总是不断地摔倒，没关系，在跌跌撞撞中才能学会走路，若因此不愿再走路，就永远失去了独立行走的机会。

成长过程中难免犯错误，不犯任何错误的人常是庸人，或者是从不做事的人。只要付诸行动，就会出现各种意外情况，要么是准备不充分，要么是能力不够，要么是德行不足，这就要勇于发现自己的不足，勇于改掉自己的错误。我们要清楚自身的优缺点：是拖拉还是干练？是糊涂还是聪明？是浮躁还是沉稳？是懒散还是勤奋？想明白了，然后根据自己的特长去做事，在做事中成长。

要不断地反思自己适合做什么？能够做什么？喜欢做什么？要把阻碍自己发展的行为、品德、习惯都改掉，保留那些与自己理想同向的品格。人不能成为完人，但要知道扬长避短，不能像《论语·子张》里讲的那样："小人之过也必文。"总是想办法去掩饰自己的过失和短处，久而久之便成为一个患得患失的人。喜欢文过饰非，蒙蔽观察内视自我的双眼，便难以成长发展。相反，若能正确地对待自己的过失，过而能改，就能成为真君子。[43]在儒家看来，君子与小人，一个是天马行空，独来独往，成就大事业、大功业的人；一个是斤斤计较，呼朋唤友，执迷于尘俗的人。做的事业越大、越有创新性，对自己的要求就越高，也越容易有过失，"人谁无过，过而能改，善莫大焉"。[44]新身的要义，就是告诫自己做事尽量周全，有过失只要改正，人生就是新的一页。在小过失中不断改进，才能避免未来犯更大的过失。

六祖曾说："改过必生智慧，护短心内非贤。"在佛家看来，修行便是改过，改过才能生出智慧。中国文化所言的"智"与"慧"含义不同：智，是在尘俗之中能应对自如；慧，是在心灵中能洞悉宇宙。改正过失，一方面是增长己智，做事更聪明、干练；另一方面要增长己慧，使心志更加纯净，心境更加平和。

现实中我们常常是多智少慧，聪明有余，境界不足。待人接物聪明伶俐，如王熙凤，事事要强，处处争胜，不懂"月满则亏，水满则溢"的道理，[45]聪明用到极致，演得热闹非凡，但结果却是"哭向金陵事更哀"，在凄惨中谢幕人生。慧，是守拙、是谦退、是包容、是静默，在小事上不计较，大事上不糊涂。

自新的对手是文过饰非，即总能找到说辞为自己的过错辩解。五代的贯休说过："非莫非于饰非，过莫过于文过"，[46]文过饰非是最大的自欺欺人。殷纣王力能搏虎，智能拒谏，绝非平庸之辈，为何最终亡国身死？一是过于自信，觉得大家都不如自己能干，试图以一己之力对抗天下。与他相似的还有项羽，两人皆是天下无双般的豪杰，但不愿意相信他人、不愿任用他人，最终落了个孤家寡人的下场。二是"知足以拒谏，言足以饰非"，[47]读书太多，口才太好，能把提意见的人一个个说得无话可说，把自己的过错阐释得完美无缺，让提意见的人心不服也得口服，最终瞠目结舌地一个个离开了自己。不懂得反思，不懂得修正行为，雄豪也会毁于一旦。

儒家讲"勇"，不是指与人斗狠，不是指战阵的冲杀，而是指勇敢地面对自我，敢于承认自身的错误、不足，勇于去剖析自己、解决问题，这是最大的勇气与勇敢。《格言联璧·存养》里有一番话，可以看出自新实际是自我磨炼心性：

> 轻当矫之以重,浮当矫之以实。
> 褊当矫之以宽,执当矫之以圆。
> 傲当矫之以谦,肆当矫之以谨。
> 奢当矫之以俭,忍当矫之以慈。
> 贪当矫之以廉,私当矫之以公。
> 放言当矫之以缄默,好动当矫之以镇静。
> 粗率当矫之以细密,躁急当矫之以和缓。
> 怠惰当矫之以精勤,刚暴当矫之以温柔。
> 浅露当矫之以沉潜,尖刻当矫之以浑厚。

这段很整齐的话,一一罗列了人性的缺点,并指出了如何改正。若轻浮、轻率,做事不能深入沉潜下去,易浅尝辄止,就要学得稳重些、踏实些。项羽学写字,觉得没劲;学击剑,觉得无聊;最后学兵法,也是浅尝辄止,心浮气躁、半途而废,注定了做事有始无终。虽一时名闻天下,终不能成大事。刘邦既不会打仗,也不能言语滔滔,也有很多缺点,最致命的是"好货及色",用现在的话来说,是贪图钱财而且喜欢美女。但他却能在关键的时候压抑住自己的欲望。攻下咸阳之后,刘邦居然"财货无所取,妇女无所幸",不损害咸阳的一草一木,不拿百姓一针一线,连范增都看出来刘邦一反常理的做法,绝对不是改恶从善,而是意识到要成就更大的事业,就必须约束心性上的缺点。

对普通人而言,褊、执就是固执、偏执,要用宽和、圆通来矫正。人往往是蔽于私情私念,喜欢一个人,就恨不得把一切都给他;恨一个人,却又恨不得立刻把他毁掉。而要成就事业,就需要与很多不同性格、不同志趣、不同追求的人打交道,要学会宽和、圆融,理解、包容与自己想法不同的人、与自己意见不一致的人、甚至那些明里暗里反对自己的人，才能笼络众人，把事情做好。

　　傲慢和随意，是年轻人的天敌。我们的理想是人人平等，长大了就会发现，人格是平等的，但人人所获得的地位、收入、机遇却不是平等的，社会有等级、有秩序，也有我们不能逃避的某些不公平。有时候看到别人轻而易举地成功，不由自主地在脑海跳出一个词"凭什么？"其实，这就是傲慢的心态，对自己过于自信，觉得机会应该在自己身上；对他人存有偏见，觉得人家不应该如此。用缄默沉静来代替放言无忌，来矫正躁动难安，谦虚谨慎而不自傲放纵，才是真君子。

　　自新是让人超越自我。不翔九空，不知天之高；不临深渊，不知地之厚。站在地面上，头顶的乌云、雷电、狂风会令我们胆战心惊。那不是因为我们渺小，而是因为我们站得太低。而一旦穿越了乌云，翱翔于九天之上，我们就会感叹，曾经笼罩着、覆压着的云层，原来是那么的虚空和单薄。

　　人的思想，一旦穿越了云的屏障，就会进入无限开阔的境地，曾经障目的浮云，变成了脚下的装点；曾经障碍的山峦，也不过是成功的陪练。但要穿越云的屏障，需要无限坚强："即使黑夜来临，也要让夕阳穿过胸膛"，要能忍常人所不能忍，用刚毅飞跃瞬间的黑暗，用坚韧穿越云的阴影。

　　只有心足够坚强，才能在历史的风起云涌中，实现人生的跨越。只有心足够博大，才能让云海作为铺垫，让阳光照穿胸膛，在舒卷自如的人生境界中，完成自己的历史使命。其实，再浓厚的乌云，再艳丽的晚霞，对于超越者来说，永远只是脚下的装点、曾经的陪衬。

二、新识

新识，就是要树立、增长自己的见识。这个"识"不单纯是知识，因为天地间知识无穷尽，一生也难以学完，而是见识。见识和知识的差别就是，见识是在知识的基础上形成的自己的看法、思路、视野。我们每天都在接受繁多的信息，能否吸收这些信息，一定要有独立的判断，必须增长自己的见识。

要增长见识，必须要不停地学习思考，"日闻所未闻，日见所未见"，[48] 每天都很努力，对新鲜事物有浓厚兴趣。与人接触交往，总要从对方那里学到以前没有见过、听过的新东西，总要思考到以前没有达到过的境界。留心处才能积累真知识，得到真见识。日异其能，岁增其智，每天都能扩充知识，增益智慧，进步就会很快。

见识的形成，靠的是读书。中国古代流传下来的很多典籍，都经过了历史的选择，经过了文化的积淀，是千锤百炼的精华。如《论语》《孟子》《大学》《中庸》，几千年来中国人都读它，绝不是靠某个帝王的一道命令可以天下流传，而是这些书确实符合中国人的思维习惯，顺应了中国人的社会期待和价值认知。要增长见识，就要多读这些经典著作，用学问武装自己，古人常说：

> 读经传则根柢厚，看史鉴则事理通。观云天则眼界宽，去嗜欲则胸怀净。[49]

经书讲的是传统几千年的文化共识，长于思理；史书说的是人事的得失成败，重于判断。读经书可以掌握基本规律，读史书知道兴亡之事，二者相辅相成，可以增加一个人评骘是非的能力。见识，就是考虑问题时能否把问题的利弊想清楚，并且找到最简单、最易行、最不折腾的路子。中唐时,宫中要裁宦官,有人就进谏说,宦官不能轻易裁减,否则易出问题。怎么办呢？罚。宦官做了错事就处罚,赶出去,同时宫内不再新增宦官,如此一来,三五年之后至少裁减掉三分之一的宦官,也避免了因一次裁减可能出现的作乱问题。

为人处世也好,济国安邦也好,读一些经传,读一些史鉴,无论是日常处事还是成就大业都能用得上。在读书之外,增加对世界、对人生的理解,走万里路,观赏高山、沧海、浮云、流水,眼界拓宽。

去嗜欲,是修养的关键,要毁掉一个人,嗜欲是突破口。清朝光绪的老师翁同龢是一个君子,不贪财不好色,做户部主事的时候,找他办事很难,因为没有行贿的借口。但最后还是有人找到了翁同龢的弱点,就是"好名"。翁同龢喜欢到处题字,商人就把他的题字搜集起来,编在一起,算是翁的书法集子,进呈上去,讨得翁同龢的欢心,事情就办成了。

没有见识,不仅看不清楚别人,也看不清楚自己。无论是高高在上的达官,还是腰缠万贯的富豪,却总免不了在意历史如何评价,总是留心别人如何看待自己,不能如太阳一样高远,如大海一样宽广。于是,处处争夺,时时标榜,甚至自我吹嘘,意在获得别人当面或者背后的赞许。其实这些,不过是顾影自怜而已,活在自己对自己的眷恋之中,活在他人设定的评判之中,对名利无法舍弃,对虚妄无法放弃。

人之所以活得累,就在于始终放不下自己的身段,放不下对名利的牵念,活在一个镜花水月般的妄念之中。有时候不惜牺牲一生的声誉,去攫取一个本与幸福无关的利益,去追求一个与快乐本无关系的名誉。得到之后,才发现那顶帽子或者那个称谓,不过是透入脊髓的无聊。放下无谓的自恋,才能看到真正的自己,不是镜中之影,而在中和之心;名利在很多时候,是他人束缚或者驾驭自己的羁绊,超脱之后,才能守住心性,活得自在。

三、新德

新德,一是要不断提高自己的修养、德行;二是要不断增加自己观察世界、认识世界、理解世界、改造世界的能力。中国自古重德行,认为世家出于德教,人品成于读书,不管是个人的品行成长,还是世家大族的稳固,都源于诗书教化,源于道德修养。

中华文化中,世家就是延续几代、十几代而不衰败的大家族。现在流传的却是"富不过三代",三代以后就完了,原因是什么呢?在于教育子孙后代的时候,忽视了道德修养的培育。不少家长只教孩子知识,教孩子如何出人头地,有时候就放纵孩子、娇惯孩子。现在大多是独生子女,家里所有的资源都给他一个人用,从小没有分享的教育,长大习惯于独占,不容易设身处地去关心别人。要想让孩子真正成长起来,就要教他学会谦让、知道退却、能够妥协。一个人若是从小就学习如何与外界的人争斗,心性一乱,就会用在自己的家族里头,会跟自己的父母、兄弟姐妹,甚至跟老师、朋友去争斗,这样的家族自然是成不了世家的。

由此观察秦国的兴亡,在用人上就很值得我们反思。秦国为什么"忽而兴焉",又"忽而灭焉"呢?就在于秦之治国采信法家学说,法家主张用"因性"驾驭臣民。因性是利用人的自私本性,用人之为人,不用人之为我。在秦国的政治伦理中,做官也罢,立功也罢,都是为了自己,而不是为秦国好,秦王与大臣之间,只是利益的关系,不存在所谓的道义。这样,当臣民与国家仅仅是利益关系的时候,国家危难时,就没有人来一起承担,李斯、赵高在关键时,想的不是秦国的兴亡而是自己的安危。正是因为利益驱使,秦国强盛的时候,人人可以分得一杯羹。军功容易获得,大家便奋勇杀敌,灭掉六国,获得财富爵位。一旦秦国步入溃败的轨道,树倒猢狲散,没有一个人愿意挺身而出。宋朝恰好与其相反,宋儒主张化性,引导人性向善,用道义、责任去鼓励士人,金、辽、西夏、元不停地挑起战争,宋朝却能在大兵压境下苟延残喘,持续了319年。陆秀夫背负帝昺投海后,还有十万军民与之赴死,可见德行要比刑赏化民之深。

从"新德"的角度来看,最重要是"为善"。善事不求人知,但求心安,善在于持久累积,才为大家知道;恶出于一事,便可名闻天下。唐太宗李世民讨论过善恶与行政的关系:

> 欲使见善思齐,足以扬名不朽;闻恶能改,庶得免乎大过。从善则有誉,改过则无咎。[50]

心里要存善念,总要想着与人为善,帮助别人,对于行恶则要时时戒之。善事常为,但不要自我夸耀,桃李不言,下自成蹊,众人自然交口称赞;恶事不可为,行恶难以掩饰,他人看得都很清楚,是自己把自己毁掉了。养德,就是涵养德行,做事做人要踏踏实实,认认真真,不心存侥幸,不自作聪明。"无不知,无不改,以几于无可改,非圣而何?"[51]识过改过,时时进步,日积月累,便能达到道德的乐地。

钱钟书先生曾说,人生很像围城,里面的人想出来,外面的人想进去。其实,在现实中,进和出,总是身不由己的事情,并不是自己便可以作出的选择。我们在某种程度上都是"被进""被出",几乎言行和思想也常常被他者决定,无法去做自己想做的事情,沿着一条被设计好的轨道,幸运时是前行,不幸时是循环,日复一日,年复一年地盘旋,找不到一个可以获得心灵自由的出口。

我们面对的,还有无法超越的岁月壁垒,高高耸立在即将成真的梦想之前,不仅无情地剥夺着我们的时光,还隔离着我们的情感和追求。时而让人束手无策,时而又似乎充满希望,在恍兮忽兮中,慢慢变老,回头一看,猛然发觉,任何人都逃脱不了时代的局限,自己所能成就的,不过是那么一点点。

很多时候,就连我们自己的灵魂,都决定不了我们的身体。有时候灵魂很想进去,脚步却在一步一步偏离。所有的爱和恨,本没有距离,关键在于心的取舍。这就像记忆,有时候本该忘掉的,却总是挥之不去;而该珍惜的,却越来越想不起。最后真正让自己平和的,那就是消除嗔痴,不喜不惧,无怨无恨,无悔无毁。唯独如此,人才能彻底走向大明,在超脱中,获得平和;在平和中,体味幸福。

第四节　自信

要坚持志向,出于自信;要成就事业,守于自信。自信,包含了自爱、自信、自律等诸多要求。

一、自爱

"自爱"是和"自尊"联系在一起的:

> 夫人必自侮,然后人侮之。家必自毁,而后人毁之。国必自伐,而后人伐之。

这句话出于《孟子·离娄上》。自侮,就是不自尊。不自尊者,就动摇了立身的根本,招致他人的侮辱。家庭、家族不自尊者,就破坏内部的和谐,或是被自己亲手毁掉,或是被他人离散。国家不自尊者,就毁坏立国的根基,招致别国的攻伐。商汤要伐夏桀,伊尹就对商汤说:先攻打试一试,看看诸侯的反应。结果商进攻的时候,夏桀就命令九夷等各个部落来共同抵御。商汤只好暂时认错,还像以前那样给夏进献贡物,继续臣服于夏。后来,夏桀暴虐,诸侯叛离,商汤就再次举兵,终于把夏桀灭了。一个国家不自尊自重,他国就很容易地攻伐它。人要自爱,一定要做到自尊自重,不要自取其辱。

自爱,表现为对理想和道义的坚持,古人常常把它与人的淡定、从容联系起来。孔子讲:

> 士志于道,而耻恶衣恶食者,未足与议也。[52]

一个人的志向在"道",在正义、正直的事业上,称得上是"士"。坚持理想道义,却以穿破衣烂衫、食粗茶淡饭为耻,这个人对志向的坚持是不能长久的。当不能欣赏自己时,对自己的出身、所处的境地充满了厌恶时,已经是不自爱了。那么,他对于此时所坚持的理想与道义,也就容易生出怀疑之情,生出厌弃之心。

孟子也讲:"富贵不能淫,贫贱不能移,威武不能屈。"[53]程颐改为一句诗:"富贵不淫贫贱乐,男儿到此是豪雄。"[54]人不能被荣华富贵所诱惑,不能被贫穷困苦所改变,也不能被豪强权势所屈服。立志做学问,确立了对理想道义的追求,若耐不住贫贱困苦,便改变了最初的志向,因为做学术是很清苦的事。能坚持操守,能不慕富贵,要求我们努力寻找心性中淡定从容的一面。陶渊明认为理想的人格是"不戚戚于贫贱,不汲汲于富贵"。[55]无论是贫贱还是富贵,都不要改变自己快乐的心境,不要改变自己人生的志向,这才是能自爱的人。

自爱,不仅要爱惜自己的身体,更要爱惜自己的名声和德行。人生在世,德行第一。随着年龄的增加,好朋友是越来越少。孩童时朋友很多,因为是一样的纯真;成年后朋友越来越少,因为很多人内心隐藏得非常深,不再天真纯净,需要别人去了解自己。只有自尊自重，爱护自己，别人才能敬重，才有知己。人生在世，能有真正"知我者"确实不易，若能有恳切真诚的"责我者"，就更弥足珍贵。现实生活中，找表扬容易，找批评太难。人都不再真诚地去批评劝说别人，批评别人要冒很大风险，倒不如虚幻缥缈地表扬几句，一团和气。我不知己，人亦不知我、不责我，人就难看清自己的长处和短处，遮蔽了自新、自知。

自爱，是要培养出浩然之气，孟子说：

夫志，气之帅也；气，体之充也。夫志至焉，气次焉。故曰："持其志，无暴其气。"[56]

自爱不是自负、自恋。自负是自信过度，自恋是自爱过度，清高自赏，目下无人。孟子讲"自爱"，是充盈着浩然正气、堂堂正正，不卑不亢，从容淡定。

自爱是灵魂的高贵。肉体是我们在现世的栖居之所，而灵魂，则是人最为高贵的心性、尊严、勇气和信念。因为有灵魂，人类才能够用道德、关爱和情感穿越人性的沼泽地，让高尚和尊严托起我们的心，不让它坠入冰窟。寒冷和阳光，无时无刻不在考验我们的灵魂，如果不想让灵魂死亡，那就要迎着温暖、光明的太阳飞翔，穿过所有的阴霾、迷雾和忧伤，在自爱中保持自我的独立。

古人认为通过存诚、慎独、治家、立业来实现独立：

身不妄动，口不妄言，君子所以存诚。
内不欺己，外不欺人，上不欺天，君子所以慎独。
不愧父母，不愧兄弟，不愧妻子，君子所以宜家。

> 不负国家,不负人民,不负所学,君子所以用世。[57]

心里面没有非分之想,没有贪婪之念;做事合于规矩法度、合于道德修养;言语上尽量缄默,不妄言是非。做事要合理,遇事不宜反应过度。有人向我们言其喜事,我们就要与之同喜;别人有伤感之事,我们也要能与之同悲。身不妄动要"合理",就是在合于规矩法度之外,还要合乎人情世故。

慎独是一个人在独处安静的时候,直面自我而应如何处理内心冲突。内不欺己,是不要自欺,修身的过程中最怕自欺。一是不要陶醉在过去,二是不要活在未来,努力把现在的事情做好。虚幻缥缈的回忆与想象,最是能消磨人的意志。外不欺人,是不要轻易地说谎话、找借口,生活中可以有善意的谎言,但还是越少越好。人如果总用谎言、借口去文饰的话,心志就难以坚强。人生于世,需要做一些坦诚的事情,才是自尊自重,才是真正的自爱。

宜家,是把家庭管理好,做到"三不愧":不愧父母,每一个人都是在父母的培养中长大的,身上背负的不仅仅是自己的志向,还有父母的期望、家庭或是家族的期待,这些都不能辜负。不愧于自己的兄弟姐妹,不要辜负所有关心自己的人。不愧妻子,对得起亲人。只有在父母、兄弟姐妹和妻子面前都不愧疚,才是齐家之道。

立业,是自尊自爱的最终着落。如何才能不负所学?要把自我发展与社会的进步结合起来,与社会需求联系起来。一个人只有为社会真正创造价值,才能得到社会的承认。不负国家,不负人民,才是真正的不负所学,不负自我的修养,这才是自爱最终的大用处。

二、自信

人一定要有意气，要有青年人般的蓬勃朝气。有的人年龄很成熟，却没有成熟所该具备的气质，言语闪烁其辞，举止也不沉稳镇定，年岁渐增，气质不能有所改进。作为一个成年人，在社会中要独当一面，要成为社会中的骨干、精英，必须修养自己，改换气质，自信是最基础的品质。

做事不自信者，一是因为没有做好准备。有的人和领导、老师聊天，容易紧张，为什么呢？要么心虚，要么是没有做好充分准备。本来经验不足，加上做事应付，不能细细思索，不去预想可能出现的情况，久而久之，就难以应付复杂的局面，只能居于人后。二是常常感情用事，没有理性精神，行事凭一时冲动，实际上缺少自知、自明。

自信是一个人精气神的体现，是人立于天地间、舍我其谁的责任担当。马援是东汉名将，他曾说：

> 男儿要当死于边野，以马革裹尸还葬耳，何能卧床上在儿女子手中邪。[58]

"马革裹尸"的成语，便是由此而来，并成为马援人生的写照。好男儿要做大事，就要有这样的雄心壮志，有这样奋发的意气。王维曾描写男儿的豪爽意气："相逢意气为君饮，系马高楼垂柳边。"[59]至交一见面，把马拴在垂柳上，上酒楼畅饮，这是年轻人的豪爽。

李白醉酒的感慨是什么？"天生我材必有用，千金散尽还复来。"[60]不是感叹自己怀才不遇，不是自怨自艾，而是对未来充满期待，有大材必将大用的信心。李白，诗写得很好，但缺少政治才华。安史之乱时，他投奔了永王李璘，李璘虽为玄宗之子，却有意独立,被唐肃宗李亨打败,李白作为谋臣被流放。李白豪情放逸,敢于说"天生我材必有用",敢于说"但用东山谢安石,为君谈笑净胡沙",[61]是挥斥方遒的书生意气。

年轻人要自明、自知、自信,要培养浩荡正气,做事时意气慷慨、天马行空,不被流俗所影响。自信不是自吹自擂,是恰如其分的自我评价,顾炎武《日知录》中说:"不可自小,又不可自大。"自小,是自轻自贱、妄自菲薄,不自信。自大,是自吹自擂,自我膨胀。自信是既要知道自己的长处,又要知道自己的不足,能够客观地对待自己。如何培养自信?

第一,要做好准备。为什么有的人上课的时候喜欢坐在后面,坐在角落里,有的人却每次都坐在前面,坐在靠近老师的位置?躲在角落中便是不自信,事先是没有做准备,害怕被老师提问,害怕与老师探讨,这是胆怯。在知识上有储备,心里就有底,面对老师提问能应对自如,有问题讨论时要敢于当众发言,在众说纷纭时,能够站出来把众人的观点汇总,提出最为明白独到的见解。这可以作为日常自信心的训练,做任何事情都要这样敢于往前走,自信心才能稳步培养起来。

第二,能坦诚己见。不自信,有时候是因为不敢讲真话。有的父母严厉,孩子从小便通过撒谎来避免惩罚。成年之后,为人、做事就不能太怯懦,要敢讲真话,讲实在话。世界上没有绝对的真理,也没有绝对的权威,说话要多讲真话,再就是多用肯定的语气,要斩钉截铁,在言语上要"弃凝滞"。要敢于坦诚己见,敢于提出见解;做事情敢于当机立断,敢于承担责任。

第三,要扬长避短。人的短处、缺点是改不完的,每一个长处的反面就是短处。聪明的人思虑过重,谨慎的人则优柔寡断。扬长避短，把长处尽量发扬出来，不计较短处和缺点，自信心就会逐渐建立起来。一个人容貌丑陋，不要去做那些外表美丽的人的陪衬，要找到自己另外的长处，可以学富五车，可以珠玑文章，天下人都不见他，却在读他的作品。韩非子口吃、扬雄口吃、司马相如也是不善言谈，温庭筠和贺铸貌丑，他们的文章却流传千古，天下人只见其文，不见其口吃。

第四，要面对现实。随着年龄的增长，我们越来越觉得难以探寻事物的真相，渐渐地，便不再像孩子那般好奇，凡事总要问个为什么；也不像少年那样执着，常常为一个问题争论得面红耳赤。有时甚至面对孩子们的询问，淡淡说一声：长大你就理解了。是我们成熟了，还是我们世故了？是我们习惯了那样。对成年人而言，很多真相既难说明，也没有必要探寻。物理可明，情理难穷，皆因人情世态不断变化，此时非彼时，此处非彼处。知道了怎样？不知道又怎样？是这样如何？是那样又如何？一个人满腔的爱和深情，在另一个人那里，可能是累赘，也可能是笑柄，甚至不值一提。关键是要自己明白：某个问题是自己的，还是所有人的。如果把自己的问题看得比天还大，以致于长戚戚，那就是格局太小，这问题就不成为问题。而比天还大的问题，因为属于所有人，那它便是真正的问题，思考这些问题的人，自然坦荡荡，无所畏惧。

三、自律

要实现志向，更重要的是自律。一是因为不能律己者，必律于人；二是只有律己，才能律人。其身正，不令而行；其身不正，虽令不行。自律在激励自己、砥砺志向、成就事业、树立权威等方面都很重要。

要自律,最关键的是要明晰自己的瑕疵与不足:

> 凡人皆有切身之病,刚恶柔恶,各有所偏,溺焉既深,动辄发见。须自己体察所溺之病,终身在此处克治。[62]

其中的"病",不是器官、生理方面的病,而是修养之病,是人的不足之处。有的人过于刚强,则失之于粗鲁;有的人过于柔弱,则失之于寡断。这些毛病沉溺过深,成为切身之病,就会在所做的每件事情上、所说的每句话中表现出来,一行动就会发现它已经是他的累赘。要想成就一番事业,一定要体察自己的所溺之病,明晰了这一点,用终身之力之时也要在其处克忍住。

孔子说人最普遍的毛病,是"色、斗、得":

> 君子有三戒:少之时,血气未定,戒之在色;及其壮也,血气方刚,戒之在斗;及其老也,血气既衰,戒之在得。[63]

饮食男女是人的自然属性,是人之常情,但不能溺于其中,一定要做到有约束。斗狠,也是普遍的人性缺点,血气方刚的壮年人,容易冲动、发脾气,有事因为一时不忍而坏了大事。贪婪,是人的阴暗心理,人都是从开始一点一点地去贪,后来越来越多,最后毁掉自己。要自律,首先要在内心里对自己有所了解,知道自己究竟好什么、要什么、会毁在什么地方?

《礼记·表记》告诫我们该怎么自律:

> 君子不失足于人,不失色于人,不失口于人。是故君子貌

足畏也,色足惮也,言足信也。

讲明了自律是从一点一滴做起,是从日常小事做起。

不失足于人,做人一定要有道义在,做事一定要很完满。失足,就是被人抓住把柄,一旦被别人掌握把柄,就丢掉了浩然之气。要自律,就要时时刻刻警惕自己,不去做那些不合道义的事情。年轻时不谨慎,没想到自己前途无量,说话做事不注意、交友不慎,为未来发展埋下隐患,十年、二十年以后追悔莫及,要从小处谨慎、从小时谨慎。

不失色于人,色是容色,与人交往时要做到彬彬有礼、谦恭卑和,不能随意,不能傲慢,不能粗暴。真正的君子,对生民怀有仁爱之心,对天下万物抱有谦卑之念,总是在一举手一投足之处,流露出个人修养。我们常说的"谦谦君子,卑以自牧也",[64]君子温润如玉,在于以谦为本。

不失口于人,说话不夸饰,不欺骗,不轻易许诺,言语要平实,要有缄默沉静的功夫。得意时容易忘形,失意时容易口不择言,说了一些不该说的话,不仅伤人,而且伤己。

若能在这三方面严格自律,做到貌足畏、色足惮、言足信,立身堂堂正正,言语平实不欺,就能使人敬畏而不能辱,威信树立而不能欺,自然身正而令于人。因此,自律,是人心性深处的修养,这就需要我们能做到:

世俗烦恼处,要耐得下。世事纷扰处,要闲得下。胸怀牵缠处,要割得下。境地浓艳处,要淡得下。意气忿怒处,要降得下。[65]

第一章 励志 67

世俗的烦恼,是无休无止的人事纷扰、人情烦扰,一定要耐得住诱惑、放得下邪念,随时随地保持坦荡、淡定的心境,把一切牵隔、缠绕都割却于心外。人生在世,难免有琐事缠身,有流言烦恼,这时候就要看个人的修养:究竟是能看破,还是因之乱了心神,定力决定了心性。在风花雪月之所、姹紫嫣红之处,面对五光十色的诱惑,一定要淡定下来,不要轻易地被引诱。在烦恼时、在纷乱时、在闲散时,都要能静下心来,忧郁伤感可以,少刻放松也可以,不要因此分散自己的精力,要有自我约束的精神。无论是烦恼纷扰处,还是热闹繁盛处,都要有自律的功夫。

每一个人都渴望自己能像大海一样开阔,但每一个人也只能面向大海,去感受它的浩瀚。大海只能在我们前方,在我们身旁,而不可能在我们身后。因为大海远比人类博大开阔。无论何时,我们只能被大海所拥有,而不能拥有大海。有时候我们期望成就一番大事业,那就要学着锤炼自己的心胸,拓展自己的视野,让自己的心灵像大海那样谦卑、那样深沉、那样包容、那样灵动。

水低为海,能谦下故能成其深;能深故能成其容;能容故能扬其波,风行其上,自然成文。一个人最可贵的,总是能不断锤炼,提升自己的修养和境界,能够去包容、去理解、去谅解越来越多的人。一个人最可怜的,总是怀抱一根细针,自怜自惜,以致让自己伤痕累累。在被人原谅、被人包容之后,失去了胸怀和格局。

【注释】
[1] 汤用彤《魏晋玄学论稿·言意之辨》
[2] 《论语·子罕》
[3] (北宋)苏轼《赐太师文彦博乞致仕不允断来章批答》,《东坡全集》卷111

［4］《韩非子·外储说右下》
［5］（北宋）苏轼《晁错论》,《东坡全集》卷43
［6］（唐）王勃《观内怀仙》,《全唐诗》卷56
［7］（南宋）陆九渊《语录下》,《陆九渊集》卷35
［8］（南宋）范开《稼轩词序》
［9］（三国·魏）曹丕《与吴质书》,《文选》卷42
［10］（清）曾国藩《曾文正公学案·修养》
［11］《论语·学而》
［12］《老子》第八十一章
［13］（唐）韦应物《天长寺上方别子西有道》,《全唐诗》卷189
［14］（明）王守仁《与黄诚甫》,《王文成全书》卷4
［15］《韩非子·喻老》
［16］《中庸》
［17］《后汉书·丁鸿传》
［18］（南宋）陆九渊《语录下》,《陆九渊集》卷35
［19］（东汉）王符《潜夫论·贤难》
［20］（北宋）程颢、程颐《二程遗书·二先生语》
［21］（南宋）黎靖德《朱子语类·泰伯》
［22］（北宋）林逋《省心录》
［23］（南宋）黎靖德《朱子语类·训门人四》
［24］（唐）王勃《滕王阁序》,《王子安集》卷5
［25］《三国志·吴书·陆逊传》
［26］（西汉）桓宽《盐铁论·地广》
［27］（东汉）徐干《中论》卷上
［28］（南宋）张孝祥《论治体札子·甲申二月九日》
［29］（清）曾国藩《曾国藩家书·修身》
［30］《论语·子罕》
［31］《三国志·魏书·王肃传》裴松之注引《魏略》
［32］（北齐）颜之推《颜氏家训·勉学》
［33］（唐）窦巩《赠王氏小儿》,《全唐诗》卷271
［34］（清）魏源《默觚·学篇三》
［35］《三国志·蜀书·先主传》

[36]《论语·卫灵公》
[37]《论语·里仁》
[38]《荀子·劝学》
[39](南宋)罗大经《鹤林玉露》卷2
[40](三国·蜀)诸葛亮《诫外甥书》,《诸葛忠武书》卷9
[41]《庄子·列御寇》
[42]《论语·卫灵公》
[43]《论语·子张》写君子之过:"君子之过也,如日月之食焉:过也,人皆见之;更也,人皆仰之。"
[44]《春秋左氏传·宣公二年》
[45]《周易·丰卦》
[46](五代·前蜀)贯休《续姚梁公座右铭·并序》,《全唐诗》卷827
[47]《韩非子·难言》
[48](唐)吴兢《贞观政要·尊敬师傅》
[49](清)金缨《格言联璧·学问》
[50](唐)吴兢《贞观政要·教戒太子诸王》
[51](清)陈确《陈确集·瞽言》
[52]《论语·里仁》
[53]《孟子·滕文公下》
[54](北宋)程颐《秋日偶成》,《二程文集》卷1
[55](东晋)陶渊明《五柳先生传》,《陶渊明集》卷5
[56]《孟子·公孙丑上》
[57](清)金缨《格言联璧·持躬》
[58]《后汉书·马援列传》
[59](唐)王维《少年行》,《全唐诗》卷128
[60](唐)李白《将进酒》,《全唐诗》卷162
[61](唐)李白《永王东巡歌》,《全唐诗》卷167
[62]龙梦荪《曾文正公学案·正心》
[63]《论语·季氏》
[64]《周易·谦卦》
[65](清)金缨《格言联璧·存养》

第二章

正心

良田生嘉禾，朴石出美玉，志向由内心生发。正心是通过修养心性，让自己博大、宽容、高旷、开阔，为要从事的事业做好铺垫。欧阳修说："君子之修身也，内正其心，外正其容。"[1]要成就谦谦君子，需要内外兼修。曾国藩说得更具体：

> 自修之道，莫难于养心；养心之难，又在慎独。能慎独，则内省不疚，可以对天地质鬼神。人无一内愧之事，则天君泰然，此心常快足宽平，是人生第一自强之道，第一寻乐之方，守身之先务也。[2]

也是把正心作为修身立志的首要之务，强调正心是自修，是慎独，是让心灵无论在繁华处、还是在孤寂处，都能够守正如一。

人的一切行事，都是由心性来决定的。源洁则流清，形端则影直，正心是一个涵养心志、拓展格局，扩大境界的过程。人最难克服是自己内心的欲念，若不能够约束内心的阴暗与贪婪，发蒙内心的善良与纯真，心灵就会充满荒芜与粗鄙。

第一节　明心

心，在儒释道三家皆视为立身之本、做事之源，儒家认为"心"是人的道德来源，要正心；道家认为心是道的体现，要修心；佛家认为心是万法之源，要养心。那么究竟该如何理解"心"的本义，并修心养性呢？

一、善良

《孟子·公孙丑上》讲：

> 恻隐之心，仁之端也；羞恶之心，义之端也；辞让之心，礼之端也；是非之心，智之端也。

人的全部道德来源于"心"，心，实际是人性善的本原。中华文化中讲的"脑""心"，不是从器官上讲，是从功能上来讲。具体来说，中医讲的"心"，包括以心脏为中心的循环系统，也包括以大脑为核心的智能系统。中国文化中的"心"，不是心脏、心包之类的器质，而是具有思考、思索、思想功能的智能系统。孟子所说的恻隐之心、羞恶之心、辞让之心和是非之心，是在讲人的善念、精神、教养、智力等功能来源。端,是根本,也是开始,更是本源。

恻隐之心,仁之端也。是说仁产生于恻隐之心。在孔子看来,人所有的情感与品德都是从"仁"生出来的。人有"仁心","仁"是人区别于动物的感情特质,也就是人之为人的本质所在。这个特质是什么呢?孟子进一步发挥孔子的观点,将其总结为"性善"。人因都具有恻隐之心而性善,什么叫恻隐之心?孟子举例子说,看到一个和自己毫无关系的小孩在井边玩耍,所有人心中都会"怵惕之",也就是咯噔一下。这就是恻隐之心,出于人性中的善念,每个人心中都有。梁惠王要用一头牛去祭祀,当看到牛在发抖,便有些同情,让人把牛放掉了。这便是恻隐之心在作用,也是善念的发挥。孟子认为,心怀恻隐,就保有仁慈之想、为善之念,不仅会爱人,而且能爱物。

羞恶之心,义之端也。是说义产生于人知道害羞、厌恶等体验。之所以会如此,在于人类确认了一个基本的社会共识,明确了哪些能做,哪些不能做,哪些该做,哪些不该做。有了基本的价值共识,就对人的行为有了一个可资判断的依据,这是人之能群的保证。羞耻,是因为觉察到行事不合乎规范;憎恶,是感觉到某个事情不合乎群体要求。羞恶之心的产生,是按照人之能群的要求,对自己或他人的行为进行判断,从而使得社会有一个公共评价依据。

辞让之心,礼之端也。是说礼产生于人的推辞谦让之心。孔融三岁让梨,是一种谦让。成年人遇事更应该懂得礼让三先,这是人的修养,也是社会礼仪,更是社会运行的内在规矩。礼是按照人之为人的仁、人之能群的义的要求,形成了具有道德约束力的行为规范。凡事都要抢夺,即便有了法制约束,最终也会变成明偷暗抢。人人具有辞让之心,该要的才要,不该要的坚决不要,这个社会才会本分、安分。行事要明礼仪,特别是在利益面前更要三思,这样才能彼此相安,才能彼此无事。否则,人类无穷滋生的羡慕、嫉妒、恨,不仅伤了个人心性,也会让社会秩序紊乱。

是非之心,智之端也。是说智产生于是非判断。在生活中,我们几乎无时无刻不面临着是非判断,哪些事可以做,哪些事不能做?何者为是?何者为非?判断的标准有人之为人的价值,是人之能群的责任,人之能分的规矩。有时候会根据利益来判断,但利益必须符合群体共识,不能是一己私利。儒家认为"仁、义、礼、智",作为人类基本的社会共识,皆来自于人的内心。在这其中,"仁"被视为人区别于动物的本质特征,作为人之为人的要求,成为人性本善的基点。韩婴说起善的形成:

中心存善,而日新之,则独居而乐,德充而形。[3]

中心,是古人的说法,其实是心中。韩婴认为人心惟善,要坚守之,并且还要日新月异地发展善。心中既有善念,就要生发这些善念;若能如此,即使一人独处,也能心怀喜乐,道德充盈广大,人便能不必依附于外物而存在。人要想自立、成德行、成事业,要先求自心的完满充实。

关于人性,先秦时期的诸子有两个基本认知:一是来自孟子,认为每个人心中都有恻隐、羞恶、辞让、是非之心,由此产生了仁、义、礼、智的善念,把人性理解为人的社会属性。把内心的善念发扬光大,付诸于行为,人便能成为坦坦荡荡的君子。宋明时期的心学,以陆九渊、王阳明为代表,主张发挥人性之善,心性自然能够得到修炼,形成了尊德性的一派。二是来自荀子,把人性理解为人的自然属性，认为人一出生就有食、色的本能，本性为恶，必须用后天的教育约束、礼乐引导，人才能去恶存善。这一派后来发展到程朱理学，便要求用天理约束人的七情六欲，主张要把人的欲念抛弃掉，让人完全按照人之为人的善性修养自我，这需要自外而内地矫正。

我们这里讲的"明心"，是继承着思孟学派的观点，相信人的心性都是善良的，只要坚持本心之善，将善念推己及人，便能修养成温文尔雅的君子人格。

二、光明

人要把内心的善念发扬出来，便是明心。"明心"之"明"，是要做到内心的光明洁净。程颐讲："人心贵乎光明洁净。"[4]光明，是心里清明、开朗；洁净，是没有秽浊、邪僻。我们有时说一个人内心阴暗，便是说其不能明心。

任何社会中都有光明与阴暗，任何人都会遇到成功与失意，倘若每个人都内心真诚，注重修养，社会就能慢慢好起来。儒家正是努力鼓励人性中的光明伟岸：

> 因其良心发见之微，猛省提撕，使心不昧，则是做工夫底本领。本领既立，自然下学而上达矣。若不察于良心发见处，即渺渺茫茫，恐无下手处也。[5]

朱熹把明心视为人良心的发现。不昧，即是明，是说最初时一定要下决心，要"猛省提撕"。"猛省提撕"是宋朝的土语，是说要与原先的旧我脱离，才能使良心不昧。明心是一项要下工夫的本领，只有立起这项本领，才能下学而上达，内在修养才能用于外在事功。若没有这种"明心"，立不了这项本领，终究会做人浑浑噩噩、做事迷迷糊糊。

明心，是良心的发现，是善性的发挥，是立身做人的根本。胡达源在《茅蓬语录》中谈了自己的理解：

> 心术不正，其为材也必劣；学问不深，其为器也必浅。

没有善念，再有才华和学问也只是歪才、怪才和劣才。一个正直诚实、坦坦荡荡的普通人，即使知识欠缺、学问不深，也远比一个行为龌龊、心理阴暗的知识分子对社会的贡献要大。

如何明心呢？道家注重修炼身心，有着更深的体验。《列子·汤问》里面说：

> 明心为情主，形实无知耳。所以道者贵乎养神也。

心，是万物之主、万情之主。心窍若被蒙蔽，任何的外在规定只能成为约束，不能成为动力。没有内在动力去修养，即使表现出来得体举止，也只是伪装、是演戏。内心若能清明纯净，不生妄思妄念，人就不会生出贪鄙之心、做出龌龊之事。从这个角度来说，明心，既要避免不良心性的生成，更要时时刻刻让善念充满。

中国文化认为明心不是让心变得更加聪明、更会算计，而是要更加明澈：

> 利害心愈明，则亲属不睦；贤愚心愈明，则交友不长；是非

心愈明,则修道不成;好恶心愈明,则事理不契。

此处的"明",应理解为"过度",不是"明心见性"之"明"。在这其中,利害心,就是算计之心,整天在心中噼里啪啦打算盘,立足自己的利益疯狂算计,锱铢必较,寸土不让,想尽一切办法尽可能据为己有。这样的算计多了,不仅没有朋友,连亲戚都会背叛而去。

贤愚心,与人交往的时候不能真诚相待、一视同仁。总在进行比较,以外在的、物质的因素来衡量人,把每个人都放在利益关系中去衡量,或者放在是否对自己有利中去判断,决定是否与之交往。若总是依据利益判断人际关系,不仅自己累,与之交往的人也会不胜其烦,这样很少交到真朋友,即使有了,也很难长久。

是非心,总盯着他人的是非评头论足,进行好人坏人之类的判断。为人处事若总在是非判断上下功夫,就会过多纠缠于小事、细节,不能通于大道、达于至理。在现实生活中,同一件事情、同一个人,看待角度不同,判断也就不同,永远没有最全面和最高明的审视。如果非对即错,非此即彼,凡事都要论个理,那么烦恼会接踵而来。有时,人之所以烦恼,不是因为自己遇到了什么麻烦,而在于是非太过分明,无故自寻烦恼。

好恶心,是人的私情、私爱在作祟。人之常情,会先设定一个小圈圈,爱之就鸡犬升天,恨之就株连九族。内心不能公正、平和地看待周围的人事,用情绪来决定自己的态度,是非对错取决于喜怒哀乐,就会遮蔽对世界的正确认知,偏离了正确、恰当的轨道,做事也就难免与理不契、与情不合。

正心,是要把"心"放在一个中正平和的位置,少一些利害心、贤愚心、是非心、好恶心,心就能守成中正。这样对外在人事的利害、贤愚、是非、好恶判断，就不再陷入了偏执而狭隘的困境中。

在现实中，我们要减少一些分别心。现在的"闪婚族"，结婚快，离婚也快，感情婚姻不能维持长久。除了年轻人的好冲动、不假思索等原因外，分别心是婚变的重要原因。大多数独生子女，他们从小就接受父母全方位的照顾，没有养成给予的习惯。每到节日，通常都是父母在给子女打电话，主动给父母打电话的很少，有时候甚至对父母的电话还感到厌烦。这样养成的心性，恋爱或结婚，不自觉地会以自我为中心，对双方的财产、亲戚、老人的界限都分得很清，我的是我的，你的也是我的，因分别心而生诸多不满，形成诸多矛盾。两个人要组成家庭，权利与义务是对等的，要通力赡养共同的老人、维持共同的财产、形成共同的事业，少生分别心，多体谅对方，就能平和、宽容得多。

三、端正

明心，不能空谈心性。了解明心的大用，可以作为事功的起点，修心养性的成果，要付诸于行事，见于事功：

> 经济出自学问，经济方有本源；心性见之事功，心性方为圆满。[6]

我们不希望读书越多越穷困，也不希望读书人成为社会中最贫穷的阶层。现在有人抱怨硕士毕业、博士毕业后工作的待遇还是很差，没有房子，没有车，没有合适的机会，是"青椒"一族。但在抱怨之前，先要想想是否真的有学识、是否真的有能力、是否真的有修养？

如果回答是肯定的,自己学识渊博,能力出众,修养有法,但还是困顿如此。那不是我们错了,是这个世界错了。如果反省之后,答案是否定的,那就是自己抱怨错了。真的没有必要抱怨教育制度,再差的学校也有好学生;不能抱怨国家,正是有了问题才需要我们去解决,才给我们提供了机会。我们能做的,首先是让自己成长起来,反思自己是否把书读通了,是否把事想明白了,是否把人做好了。

世上没有任何一种书,没有一个专业是教人变得更贫困,学了知识而不能有所用,便不是真正的学有所成。我们天天读《论语》、读《资治通鉴》,却弄得自己衣衫褴褛,那是因为自己学到的只是字句,而不是其中的道理。

当然,读书必须有经济来源,理工科做实验,文科要查阅资料、进行调研,必须有一定的经济保障。但更要明白"经济出于学问",读书要跟现实生活结合起来,即使一时困顿艰难,也不要放弃对天下、对社会的观察思考,想透了,看清了,找准了,做事就有了切入点,很多问题便会迎刃而解。

空谈心性没有意义,正心的目的,是要齐家、治国、平天下,有外在事功的成就,心性才有着落。就学问而言,为学不能只会讲一些行业术语,我们学理论、学知识的目的,是把理论、知识内化为观察世界的方式方法,更加睿智地看待世界,更加深刻地理解世界,更加通透地参与世界,这才是"正心"的本义。正心需要宁静,思考需要灵通:

何思何虑,居心当如止水;勿取勿忘,为学当如流水。[7]

心如静水,波澜不惊,但绝非一潭死水,而是如古井一样深邃通透,在斗室中关注社会、关注天下。做学问要像流水一样,活泼泼地,汹涌澎湃地,气势充足地把天下、生民和社会都囊括其中。我们常用活水来比喻唐宋八大家的散文,说"韩如海,柳如泉,欧如澜,苏如潮",[8]不仅是形容他们的散文风格,更是形容他们的文章、学问与心性融在一起而形成的独特气质。

如何养心呢?

首先,要能够做到"宽心以容物,虚心以受善,平心以论事,潜心以观理,定心以应变"。让自己的心胸宽广起来,容天下可容、难容之物;让自己的心灵虚静起来,生发善念、接受善念;让自己的心态平实起来,论事气度冲和、不躁进;让自己的心性沉潜下来,明察人事道理,行事中于规矩;让自己的心情安定下来,遇事不慌乱,对变局能够坦然应对。

其次,还要做到"多静坐以收心,寡酒色以清心,去嗜欲以养心,诵古训以警心,悟至理以明心"。[9]每天要给自己安排一些安安静静、无需做事的时间,用来安心静坐、养气收心,让自己的心神在忙碌中能够静养一下,动以做事,静以养心。这些做法不要认为是老生常谈,恰恰是贤者智者的经验总结,流传千年。在《菜根谭》《格言联璧》《围炉夜话》《呻吟语》《小窗幽记》中有许多这样的格言,能给我们不少人生的启迪。读这些书,多体悟其中的生活趣味,就可以在热闹中炼心,在行事时验心。

最后,还要能够守住内心,学会谛听内心的声音。一个人的境界,不是看他在冠冕堂皇时的举止得体,口若悬河,而是看他在孤独时的所作所为。有思想的人,他只有孤独,没有寂寞。孤独,是一个人的鹤立鸡群,或者在尘俗中难以找到共鸣。人的孤独,并不可怕,总有可以消遣的地方:读书、听音乐,或者去散步。但心灵的孤独,却是折磨思想者的利器。曲高和寡,高处不胜寒所产生的疏离感,和现实中被逆淘汰所产生的无奈,是对高拔者的严重摧残。就像高原上的树,孤独地耸立在原野之上,花开花谢,日落日出,没有友朋,唯一可以和自己接近的,是暴风雨和雷电。这些瞬间的接近,是那么短暂,这才是高拔者之间的意会。

第二节　全性

在中国文化中,"性"有两层含义:一是人的本性,即人的自然属性。二是人性,是人形成了区别于动物的伦理、价值、道德,是人的社会属性。中国学者在先秦时期就开始思考人性的问题:人区别于动物的标志是什么?人生活于社会中的特征是什么?由此形成了诸多种学说。

一、辨性

先秦诸子和后代学者对"性"的认真讨论,形成了如下四种基本观点:

一是生性说,代表人物是告子。告子其人其书均不详,学说全赖《孟子》得以保存下来。据《孟子·告子上》记载,告子与孟子辩论何谓人的本性的问题。告子认为"生之谓性"。通俗地说,他认为"性"就是人的肉体。用现在的概念来讲,性,是人的生命机能与肉体形态。既然"生之谓性","性"由人的肉体而生,它无善、无恶,如水一般,放到高处时会向东、西、南、北流,人性如此生发,自然而然。告子把"性"当作人自然而有的、与生俱来的自然特质。

二是天性说,代表人物是庄子。在庄子看来,天地万物都是从

"道"中派生出来的，人也不例外。道有天道、地道、人道，人是人道的产物，人性也是生于道中，就要道法自然，要合乎自然规律。实际上，庄子是把老子的"道"推展到人的精神世界，老子重天道而轻人道，认为天道是损有余而补不足，人道是损不足而补有余，人道总是残缺的。老子讲的是宇宙间的大道理，是客观存在的至大层面。庄子认为这样何其累也，他转向重视人道，讨论人的精神生活。

庄子认为人之所以变坏，是由于在社会中受到了天性扭曲。人刚出生时天真善良，但成长时却总被要求按照礼乐教化行事，人被许多规范规矩束缚着，看似符合人道，实则违背天道。看似形成人性，实则违背天性。人要想活得潇洒，就不该受后天的约束，不必按社会规范做事，不能扭曲自己，也不要被异化、奴化。什么是奴化呢？人生在天地间，都是天地的派生物，不管是高贵还是贫贱，是富足还是贫穷，人都是一个完整独立的个体，人与人之间是平等的，每一个人的人格是独立的、自尊的。但是在现实世界中，总会设计一些制度让有的人地位高起来、有的人地位低下去，有的人就会被奴役，过着委屈的、被侮辱的生活，这就是奴化。奴化的目的是异化，被异化的人不能按照自己的想法去做事，而是只能做该做的事，这是人性被扭曲。

庄子认为人在现实世界中受到残害，应该恢复天性。我们常说小孩子天性活泼，就是因为他们不受或者很少受后天约束，保持了那份自由的精神、自由的天性。庄子讨论人性时讲要恢复天性，追求的是精神的超越，这与告子认为的客观肉体正好相反相成：告子注重生性何以存在，庄子注重天性如何保全。

三是本性说。荀子认为人的本性为恶，荀子认为人有食、色的要求，就有贪婪占有的本能，这是本性之恶。荀子承认人性是善的，但人生下来的那一刻起，食、色的本性就受到后天污染。人一出生，就要进食，以满足个体的成长；长大后，人就要好色，以延续种群。离不开食、色，就会被引诱、被污染，欲念无穷无尽，没有约束，人就变得贪婪、自私、好利、不循礼法，这就是"性恶"。荀子认为要改变人的恶性，就要化性起伪，依靠后天的教育，改善人的心性。《荀子》开篇便是《劝学》，认为只有通过后天的学习、后天的教育，才能把人内心中本来存在的阴暗、贪婪压制下去。

四是人性说。孟子认为人性有一种先验的善性，是随人的天命而来的道德体验。孟子的学说继承孔子，但孔子很少谈论"性"，只有一句"性相近也，习相远也"，[10]他注重谈论"仁"的问题。孔子认为人之所以区别于其他动物，在于人的社会性，他将之概括为"仁"，把"仁"作为道德的根源。孔子用"仁"作为衡量人心性修为的尺度，他说的"己所不欲，勿施于人""仁者爱人""己欲立而立人，己欲达而达人"等，都是仁的体现。

在孔子之后，有两个人具体发展了"仁"的学说。一是墨子，一是孟子。墨子最初学儒的，后来觉得儒家学说过于繁琐，便创立墨学。墨子把孔子的"仁"发展为"兼爱"，就是对所有人都要相亲相爱，把孔子的"仁"无限扩大化为博爱。孟子开始思考何者为仁？他发现在生活中，每一个人内心里面都有一点善念，他把这个善念叫"恻隐之心"。

孟子讨论何为仁、仁从何而来，认为每个人有恻隐之心，每个人都有原初的善念。如果能把善念扩展开来，先是对自己的家人，再是对周围的朋友，进而是对天下人的关心关爱，这便是仁。孟子把恻隐之心、羞恶之心、辞让之心、是非之心作为仁、义、礼、智的发端。每个人都有善念,这个善念的哲学表达是"仁",落实到心性上便是人性善。

荀子与孟子的分歧,成为后世谈论"全性"问题的两个方向。荀子认为人性在后天总容易被某些利益关系、利害关系所污染,必须用外在的礼仪制度来约束,让人回到合乎社会规范的道路上去。朱熹强调用天理来约束人内心的欲望,这种欲望便是荀子讲的恶性。只有把恶性压制下去,人才能合于社会规范,才能形成有秩序的社会。孟子主张用内心之善关照万物,把心中的善念培植壮大,全部发挥出来。陆九渊、王阳明的心学,便是鼓励人把内心打开,让善性融入到天地万物之中,融入到社会行为之中。这便是孟子所言的"尽其心者,知其性也。知其性,则知天矣。存其心,养其性,所以事天也。"[11]心正了,善性自然就能发挥出来;善性能发挥出来,人就走向善良。

二、见性

道家、佛家也都讲到了人性问题。《淮南子》是秦汉之际道家学说的概括,其中说:

> 全性保真,不亏其身;遭急迫难,精通于天。

性即天性,全性是保全天性;身即肉体,保真是不被后天污染。全性保真,不亏其身,注重肉体和精神的合一。

全性保真的思路,在道教中发展为"性命双修"说。性,是精神修养;命,是身体机能。张伯端《悟真篇》中讲:"道家以命宗立教,故详言命而略言性。"道家主张人既要断绝各种各样的欲念,又要能够修养自己的德行,便将"性命双修"视为学说宗旨。性命双修,就是要让肉体和精神都能够自由,都能够保全、保真。早期道教强调神仙思想,相信人能够长生不老,要长生不老,就要保证肉体和精神一起走向永恒。唐朝后的道教,认为神仙可期不可学,追求肉体和精神永恒的学说经过调整,形成了"性命双修"的修炼之法,强调生性、天性要合二为一。

佛家也讲明心见性。佛教有三本入门的读物《心经》《金刚经》《坛经》。《心经》主要引导我们体会"色即是空、空即是色"的真谛,知道世上万事既是缘,也是幻。《金刚经》则讲用智慧去斩断一切烦恼,破除一切妄念、不识,防意如防城,保持内心如金刚一样不坏。《坛经》讲顿悟之法,关注一个人从修炼到顿悟、到开悟,靠的是心灵的明澈,超凡脱俗。

中国哲学史一直在思考并试图解决两大问题:一是天人关系,一是心性涵育。其贯通的路径,是在心性上达到"明心见性",进而实现天人合一。尤其强调用内心去关照万物,让人心更加清明、更加通透,引导人性向善、天性自由。由此做事,才能不负于天,不负于心。沈近思曾言:

> 养得性情和平,方可做事。看来古今莫大事业,皆从性情上做来。故圣贤之学只是理会性情。[12]

人有七情六欲、自然有痛苦烦恼;要摆脱痛苦烦恼,至上境界应该是心情平静、性情平和。只有在平和时才能做事,才能沉着应对各种变局。

人要有沉静的功夫,但一定不能有懒散的懈怠。要把自己的心性修养用到正常的、健康的、有意义的事情中,做到无事应有事,以有事应无事。在面对烦琐之事时,才能超凡脱俗,在众人都找不到出路时找到出路,在众人惊慌失措时举重若轻,久而久之便能卓然自立。这种举重若轻,既是一种中流砥柱般的大将风度,也是能洞达事物根本的通彻能力。

自古以来,能做多大事,能成多少事,固然取决于能力,但根本取决于性情。古代学堂制定很多学规,要求内外兼修,以行为约束心性。《程董学则》言:"修业有余功,游艺以适性。"习于礼、乐、射、御、书、数六艺,不在于掌握多少知识,更在于以此涵养性情。《礼记·乐记》讲的更全面:

奸声乱色不留聪明,淫乐匿礼不接心术,惰慢邪辟之气不设于身体,使耳目鼻口心知百体,皆由顺正以行正义。

聪,是耳朵好;明,是眼睛亮;聪明,即耳聪目明。君子耳目之内,不要有奸声乱色,不要有惑乱心志的声色犬马之事。中国人认为,声色玩乐之事不是绝对不可以有,即使有也不能入于本心,不能乱己之心。淫乐,是过度放纵享乐;匿礼,是逾矩之礼,对于这些不合礼乐之事,想都不要想,要做到"非礼勿视,非礼勿听,非礼勿言,非礼勿动",[13]更不要说让那些乌七八糟的想法接于心性。修心,是不要去触及懒惰、怠慢、奸邪、隐僻之类的事情,要维持心性的清澈。耳、目、鼻、口、心要能感知于天地万物,顺应正气。可见,礼乐教化的关键,是要保持内心不受后天的污染,不受各种各样邪僻事物的侵袭。

清代刘源渌在《读书日记》中总结存心缮性的方法:

>须要耐烦、耐苦、耐惊、耐怕,方得纯熟。

一要耐烦。耐烦,即"耐得下世俗烦恼,放得下世事纷扰"。烦恼有二:一是无事生烦恼,在闲散懈怠、无事可做的时候易生烦恼;二是太忙生烦恼,事情千头万绪,理不顺、做不完的时候就生烦恼。太忙碌、太空闲对人都没有好处,太闲时内心易空虚,太忙时内心则易疲倦。要处理好闲与忙的关系,就要用"弹钢琴"的方法,一个键按下去,另一个键就抬起来。事情虽千头万绪,做事总也不乱,张弛有度、条理分明。

二要耐苦。人来到这个世间,要想成就事业,苦难在所难免。只要有追求就有痛苦,求上进,就是不满足于现状。逃离现状便要付出,付出便是在无望中寻找希望,自然要经受常人无法忍受的痛苦。

三要耐惊。惊,是惊扰。人的心神容易受到惊扰,感时花溅泪,恨别鸟惊心,周围事物总有因事情而起的感伤,若不能恒定,心总被惊起,则意不能安,不能安就不能定心做事。

四要耐怕。即不畏恐惧。人要做事,最重要的是不能畏首畏尾、瞻前顾后,前怕虎后怕狼,则陷在自我设定的困境中不能自拔。

三、内圣

内圣外王是内外兼修的最高境界,内圣在于修养,外王在于事功。要想做成点事,就先要让自己形成良好的心性修为,这就需要熏染耳目,不断长进。曾国藩总结自己的内圣修养工夫:

>近来每苦心绪郁闷,毫无生机,因思寻乐,约有三端:勤劳

而后憩息,一乐也;至淡以消忮心,二乐也;读书声出金石,三乐也。[14]

在心情烦闷、毫无生机的时候,要找一些简单而又能愉悦身心的事情做。比如安安静静的休憩一下、平心静气的淡定下来读读书。很多人出现问题,就是在独处时出了问题。人最可贵的品质在于能让自己沉静下来。看一个人境界的高低,全在看他独处的时候做什么事情,想什么问题,如何与自己相处。勤劳而后憩息,在努力奋进的间隙,稍稍慢一下、停一下,安安静静地思考一下,这是一种来自于内心深处的快乐。勤劳之后的休憩,是一种认识自己价值之后的休憩,是对自己的奖赏,真能愉悦到心灵深处。尤其是在繁华浓艳处,在急雷迅风时,能够保持淡定,不去生妄念、生忮心,不产生过度的波动,始终保持喜乐的平常心。

曾国藩觉得在勤劳之余、至淡心境中读读书,也是最快乐的事。读书要读出金石之声,才是真正的读透、读懂了书中的道理。就四大名著来说,其中蕴含着深沉的人生思考。《三国演义》写的是历史悲剧,《红楼梦》写的是文化悲剧,《西游记》写的是性格悲剧,《水浒传》写的是英雄悲剧。读通了书中人物之所以成功、之所以失败,便可把经验、教训都在做人处事中加以借鉴。内心静不下来,读一读《瓦尔登湖》,知道心该如何去纯净。读一读泰戈尔的《飞鸟集》《游思集》《新月集》,知道该如何保持灵性。

若有兴趣,还可以读读古人的家书,其中很多是写给孩子、侄子们的信。梁启超在家书中写了他修养性情的方法:

每日静坐一二小时,求其放心。常使清明在躬,气智如神,梦剧不乱,宠辱不惊。他日一切成就,皆基于此。[15]

求放心,把内心的善意全部展示出来,只有在静坐时才能细细体会。首先要达到清明在躬的境地,自己的身心能感觉到清新爽朗,这不能外求,只能内化。如果能静静地坐在那里想一想,看看春花,赏赏秋月,自然会神清目明。在身心清明之际,把心中的善念慢慢发展起来。人有善念,就能看到自然的勃勃生机,就能体会世界的温和优雅。平日里大家各行其是,心神难以清虚,静神凝思,反而难得。我们可能有过这样的体验,晚上朦胧入睡时,反而觉得感官、意识非常清楚,夜间听雨入耳更清晰、思考问题也容易入神,在于这时心神脱离了繁杂事情的牵缠,进入了虚静状态,得以神清气爽。人若时常保持清明在躬,气志如神,就能够心性明澈,波澜不惊。

梁启超不算长寿,其中还搞维新、闹革命、中年流亡,但仍写了一千多万字的文章,还培养出有成就的子女,一在于其著述勤奋,二在于其心境恒定。我们常听很多人说:最近太忙了,要是闲了,将如何如何完成宏伟计划。这实际是推脱之辞,人关键不是没有时间,是没有心境。梁启超在家书里经常写自己下午闲散了,读了什么诗,读了多少卷。有时候说自己昨日喝酒醉了,就跟孩子们说不要学这样子。他都是在很平常的话语,在日常生活中展现自己的修养。梁启超说自己的一切成就"皆基于此",正是在生活的点点滴滴处修身养性。

第三节　慎欲

正心,要对无底的欲望、不良的情绪进行纠偏。人的欲望,源自食、色。食,对小孩子而言是吃饭,对成年人来讲,就是要吃得好一些。食也就由此用来形容满足口腹之欲的要求,被视为贪欲的起点。有时候,人讲究吃,不是出于营养,而是出于身份。人生一世,追求吃得好、穿得好,无可厚非,但若没有限制、没有约束,则容易走上贪欲之道。同样,恋爱、婚姻是人之常情,若把色发展成占有,则成为无尽之恶。

人的欲望从日常中滋生,起自细微,若不加控制,就会不断扩大,招致亡身。《老子》告诫说:"祸莫大于不知足,罪莫大于欲得。"世人总是欲望过盛,整日里想着篡权夺位,想着腐化堕落,从小处不检点,既得陇复望蜀,欲望无限膨胀,最终遗恨终生,正是从"不知足、欲得利"开始。孟子也讲"养心莫善于寡欲",[16]要想让自己的心性发展,就要"寡欲"。亡国之君多是欲望过多,夏桀、殷纣、周幽王的亡国亡身,在于不知足的贪心和随心所欲的折腾。

一个人要成长,一定要清楚内心最根本的欲望是什么,一定要知道自己人性的缺点。有人好名、有人好利、有人好财、有人好官,人皆有最根本的欲求,成也在此,败也在此。有正当要求,可以为之求索、为之奋斗,成在于此;过度嗜欲则贪妄、逾矩,失足于人,失义于事,因此对待欲望要慎之又慎。

一、窒欲

窒欲,是让欲望有所控制,这是慎欲的首要。程颐曾教导学生说:"一念之欲不能制,而祸流于滔天。"[17]有时候一念之差,酿成滔天大祸。一个成熟的人是靠理性来判断是非对错,以此来控制自己的私欲。如何制欲呢?

> 外事无大小,中欲无浅深。有断则生,无断则死。大丈夫以断为主。[18]

做事不分小大,都应该诚以处之;遏制欲望也不应论深浅,都要及时为之。做人做事,都要把欲望尽量压制下去,不能使小的欲望变大,以致欲壑难平。要成就事业的人,必须有断绝欲念、断绝贪心的功夫。人的欲念没有止境,如果完全按照欲念来发展,是没有回头路的。为官放纵欲念,就是贪婪腐败;做学问放纵欲念,就过于虚荣,急功近利,充满浮躁之气。

破山中贼易,破心中贼难。人心中皆有无限欲望,有对锦衣玉食的追求,对功名利禄的向往,每一个人都不能免于梦想,但利人利己的梦想是理想,损人利己的梦想就是欲望,损人而不利己的梦想是邪恶。要摆脱来自名利的虚荣已经很难,更何况那些私欲?

李白才华横溢,洒脱旷达,目无下尘,连他也免却不了虚荣心。李白夫人不懂作诗,他就先写了一首诗作:"妾似井底桃,开花向谁笑。君如天上月,不肯一回照。"[19]让妻子寄还自己,他拿来品读,想着自己被妻子苦苦相思，便有莫大的心理安慰。生活在滚滚红尘之中，很多时候不是理想支持我们行动，而是欲念支配我们去做，只要一反省做事的动力，就能判断心性功夫的深浅。

教育孩子需要赏识教育，希望把孩子培养成为一个什么样的人，就要时刻鼓励孩子去做这样的人，并且相信他本来就是这样的人。时日长久，便在孩子心中确立起信念，在孩子成长中支配他、指引他，使他走上正确道路。每一个人都有向善的一面，也有向恶的一面，要懂得运用赏识、鼓励，把心中之善发挥出来，把心中之恶压抑下去。这便是制欲。

那么，如何"制欲"呢？

一是不使性。吕近溪《养正遗规》中讲：

先学耐烦，快休使气。性躁心粗，一生不济。

正心时要能耐烦，遇事便能心平气和，不因纷扰而生气使性；性情暴躁、内心粗糙的人，一生做不了大事情。真正能成事业的人，都是有心之人，处处留心皆学问，处处用心皆修行。要在纷冗的事务中，常能心灵澄空，百念不俗，百思不烦。心若宁静空明，就少了许多贪妄，减了许多狭隘，以此修养，人心就能纯熟。

不使性子，内心平和，保持中正，心思不要来回游移。不能耐烦者，在于心思游移多变，以致进退失据。"心一模糊，万事不可收拾；心一疏忽，万事不入耳目；心一执着，万事不得自然"，[20]心一模糊，就看不清真假、辨不明是非、做事缺少调理。

二是不疏忽。心思疏忽，会导致待人接物的失礼。别人用心交谈，自己却心不在焉，逆耳之言便会少。有时候细节不注意，关键没有把握住,不仅失去机会,而且可能导致满盘皆输。

三是不过执。过执,是过于固执想得或者想抛弃,心中执念太重,欲求太强,就不能安然处事。无论是读书,还是应聘,心一执迷,就会觉得准备不够充分,生出不自信,生出不自然。如果能认清并正视自己的欲望,就能保持心境平和。

《小窗幽记·存养》言制欲之法:

> 以理听言,则中有主;以道窒欲,则心自清。

以理听言,即听别人对自己的劝解、告诫,一定要揣摩其中道理,揣摩内在逻辑、思想、见解,不停留在言词,形成自己的主见和思考。以道窒欲,即按照道义来控制欲望,心就自然变得清静。何为道义?就是什么事情该做、什么事情不该做、事情应该如何做,心中有理性的判断。李鸿章对"制欲静心",也开出过药方:

> 多读古人书,静思天下事。乃可敛浮气而增定力。[21]

一说"古人书",很容易认为它是很破旧的东西。其实,古书之所以流传下来,在于其中记载着千锤百炼的经验。人要成长,一是读书汲取养分,尽可能多地获得间接经验;二是向师友学习长处,遇事能借鉴他人经验,有困难则从高人指点。

李鸿章觉得要想增加定力,需要思考天下之事,以拓展格局。"不谋全局者,不能谋一隅。"[22]不能思考大局的人,对于细节小事也很难谋划妥当。人要常思考天下之事、思考全局之事。这是在说做任何事情,都要能从大处着眼、小处入手。大事难断,需要勇气、毅力,思考越多,就越深沉深刻,人的浮气便不断减损,而人生的定力便由此增加。人在年轻时,轻浮躁进之气多,一是自认为什么都懂,什么话都敢说,时间一长,就会说错话,不能收束,口无遮拦。二是做事躁进,缺少深思熟虑,很容易半途而废。三是容易受到别人影响,不知不觉陷入流俗之中。

高濂讲"制欲"要"忍",他列出的规则是:

> 君子立心,未有不成于容忍,而败于不容忍也。容则能恕人,忍则能耐事。一毫之拂,即勃然而怒,一事之违,即愤然而发,是无涵养之力,薄福之人也。是故大丈夫当容人,不可为人容;当制欲,不可为欲制。[23]

儒家所言的学问,不只是知识,更多是修养。君子立心,是说修养心性是养成君子人格的要务,君子是有大格局之人,君子做事时就要能容忍,容忍则成功,不能容忍就会失败。冲动是魔鬼,不能压制一时冲动,就会败坏"立心""制欲"的所有努力。

容,是对人涵容、宽恕;忍,是能忍耐繁杂、变化和不顺心,养成有屡败屡战的坚韧。不能容忍,是稍有拂却,就勃然大怒;稍有批评,就愤然发作,这便是缺乏浑厚、坚毅的表现。要成就事业,一要能容人,二要能够制欲。宽容别人,不能总是要别人来宽容自己的过失;控制欲望,不被自身欲望支配而毫无自主的能力。

包容是要容忍、接受、理解各种不同,其能让我们从昏暗走向光明的境地。在日常生活中,我们跟很多人相处时,有时候感受到对方的善意,有时候感受到对方的恶意,有时候心里会去思考他是怎么想的,而有时候又大度地发现,人家并没有这么想。在这个过程中,我们如何面对和自己想法不同、行为不同的人,这就要拓展我们的胸怀。

二、慎独

儒家认为,人的欲望常常不是在人前显示的,而是在独处时显现出来。《大学》讲"小人闲居为不善,无所不至"。人在独处的时候易于自欺,这就需要慎独以诚意了:"所谓诚其意者,毋自欺也。如恶恶臭,如好好色,此之谓自谦。故君子必慎其独也。"[24]诚意,就是要真诚地面对自己的想法,真诚地来面对自己的意念,不自己欺骗自己,不陶醉在虚无缥缈的幻想中。慎独,是"见君子而后厌然,揜其不善,而著其善",[25]是一个人全部修养的衡量标尺,既有内在的诚实,又有外在的修养。

我们可以把作为人的"我"分为本我、自我、超我三个层次。本我,是最真实的自己,是人的欲望无节制。下班后坐在阴暗的角落里,算计今天得到什么好处、明天又该怎样做。在隐秘的场合,本我最容易暴露;在最隐秘时,本我主导心思。因此对本我一定要慎之又慎。自我是生活中的我,半理性半感性,要靠理智与理性来约束、指导直觉的我,让自己回到人之常情的状态。超我是理想中的我,遵循着至善的原则,这才是一个人的最终决定力量。慎独,是能够放弃本我,保持自我,达到超我,依从至善的原则,依从于道,做到纤尘不染,纯洁明净。

君子慎独,要把"慎戒隐微"的精神用在做事上。很多时候,细节决定成败,过程决定结果,大事业就是从小事做起的。有的人讲在工作中领导不给机会,其实在无意时把信任丧失了。工作上交代的事,如果草率应付,一次可以,第二次就不行了,第三次机会就不会再有。做事要注意细节,不要把别人的叮嘱、托付轻易地忘掉,不要把向人许下的诺言轻易地忘掉,这便是慎戒隐微的第一重含义。

中国文化将"慎独"作为涵养心性之法。杨继盛告诫子孙:

> 或独坐时,或夜深时,念头一起,则自思曰:"这是好念?是恶念?"若是好念,便扩充起来,必见之行;若是恶念,便禁止勿思。方行一事,则思之,以为此事合天理不合天理?若是合天理便行,若是不合天理便止而勿行。[26]

在独处时、在深夜中,一个人完全地面对自己,心中念头纷繁,一个念头出现,就要马上自问"这是好念还是恶念"?若是好念,想办法把它扩充起来,然后执行它;若是恶念,就不要再去思考它,一定要遏制住。在行事之前,要做这样的思量,要看是不是合乎天理、合乎道义。

儒家与法家的区别有二,一是法家看结果,儒家看动机,法家认为恶的念头可以有,做梦娶谁都不违法,只要不做出来。儒家认为不仅不能做,想都不能想,心生恶念时,就已经在作恶了。二是法家讲因性,用人循名责实,利用人的好色、好货、好名之心,去驾驭别人,其不想改变别人,只想如何利用别人。儒家总忍不住要教化,想把天下一个个坏人都纠正过来。慎独,就是先纠正自己,让自己在反思中成长:

> 无事便思有闲杂念想否;有事便思有粗浮意气否。得意便思有骄矜辞色否;失意便思有怨望情怀否。时时检点,到得

从多入少、从有入无处,才是学问的真消息。[27]

  人无事时,容易胡思乱想,闲念是无事生非之念,杂念是不该想之念,投机取巧、自作聪明、诓哄欺瞒、敷衍应付等等都是闲杂之念。人在有事时,要反思自己是不是粗浅浮躁、没有耐烦?是不是有压制不住的意气?写文章有这种粗浮意气,就不愿意去查资料,不愿意去翻检原文,写的文章皆为应付之学。人生在世,不必事事认真,也不能所有的事情都持应付的态度,这就要抛却粗浮意气。人在得意、成功之时,一定要反思自己有没有骄矜之色,不能一时得意就开始放纵。失意时百事不顺,处处挨栽,就要反思自己有没有失望气馁,有没有在人前表露怨望之色。事情成功了,可以高兴,但不要得意忘形;事情一时失败了,摇头叹气可以,但不能因此沉沦崩溃。

  人要时时检点自己,反省自己,要把闲杂之念、粗浮意气、得意时的骄矜、失意时的怨望,都从多入少、从有入无地逐渐消除掉。从心中消除了这些不良习气,就能看清自己,行事也就能达到很高层次。能在学问中找到自己真正的志趣,把握到做学问的主旨,生活得更有情调,更有风度,人生就变得更优雅。

  王阳明是大儒,不仅学问好,而且活得洒脱,还能建功立业。他从正心的角度讲修养的功夫:

> 心端则体正;心敬则容肃;心平则气舒;心专则视审;心通故时而理;心纯故让而恪;心宏故胜而不张,负而不驰;七者备而君子之德成。

内心端正，不要有邪念，自然行为也端正。心敬，是内心要有恭敬之念，外在的容貌也就会显得严肃庄重。心平，是心胸舒展，言行也就舒展自如。内心专一，看任何事物都能深入，体察入微。内心通达，做事就有条理。内心纯净，人就会谦卑、简让，不与人多计较，还能坚持自己的操守，做得到礼让有度。内心宏大、开朗，成功时不会张扬，失意时也不会松懈。心端、心敬、心平、心专、心通、心纯、心宏这七种修养功夫，不是在人前展现，而是来自于自我修为。

清朝名臣张英也从"心"的角度解读"十六字心法"，其中涉及如何慎独：

> 人心唯危，道心唯微。危者，嗜欲之心，如堤之束水，其溃甚易，一溃则不可复收也。微者，理义之心，如帷之映灯，见之难而晦之易也。[28]

"人心惟危，道心惟微；惟精惟一，允执厥中"，出自《尚书·大禹谟》，讲的是人心都是很危险的，要警惕之；道心精到，需要时时坚守之。人心危险，在于每个人都有私念、欲望，要加以控制，防意如防城，不能等到其崩溃而不可收拾。道心是义理之心，就像一盏灯，是黑暗的欲望世界里的一点光明，需要时时拨亮，使它烛照心性，才能约束人的贪欲。

每一个人的心中都有各种各样的欲念，用以满足个人需求。欲念会让人产生争夺之心，争夺之心对他人来讲是危险的。在这种情况下要团结他人，就需要寻求一个道，作为人心的最大公约数，既能满足个人的基本需求，又能形成群体共识。有了这个共识，就能够建立起认同、形成秩序，这个微妙的动态平衡，要时时保持"允执厥中"。即能够把大家的所思所想约束起来,同时又满足他们的基本需求,便能实现彼此的合作,建立基本的社会信任。

曾国藩也言人如何慎独:

> 君子欲有所树立,必自不妄求人知始。古人患难忧虞之际,正是德业长进之时。其功在于胸怀坦夷,其效在于身体康健。圣贤之所以为圣贤,佛家之所以成佛,所争皆在大难磨折之日。将此心放得实,养得灵,有活泼之胸襟,有坦荡荡之意境。则身体虽有外感,必不至于内伤。[29]

要想做一番事业,绝对不能去妄求别人,首先应该是要树立起志向。每一次祸患磨难,每一次忧虑惊虞,都是自己品行、德行得以长进的时机。身心坦荡,就能够经得起磨砺,不但事业得以发展,心性也会因此健全。孔子、孟子曾周游列国而不遇,一生困苦;佛家修行,也是经历了无数劫难,心灵备受折磨而能坚韧,正是经历了无穷大难磨折而没有被挫败。心中踏实不虚浮,就会满是鲜灵之气,养出活泼泼的胸襟,见得到坦荡荡的景致。如此一来,虽然己身会有外物的侵袭,或者外物的引诱,但是内心会保持坚强,不再受到伤害了。

曾国藩本人,就受到了很大的磨难,最后能成为清朝的"中兴名臣",在于他历经失败、磨难而不伤心志,不失理想。现实生活中,有的人只是会做得意事而不会做失意事,稍有一点失误、一点挫折,内心就不再坚守,轻易放弃。人要刚毅,才能顶得住压力;人要坚持,才能经得起磨难。

三、淡定

淡定,是内心平和,不去多思、多想、多虑,从容而淡定。从容,是面对任何事情都不会慌乱,不会扰乱方寸;淡定,是内心平淡,对许多事情了然于心、了然于胸。正心时,淡定是一种理想,更是一种境界。我们一般难做到淡定,是因为对外物引诱的抵抗力不足,不能做到放弃尘杂。读书时总是注意着外在的获得,而不是安心读书,更没有淡定心境来好好读书思考。参加工作后,什么都想得到,面对利益不肯舍弃,忙于争夺各种外在的名利,而放弃了自身的提高。

什么是成熟?一是废话越来越少,年少时可以和朋友议论天下大事,成年以后就要多关注手中要做的事情,减少不必要的闲聊和没有意义的争论。二是意识到了可选择的机会越来越少。年轻时,选择的可能性很多;成年之后,选择的机会就越来越少,一定要把握住现在可以走的路,把握住有把握的路。人能够淡定就意味着成熟,就不再有那么多的不平之气,不再去慷慨激昂地讲闲言碎语;淡定了,人就会更加珍惜自己的选择,不会轻易放弃自己的努力,不会荒废了人生中难得的机遇。

欲望过多,会毁了人的心胸、心境,坏了人的心术,多了人的心事,压抑了人的心气:

> 人之心胸,多欲则窄,寡欲则宽。人之心境,多欲则忙,寡欲则闲。人之心术,多欲则险,寡欲则平。人之心事,多欲则忧,寡欲则乐。人之心气,多欲则馁,寡欲则刚。[30]

欲望越多,人的心胸就会越狭窄,心境会越忙乱,心术会越险恶,心

第二章 正心

事会想得越多,心气也会下降而更容易放弃;欲望越少,心胸则会更开阔,心境更清闲,心术更平和,心事更少,心气也会更高。要能常消欲望,保持淡定的心境,要做到宽、闲、平、乐、刚,才是修养心性的关键。

有时,我们喜欢给自己订一大堆计划。在读大学时,有的同学就计划一年做所谓的十件大事,如过英语六级、计算机等级、找到女友、拿到优秀奖学金等,最后却一件事情都没有做好。一年要做完这十件事,常人很难办到,他的欲望又太强、太急、太高,就更难做到。我们要淡定下来认真思考问题、确定目标,半年做成一件事就不错了,只要日积月累,成绩就会显现出来。不能什么都想要,精力有限,时间有限,有可能劳而无功,劳而无获。

如何做到淡定呢?欲望要少、心思简约之外,还要学会情志淡泊。要保持心境永在自然之中,不轻易受外界干扰。"学者动静殊操、喧寂异趣,还是锻炼未熟,心神混淆故耳",[31]不能因事物顺利而心浮气躁,不要因为事业停滞而改变节操,不能因境遇的繁华而心有旁骛,不要因为眼前冷清而变了趣味。我们年轻时没有经过千锤百炼,没有经历过太多世事,还透着青涩之气。中国文化锻炼培养人才有句老话:"老其才,砺其志。"才华要磨炼到纯熟,志向要磨砺到纯一,才能担负重任。如果心境能涵养到如定云止水般从容舒卷,内心又有鸢飞鱼跃的生机勃勃,秀外慧中,表里澄澈,有了这样的心性涵养,外界即使狂风骤雨,心中也依然波恬浪静。可以说,淡定,有处一化齐之妙,是达于至道的高明。

要做到淡定,要在日常行事上勤于修养。淡定的最高境界是:

自处超然,处人蔼然;无事澄然,有事斩然;得意淡然,失意泰然。[32]

独处的时候能超然世外,和朋友相处时能和蔼可亲;无事闲散时保持澄明安静,有事忙碌时果断刚强;得意处一笑了之,失意时泰然自若。每时每处能淡下来,定下来,反观滚滚红尘中的你来我往,更能体会到精修的妙处:

静坐,然后知平日之气浮。守默,然后知平日之言躁。省事,然后知平日之心忙。闭户,然后知平日之交滥。寡欲,然后知平日之病多。近情,然后知平日之念刻。[33]

坐得住、坐下来是静坐,静下来就能反思平日的轻浮之气。少说话,就能反思浮躁之言,对闲言碎语多几分怵然猛醒。反省,更清楚内心的芜杂,减少不必要的交际,才能知道谁是真正的知己。清心寡欲时,才理解自己平时缺点之多。懂得人情世故,才能体会到意念、想法是不是过于尖刻。经过如此的反思,便不断精进,提升修为:"度量如海涵春育,应接如流水行云,操存如青天白日,威仪如丹凤祥麟,言论如敲金戛石,持身如玉洁冰清,襟抱如光风霁月,气概如乔岳泰山。"[34]这种修持功夫,是人人向往的理想,值得穷尽一生去修为。

第二章　正心　105

第四节　养气

孟子说:"我善养吾浩然之气。"[35]孟子心系天下,思考天地间的大事,他在游说列国的时候,与君王见面总是应对自如,见到君王不对就敢于批评,常常把君王辩得无话可说,顾左右而言他。当时的诸侯不能用孟子,在于孟子秉持浩然之气,那些心胸狭隘的君王容不下他。与孟子相反的则是韩非。秦王嬴政读完《韩非子》部分篇章时,顿生敬佩之心,一定要见到这个人才,便派兵攻打韩国,逼迫韩国把韩非派做使者到了秦国。但是秦王与韩非交谈过后,很失望,因为韩非一直想保全韩国,而不是要统一天下,秦王嬴政有混一宇内的大志向,觉得韩非格局不够,便听从了李斯的意见处死了韩非。

一个人若没有浩然之气,器量就会狭隘,难以赢得别人的尊重。浩然之气是从内心深处生发出来的坦荡之气、正义之气,进而表现出的大格局,吕坤总结说:

> 士君子要养心气,心气一衰,天下万事分毫做不得。[36]

匹夫,可从肉体上折磨、征服、消灭,扰乱其心志即可;对待英雄,则只能征服其心。古代受降仪式上，失败者光着脊背，跪着膝行，到战胜者眼前把贡物献上，正是要投降者从心里面彻底放弃抵抗，让百姓的心气完全丧失。人的心气一衰，就再没有志向和豪情去担负责任了。那么，如何来养浩然之气呢？

一、畅达

处理外在纷争而不扭曲，面对内心不足而不纠结，就是畅达。人不能做到畅达，首先是心气不顺：

> 忧愁则气结；忿怒则气逆；恐惧则气陷；拘迫则气郁；急遽则气耗。[37]

中医认为，忧愁总爱叹气，在于气不顺，只能靠叹气来解决了。老年人生气容易犯高血压，生气发怒就会头晕目眩，这是气逆。体内之气，顺着经络走，生气发怒时气的流转不正常，人体器官随之产生问题。恐惧的感觉是"觉得天塌了"，在于没有心气支撑，人便无法自立。拘迫是拘禁、压抑之感，长期处于压抑之下，气便会郁积。着急慌乱时，感觉上气不接下气，这就是耗费了太多的气。

培养畅达之气，要在养神。中医认为神明是一个人生命的主宰。小孩子眼睛特别明亮，神明十足，神明从精神里透出来。老年人就耳不聪、目不明，在于神明衰退。神明一伤，人的心神就不再畅达，就不能主宰自己了。有哪些行为最伤神明呢？

一是嗜饮伤神，总是喝酒贪醉就容易六神无主、醉而欲眠，即使次日醒来，神情还是昏昏沉沉、靡顿不振。

二是贪色灭神，中国古代皇帝的平均寿命三十九岁，其中被篡

第二章 正心 107

夺谋杀的暂且不论,多数的帝王因为后妃太多,沉迷于色欲,早早毁灭了神明,而寿命不永。

三是厚味昏神,厚味是鸡鸭鱼肉之类的腥燥之物,大吃大喝之后,血气凝滞,要么咳嗽多痰,要么瞌睡昏迷,总是感觉不舒服。嗜于厚味,昏昏沉沉,不能简淡下来。《左传·庄公十年》中载曹刿说:"肉食者鄙,未能远谋。"这不是信口开河,是有着医学依据的。

四是饱食闷神,人常在吃饱喝足以后容易犯困,要休息一会儿,这是因为饭后消化耗费大量气血,思考、辨析能力减弱了。如果整天酒肉穿肠过,看似潇洒,却容易昏庸困乏,缺少冥思,不能决断。

五是妄动乱神,妄动是静不下来。凡是坐下来后双腿爱不停抖动的人,做事就缺少恒心、缺乏定力,躁急无聊,一事无成。古代家教中,要求男子走路的时候不应该低头弯腰,女子走路时不该仰面向天,男子走路时不能低头,是在养成人的精气神。明清小说中的写妓女通用姿态,是仰脸、倚门、巧笑,以此表明其心性放荡。

六是多言伤神,话多耗气,气为神之导,讲话太多容易使得神气消散而缺少定力。

七是多忧郁神,话多有失,忧多有郁,总是忧虑别人在算计他,总是抱有提防之心,活得就难以洒脱。

八是多思劳神,孔子讲"学而不思则罔",[38]不是不要人去想,而是不要胡思乱想。越是空想,就越是糊涂,一场辛劳全是白费。

九是久睡倦神,越睡越不足,越睡越困倦。

十是久读枯神,读书不能一次读得太多,时间一久就会读不进去,读一段时间,就应该静心恢复,苦心孤诣会造成心神枯竭。读书不求时间久,而求效率高。若不够专心,一边喝水、一边嗑瓜子,一边看电视,这样读书看着时间很长,是没有什么效果的。要读,就要认真读,专心读,保持活泼的心境来读。

畅达,是能想得开、放得下、看得破,这需要全面涵养,才能实现:

> 清明以养神,湛一以养虑,沈警以养识,高远以养志,果断以养才,凝重以养气,宽容以养量,刚正以养操,涵育以养深,浑厚以养天。[39]

要用清静、明晓来养神,用纯粹、专一养虑,用沉着、精辟养识,用高远、宽广养志向,用果敢、决断养才能,用凝神、稳重养气度,用宽和、容物养肚量,用刚强、正直养节操,用涵育、宽广养深厚,用浑朴、厚重养天性。一点一点做,才能从狭隘走向畅达。

二、乐天

正心,要求人向好处看、向高尚之处走,在这其中,内心快乐非常重要。我们要做乐天派,做到乐观自信,要相信世界上任何问题都能解决,相信社会是往好的方向发展的。这绝对不是麻痹自己,而是激励自己为社会贡献力量,在做事的时候增加一份信念。

孔子赞美颜回,一是不贰过,二是能安贫乐道,他的评价是:

> 一箪食,一瓢饮,在陋巷,人不堪其忧,回也不改其乐。[40]

无论在什么样的境地里,颜回都能乐观自信。只有一碗饭、一瓢水、住在简陋的街巷,生活勉强能维持下去,但颜回无忧无虑,好学守道。别人在此境遇下忧愁纠结,颜回却能快乐无比。孔子认为这才是有德行的人,才是真君子:即便穷困潦倒,依然不改其乐。这快乐来自于对道的坚持,对责任、品格、修养的坚守。

乐天,就是即便在困顿时,也能像颜回一样活着,能够在困穷中坚持操守。这话看似轻巧,实则有很深的道德寄托。奢侈的人无论有多少财富都不够挥霍,简朴的人即使贫困也常感到有余,原因在于欲望的多寡、道德的高下。欲望过盛而奢侈的人,心灵反而是贫瘠的;道德高尚却穷苦的人,心灵却是富足完满的。羡慕他人的富足,心生向往;见到他人的成功,心生嫉妒,这是常人之念,不是内心充实、道德自足人的想法。

《老子》第九章言:

> 持而盈之,不如其已;揣而锐之,不可长保。金玉满堂,莫之能守。富贵而骄,自遗其咎。功成、名遂、身退,天之道。

世事变化无常,哪有什么长保的事物,不如看透而暂且休止。人生苦短,即使金玉满堂,也总有消亡的那天;有的人富贵了就生骄慢之气,不待自然休亡,招来祸咎,自取身灭。高明的人能做到功遂身退,明白持而盈之的规律,才能远避祸患。"屈平辞赋悬日月,楚王台榭空山丘",[41]当年楚王的台榭在哪里呢?残垣亦不可见,只有屈原的辞赋流传后世,如同日月光辉,垂丽万古。人生在世,从来没有长久的富贵,也没有长久的功名,与其羡慕富贵功名,不如珍惜眼前的幸福、身边的友情。懂得消息盈虚为"天之道",就能够体会孔子对颜回的称赞。

古代诗人之中,生活最艰难困苦的莫过于杜甫。杜甫一生颠沛流离,逃难的路上甚至落到行乞的地步,建一个容身的草堂都要靠他人的帮助。年老之时饥寒交迫,在回家的船上冻饿而逝。但是,杜甫之所以伟大,在于他一生即使如此艰辛,也能坦然处之。他在《写怀二首》中说:

无贵贱不悲,无富贫亦足。

不能显贵时,穷贱也不能让自己悲伤戚戚;不能富足时,贫苦也能心安。这是平和淡定的心境。草房被风吹破时,他能够由一身之寒冷,想到"安得广厦千万间,大庇天下寒士俱欢颜"。[42]杜甫如此博大,在于他有"穷年忧黎元,叹息肠内热"的忧国忧民,[43]也有"种竹交加翠,栽桃烂漫红"的认真努力,[44]合在一起,使得他不以自身辛苦而叹息,而以百姓安危为喜忧。

我们都吟诵过范仲淹的名句"先天下之忧而忧,后天下之乐而乐",[45]只有心胸开阔了,一己之忧乐系于天下,人才不会潦倒,才能有恒定自如的心性。从这个角度来说,真正的大丈夫,真正的君子,其高贵处不在于有多少财富、有什么功名,而在于拥有多高的道德和气节。许由、伯夷、叔齐人品高洁,田横、荆轲注重气节,是中华民族敬仰的君子、节士,就在于他们守死善道而不肯向流俗低头。

人应该追求道德气节,不能整天去讨论个人生计得失。有的朋友会说,这是现实所趋,我们很无辜、很无奈、很受伤。我们要谋生,但不能把谋生作为唯一的追求,这样在解决了生活问题之后就会无所适从,要在谋生之上有更高的人生追求。或注重知识的累积,探求人类的未知领域;或注重情志的培养,养成高雅的审美情趣；或注重道德操守，去做更有意义的事。如果每个人都能在生活之上多一分责任、多一分担当，即便做不成大事业，也可以为社会的向好、单位的发展尽一分力、尽一分责。

三、知足

中国文化认为，知足关系到一个人的安身立命、关系到一个国家的荣辱安危。《格言联璧》言："知足常足，终身不辱；知止常止，终身不耻。"人要是能知足，能够知道适可而止，就不会受到他人的欺侮，不会留下终身的耻辱。

一是要明白做事总有边界。《大学》讲"知止而后能定"，一个人要定下志向，要有目标。志向、目标，作为为人行事的界限，作为决定何去何从的起点。人做事没有界限，就很容易自取其辱。人不知足，不知道说话、做事的边界，就不可避免地会做出狂妄之事，自取其辱，以致身败名裂。

二是要知道欲望的无尽。《老子》第四十四章讲：

> 甚爱必大费，多藏必厚亡，知足不辱，知止不殆。

不懂得知足，欲望过盛，难免会招来祸患。一个人对某种东西特别喜爱，总想占有，就会费心、费神、费力、费财地去追求。得到时便舍不得放弃，一定要深藏起来，惜之爱之。越是如此，其实失去的就越多。人要知道欲望没有止境，若能知足，就不会轻易自取其辱，也不会轻易招致败亡。

乐天是心境，知足是气度。要培养人的知足之气度，生活上不可吃尽、不可穿尽、不可说尽，意即做事都要留余地；做人则要洞得、做得、耐得。洞得，就是要洞晓世事、洞悉人性。做管理，做服务，交朋友，甚至恋爱、教育孩子需要明白晓畅，又能留有余地。做得，是在明白通晓之后，诚心实意去做，能做、会做。耐得，是做事要坚持，读书要有"坐十年冷板凳"的精神，做服务就要能耐得住繁杂琐碎。

知足是一种心态，也是一种智慧，俗话讲：

> 难消之味休食；难得之物休蓄；难酬之恩休受；难久之友休交；
> 难再之时休失；难守之财休积；难雪之谤休辩；难释之忿休较。[46]

不好消化的东西不要吃，不好保存的东西不储存，这是在讲有的事情一定不能去做。给人终身都难以酬答的恩情，一定不要接受，要用一生去还，就容易将其美意辜负。人不能滥交朋友，要寻求真正志同道合的、能够长相切磋、相互扶助的人做知己。一日难再晨，一生难再少，珍惜光阴，就要立刻去行动。不义之财难守，以此积攒财富，早晚会有祸咎。同样，有毁谤、有误解而又解释不清，不要再去辩白，由此而起的无名之火，也要让它化解，不能太在意、太计较，否则就毁了自己要做的事。

知足是气度，也是博大的胸襟，要把自己与天下生民联系起来，只要想想百姓的艰辛、无助、无奈，就知道自己的责任所在。平时在家无聊闲坐，或者觉得生活不幸福，去街上看看没有工作的人或者辛苦奔波却少收入的人，还有更多空有才华却无机遇的失意者，我们就能体会到淡饭简蔬的饱足，布衣粗帛的温暖，就会珍惜眼前的快乐,爱护难得的健康。与不停遭受祸患的人相比,我们会觉得平安是福分;与早夭短寿的人相比,好好活着就是最大的幸运。常能这样想,就会消除几分郁闷,获得一丝安慰,更加珍惜拥有的一切。

四、简约

简,是简朴、简单;约,是少而精粹。前面已讲,人的成熟有一个标志,就是闲言碎语的废话越来越少。清代赵翼评价陆游诗时说他:

> 少工藻绘,中务宏肆,晚造平淡。[47]

说的是陆游的诗风转变,可以看作大多数人的人生三变:少年时,追求的是藻饰繁华,哪热闹往哪去。中年时境界开阔,开始追求一种壮大之美,哪里博大往哪里去。晚年时心态平和了,追求恬淡,哪里安逸就往哪里去。"四十而不惑,五十而知天命,六十而耳顺,七十而从心所欲,不逾矩",[48]人随着年龄的增长,心态总是在变化,从藻绘到宏肆,再到简约平淡。

什么是简约?简约,是少了装饰,洗尽铅华,变得纯粹朴素,追求宁静、平和之美。有时候我们面对的选择太多,内心无法端正、常常痛苦、做事迷茫。想法太多,欲望太盛,想得到的却又无法得到,内心就会痛苦。简约,就是让自己能够放下。随着年龄的增长,需要得到的东西是越来越少,需要放下的东西是越来越多。我们应该明白什么是可以追求的,什么是必须要放手的。王通曾讲:"不勤不俭,无以为人上也。"[49]人不能勤劳,不能俭朴,就成不了高明的人,他把俭朴作为励志的动机,把辛勤作为成事的手段。

一个人德行如何,不在灯红酒绿之间,而是在其走投无路时、人生迷茫处,看他选择什么、追求什么。儒家讲"君子固穷",足以见其德行。孔子言"不义而富且贵,于我如浮云",[50]是言在穷困潦倒时,坚持道义,坚持理想,坚守信念。诸葛亮在《诫子书》中也说:"静以修身,俭以养德。"把俭朴视为养德的方式。认为想要提高修为,要宁静下来,宁静不是指身体安静,而是指心中要宁静,知道什么不能做,什么必须放下。

　　明朝时,知识分子对富足、富贵的向往变得强烈起来。"三言""二拍"里经常写到知识分子或是与仙女喜遇、或是出海巧遇、或是前世积下阴德,顿时荣华富贵起来。中国的读书人敢于把对金钱富贵的追求讲出来,不再隐藏,走到了很现实的层面。这种追求可以有,但不能成为唯一的欲望。到了一定阶段,还是要让内心简淡下来,回到平淡、宁静的心境里。

　　个人生活保持简约,有益于修德。韩非子言:

　　侈而惰者贫,而力而俭者富。[51]

　　贫和富完全是靠个人作为,懒惰又奢侈的人就会贫穷,勤劳又俭朴的人就会富足。韩非认为贫穷不在于制度,在于个人,贫穷的人都是咎由自取。他强调人的努力,这一点是很有见地的。《孔丛子·公仪》也认为:"不取于人谓之富,不辱于人谓之贵。"富,是不取于人,能做的任何事情、得到的任何利益,是堂堂正正靠自己努力得来的,不是从他人处乞求而来。贵,是不被别人侮辱,人多是先丧失了自尊,然后别人才来侮辱他。

　　国家保持俭约,有益于兴盛。西周初年,周文王能够与民同乐,受命于天而有天下。汉高祖刘邦攻下秦都咸阳,与民约法三章,"财物无所取,妇女无所幸",[52]能控制自己的欲望。东汉光武刘秀时,后妃们穿的衣服和普通人没有什么区别,刘秀衣着俭朴。唐朝初年唐太宗勤政,长孙皇后的衣饰与侍女的衣饰也很简单,即便如此,魏征仍多次谏言要求唐太宗更加节俭。

一个国家要稳固、要兴盛,在于讲勤、俭,勤能生财,俭能聚财。很多朝代中叶之后,不能保持勤俭,大肆修建宫阁楼台、对外穷兵黩武,国力很快衰弱,即使变法,也很难将臃肿机构、杂多人员裁撤,很难把繁文缛节、苛捐杂税削减掉,积重难返,最后只能改朝换代。欧阳修言:"祸患常积于忽微,智勇多困于所溺。"[53]每一件溺爱的东西,每一个微不足道的过失,每一次放纵的欲望,都是祸患的积累,也是人走向堕落和衰亡的起点。

李商隐敏感而细腻,在迟暮的晚唐间阅尽王朝兴衰,他在《咏史》中总结道:"历览前贤国与家,成由勤俭败由奢。"一语道破天下兴亡的秘密,在于不知勤俭。古人治家常言:"一粥一饭,当思来处不易;半丝半缕,恒念物力维艰",[54]告诫子孙只有简约才能立身,才能兴家,才能保国。

现在我们物质极其丰富,但仍要保持简约之风,不要有那么多的物欲,不要有那么多的杂念,不要么复杂地生活,少些装饰,少些做作,少些算计,让内心安静下来,体验自然的优美,体味家庭的幸福,体味独处的乐趣,看似并没有灯红酒绿式的辉煌,其中的安逸祥和,却是权位、名利和财富换不来的神定气闲,从容自如。

【注释】
[1](北宋)欧阳修《左氏辨》,《文忠集》卷60

［2］（清）曾国藩《曾国藩家书·家教》
［3］（西汉）韩婴《韩诗外传》卷1
［4］（明）薛瑄《薛文清公读书录》卷4
［5］（南宋）朱熹《答何叔京书》，《晦庵集》卷40
［6］（清）金缨《格言联璧·学问》
［7］（清）金缨《格言联璧·学问》
［8］（明）杨慎《升庵诗话·李耆卿评文》
［9］（清）金缨《格言联璧·摄生》
［10］《论语·阳货》
［11］《孟子·尽心上》
［12］（清）恽毓鼎《澄斋日记》
［13］《论语·颜渊》
［14］（清）曾国藩《曾国藩日记·同治十年》
［15］梁启超《饮冰室合集·万木草堂小学学记》
［16］《孟子·尽心下》
［17］（明）薛瑄《薛文清公读书录》卷7
［18］（元）史弼《景行录·省心杂言》
［19］（唐）李白《自代内赠》，《全唐诗》卷184
［20］（清）金缨《格言联璧·存养》
［21］（清）李鸿章《李鸿章全集·致刘军门》
［22］（清）陈澹然《寤言二迁·都建藩议》
［23］（明）高濂《遵生八笺·清修妙论笺上》
［24］《大学》
［25］《大学》
［26］（明）杨继盛《给子应尾、应箕书》，《杨忠愍集》卷3
［27］（明）洪应明《菜根谭·修省》
［28］（清）张英《聪训斋语》卷上
［29］龙梦荪《曾文正公学案·正心》
［30］（清）金缨《格言联璧·存养》
［31］（明）洪应明《菜根谭·修省》
［32］（清）金缨《格言联璧·存养》
［33］（清）金缨《格言联璧·持躬》

第二章　正心　117

[34]（清）金缨《格言联璧·持躬》
[35]《孟子·尽心下》
[36]（明）吕坤《呻吟语·存心》
[37]《格言联璧·摄生》
[38]《论语·为政》
[39]（清）金缨《格言联璧·存养》
[40]《论语·雍也》
[41]（唐）李白《江上吟》，《全唐诗》卷166
[42]（唐）杜甫《茅屋为秋风所破歌》，《全唐诗》卷219
[43]（唐）杜甫《自京赴奉先县咏怀五百字》，《全唐诗》卷216
[44]（唐）杜甫《春日江村》，《全唐诗》卷228
[45]（北宋）范仲淹《岳阳楼记》，《范文正集》卷7
[46]（清）金缨《格言联璧·持躬》
[47]（清）赵翼《瓯北诗话·陆放翁诗》
[48]《论语·为政》
[49]（隋）王通《文中子·关朗》
[50]《论语·述而》
[51]《韩非子·显学》
[52]《史记·项羽本纪》
[53]《新五代史·伶官传序》
[54]（明）朱伯庐《朱子家训》

第三章

修身

《大学》把修身作为一个人由内圣走向外王的关节点:"自天子以至于庶人,壹是皆以修身为本。"内圣,是在培养浩然正气,养成良好的心性;外王,是把心性修为的结果用于外在的事业。

　　人的成长,要学会为人处世,能够洞晓万物的道理,知道坚持什么、追求什么,哪些应该舍弃、哪些应该放手。修身,是道德人格的形成,也是君子人格的体现。欧阳修言:"不修其身,虽君子而为小人;能修其身,虽小人而为君子。"[1]君子格局大,能担负家国责任;小人格局小,汲汲于个人利益。不能修身,志向再大,最后只能碌碌无为,做些琐屑之事。通过修身,提升境界,拓展格局,则能成长为君子,达到"行己恭,责躬厚,接众和,立心正,进道勇"的境地,[2]端正内心,坚守志向,成为一个让人信赖的人。

第一节　养生

　　修身之首,在于养生。身体好,才有条件谈理想、谈发展。我们常说的"五福临门",出自《尚书·洪范》:

　　　　一曰寿,二曰富,三曰康宁,四曰攸好德,五曰考终命。

汉代桓谭在《新论·辨惑》中,把五福确定为"寿、富、贵、安乐、子孙众多",对生命质量的重视被列在第一位。

　　中国人所期待的"寿",是生命长久,能尽天年。《黄帝内经·天年》讲人如何长其寿,在中医看来,人的寿命应该是120岁。之所以大部分人不到天年就去世,在于后天没有养成良好的生活习惯。富并非一定是家财万贯,是有稳定的经济来源,能保证生活质量。康宁是身体健康,没有疾病;心情怡然自得,没有郁闷。好德是高尚的德行,行为端正。考终命,一生无恙,临终心里没有挂碍,安详自在终其一生。

　　寿,相对于早夭而言;考终命,是说人终其一生,能够安身立命,盖棺论定时能得到高度评价,不枉此生。中国文化中的"五福",以寿为首,以终天命为目标,强调通过修身养性以安身立命,而不是把自己养得白白胖胖,却一事无成。

中国文化重视养生,是以预防疾病为主。传统的养生,有两种养法:一是心养,二是身养。心养,是心态要好,平和安宁。身心和谐,才会乐观、自信,才能宽容,拿得起,放得下。心中了无芜杂,就能体会到从容自在,便少了很多疾病。气不顺则滞,血不顺则淤,心不顺则凝,喜、怒、忧、思、悲、恐过度,会带来各种各样的疾病。养生首先要养心,心的快乐、祥和、安宁、自在,无忧无惧,不悲不喜,是身体健康的前提。

身养,是养肌体,可以体育锻炼,但更要注意身体的柔韧。每天清晨,在公园里都能看到老年人在锻炼,有的老年人用手把自己吊在树上,有的用脚踹树,有的用脊背撞树……要注意运动的方法,年长者骨骼松脆,过于剧烈的运动对身体并不好。经过几十年的损耗,老年人体内的元气、身体的机理都与年轻时不同,不能再拿年轻时的经验来运动。

养身要与养心结合起来。如果锻炼时,心里有很多放不下的东西,左顾右盼,效果会很差。如果心定气闲,慢慢走路、安静散步,便是一种调养。行动坐卧,吃喝拉撒,皆有养生的功效在其中。因此,养生首先要讲究身心合一。

嵇康受道家影响较深,他认为养生最重心养,他说:

旷然无忧,寂然无虑;守之以一,养之以和。[3]

心要旷达、思要开阔,芜杂不牵挂于心,就会无忧无虑。守一,即守住自然,顺其自然,花开花落、世事变迁不能动心,不要经常焦虑、浮躁,以天地和气来养心。

宋代大儒张载，在武侯祠题字，借诸葛亮的人生经历，提出了自己对于养身的看法：

> 言有教，动有法，昼有为，宵有得，息有养，瞬有存。[4]

言有教，与人交往时，言语要有教养，要能令人倾听、引人深思。读书，便是要掌握书中经典的句子，总结富含经验的言语。动有法，言谈举止要合乎规矩、有法度、不妄为。昼有为，宵有得，白天做事要努力以见其功，晚上反思一天德行查漏补缺、有所心得。息有养，瞬有存，能静下来、能守住心神，在每一个瞬间，都注意养气，默存心神而不放逸。

曾国藩言养生之道，在于八个字："惩忿，窒欲，少食，多动。"能够在自怨自艾时、愤懑不已时，善于消解，把诸多不顺心的事想得通。世上之事，哪有那么完美；人生在世，何必斤斤计较。欲望太多不利于养生，要慎欲，能控制欲望。少食多动，保持身体气机畅通。

一、饮食有节

凡言养生，常从饮食讲起。《吕氏春秋·季春纪》讲了吃饭的原则：

> 凡食之道，无饥无饱，是之谓五脏之葆。

正常饮食是满足身体所需，无论是长身体的青少年，还是养身体的中老年，饮食一定要适量，不过饥，不过饱，这才是保养脏腑健康之

道。东晋葛洪的《抱朴子》,探索养生之道,说得更具体:

善养生者,食不过饱,饮不过多,冬不极温,夏不极凉。

食不过饱,进食不要过多,不能太饱胀了,这样凝滞气血,让人昏昏欲睡。饮不过多,少喝酒,酒对人的伤害很大,会伤了神明。冬不极温,夏不极凉,冬天要注意保暖,但不必过热,不利于养阴;夏天炎热,要注意防暑避热,也不必追求过凉,不利于养阳。这四个原则,却讲明了养生的真谛:五脏中和,四时得法。

道家认为冬天寒冷、夏天炎热是自然之道,人要合于自然,春生夏长秋收冬藏,是天地之道,也是人在自然之中的生息之法。冬天靠暖气,夏天用空调,可以调节生活环境,但暖气过热,肺气冬不肃降;空调过冷,肺气夏不宣发,反倒破坏了人的自我调节能力,也降低了人的抵抗能力。

中医经典中,《黄帝内经》讲阴阳五行之道与人体机能运行原理;《伤寒论》讲外感所导致的疾病如何治理;《神农本草经》将药分三品,总结药性药理;《千金要方》《千金翼方》讲汤药方剂的使用。葛洪的《抱朴子》讲道家的养生医学,注重通过自身调养,而预防疾病发生。

养生,是从防病、治未病来保持身体健康。中医视阈中的疾病主要有两种,一是外感,二是内伤。外感是环境变化,风、寒、暑、湿、燥、火侵袭肌体,由外入内,造成表里虚实寒热不调。为什么这种环境下别人不得病,唯独伤了自己,是自己身体抵抗力不如别人。内伤,是情志亏损,喜、怒、忧、思、悲、恐过甚,气机滞阻,《儒林外史》中中举而疯的范进与《三国演义》中被气死的周瑜,都是情志

受损而伤及肉体。《抱朴子》言:

> 知好生,而不知有养生之道;知畏死,而不知有不死之法;知饮食过度之蓄疾病,而不能节肥甘于其口也;知极情纵欲之致枯损,而不知割怀于所欲也。

如何保持健康的道理大家都懂,都忍不住食色之欲,下了决心要减肥,看到美食却忍不住;明明知道纵欲伤身,面对诱惑却宁愿飞蛾扑火。

人性中的"食、色"本能,人人皆要面临考验。遇到好吃的就不由自主地多吃,暴饮暴食。中医认为,食肉多则生痰,要消化掉,需要调动大量气血,耗掉人体内大量水分。暴食之后口渴,便是耗其血;暴饮之后昏沉,便是耗其气。放纵情欲毁灭神明,最易导致身体内损,若不能节制自己,今朝有酒今朝醉,花开堪折直须折,嗜欲太重,便使得身心受损。

养生讲究平和脏腑,颐养精神。人的五脏六腑要平和,人才能该睡就睡,该醒就醒,这就要求饮食温和,酸、苦、甘、辛、咸五味不能太过。人追求感官刺激,喜好厚味,往往用酸、甜、香、辣来满足口腹之欲,加以烟酒,看似幸福滋润,实则不重养生。医学调查,那些被称为"人瑞"的长寿之人,养生经验很简单:饮食清淡,口味平淡,心平气和,寡欲慎动。相反,每到节假日,医院反倒多了病人,大多是因为暴饮暴食,五脏六腑不调理,而生出诸多疾病。人活在世,一要靠饮食维持生命质量,二要靠精神支撑生活勇气,肌体能健,精神才能康。

如何做到饮食有节呢?只能靠自觉。神气淡则血气和,嗜欲胜则疾疹作。养生应该多养神气、重视节欲。精神平淡了,不轻易动心,血气才能平和。有的老年人鹤发童颜,性情开朗,做事不过分。而那些脸色发红、嘴唇发干的人,多比较焦躁、爱发脾气。心情平和、精神平淡,气色才能正常。古代皇帝多短寿,不在于日理万机的劳累,而是衣食无忧,吃得太精致,补益过度,情欲不节,很早就耗尽了体力和气机,最终没有享受荣华富贵,反倒让荣华富贵给扼杀了。

传说活了一百零二岁的孙思邈有一则养生口诀,通俗地总结了养生之法:

> 口中言少,心头事少,肚里食少,有此三少,神仙可到。
> 酒宜节饮,忿宜速惩,欲宜力制,依此三宜,疾病自稀。

做到饮食有节、心态清静、节酒制怒,是为养身。而少说话,少想事,少嗜欲,是为养心。养心与养身相结合,就能身心康宁。

二、运动有度

运动是保持健康、活力的途径,运动要适可而止。适可,一是说要注意运动量,很多职业运动员在运动生涯结束以后,伤病累累,有的运动员很早就因伤病退役,原因在于运动过度。普通人运动的目的是锻炼身体,不能像职业运动员一样要得到什么结果、得到什么奖项,不要把运动看做训练,而是要协调机体。二是说运动的目的是快乐,通过活动来保持身体的健康。要意识到戒之在斗,打篮球、踢足球、打乒乓球,总有好胜之心,总在乎输赢,不是不可以,但出于锻炼身体的目的就不要太在意。

中国人眼中的运动,不是剧烈的锻炼,而是每日的操持。苏轼言:

> 夫天以日运故健,日月以日行故明,水以日流故不竭,人之四肢以日动故无疾。[5]

苏轼一生屡遭贬谪,却活得很洒脱。他被贬到海南岛,面对未经开发瘴气弥漫的蛮荒之地,甚至连盖房子的材料都没有,很多人难以忍受如此恶劣的环境。苏轼在这里不但没有生病,而且活得快乐潇洒,与他的健康心态有关。苏轼好道而不厌世,参禅而不佞佛,奉儒而不固执,出入儒道释,却不为其学理所困。他亲自动手酿酒、煮肉、建房,有空就登山、散步。每天不断劳作,随时调适心态,不为环境、遭遇所困,而能超然自得。

曾国藩立志做一个古今完人,注重养生。他在写家书中讲了很多自己的调养心得:

> 吾人局居斗室,或读书,或办事,终日勤劳,需加调摄。每夕宜散步郊垌,吐郁宣滞,运动以畅周身血气,呼吸以取新鲜空气。居处亦以竹木郁葱,窗棂洞达为宜,既有一种空气,更有一种生气也。[6]

言自己居住于狭小的空间,忙忙碌碌很辛劳,更需要随时调养。每天傍晚,他到郊外散步,把在斗室中的浊气排出来。适度运动,可以血气舒畅一下;多呼吸新鲜空气,便于心肺功能的恢复,更能在自然中去体会宇宙生机。曾国藩强调养生要早起,并以此作为观察一个人能否成事的关键：

> 起早亦养身之法，且系保家之道，从来起早之人，无不寿高者。[7]

他把早起定为养身之法，视为保家之法，甚至坚信早起的人会很长寿。我们在生活中做不到这一点，尤其在周末或者节假日，有时是一觉睡醒，天黑了。夜生活没有节制，阴阳倒置，久而久之，气血两亏。早上阳气上升、阴气下降，晚上则阴气上升、阳气下降，人的作息应该是合着阴阳变化，合于自然规律。

曾国藩总结了自己养生的习惯，希望家人能借鉴：

> 一曰饭后走千步，一曰将睡洗脚，一曰胸无恼怒，一曰静坐有常时，一曰习射有常时，一曰黎明吃白饭一碗不沾点菜。[8]

曾国藩认为锻炼是要没有外在要求地自我调养，他把饭后千步走、睡前洗脚作为日常习惯，把心情平和、静坐收心作为日常修养，把习射作为职务训练，把早上不吃、少吃油腻之物作为饮食风格，意在调和肠胃，清除浊秽。

丁福保与曾国藩同时，也强调要多做户外运动："终日坐卧，不甚运动，不出户外，不见日光，均能致病。"现在生活条件好，我们的户外活动减少了，吸收阳光也不充足，身体抵抗力很容易下降。户外运动，是人与自然的交融，是人的肌体与天地之气的交换呼应，能充分涵养人的身体。

三、调养有法

调养身体，精神和肉体都要照顾到。精神不运则愚，血脉不运则病。精神不运动，人就会慢慢变愚笨。不思考，不用脑力，久而久之，大脑便懒懒散散。调养要兼顾身心，外防风寒，内节嗜欲：

> 慎风寒，节饮食，是从吾身上却病法；寡嗜欲，戒烦恼，是从吾心上却病法。[9]

从医学统计，女性得类风湿病的比男士要多得多，现在很多女孩子衣着时尚，春天刚到就穿得很单薄，深秋、初冬时还舍不得把薄衣服换掉。春秋风凉，寒气内侵，有湿不能化，有风滞其内，对脏腑损害很大，好多病都是在年轻的时候潜伏下，年长时才显露出来。不要认为自己年轻，受冻一下没关系，实为中老年时埋下隐患。男士多在"三高"，饮食上没有节制，情欲不加调节。调养身心，去除身病，要在这些日常生活中留意。人有心病，来自于嗜欲和烦恼。不健康的生活习惯、不正当的个人欲望，还有无关紧要的琐碎小事，应该看得破、放得下，以保持精神愉悦，身心健康。

调养之药有二："治心以'广大'二字为药，治身以'不药'二字为药。"[10]要治身，不是以吃药为法，而要以适当运动来提高免疫力，少吃药，不得病。过多地用药，身体对药品就产生耐药性，慢慢地，药效就不明显了。二十世纪五六十年代时，青霉素是特效药，而现在效果不如以前，在于用药太滥而使其药效不明显。过去简单的药品就能治好感冒，现在要到医院打点滴，说明人体的免疫力下降而抗药性上升。治心之法，在于内心开阔，能够想得开、放得下，没有心病，肌体之病便很容易治好。

这则格言将身心调养结合起来谈：

> 宠辱不惊，肝木自宁；动静以敬，心火自定；饮食有节，脾土不泄；调息寡言，肺金自全；恬淡寡欲，肾水自足。[11]

肝属木、心属火、脾属土、肺属金、肾属水，五脏应五行，五行相生相克，可侮可乘，五脏调和，肌体便能健康。

男性得脂肪肝，一是嗜酒，二是厚味，三是不运动，四是动怒伤肝，五是肾气不固，肾水不能滋养肝木。要想养肝，内要做到宠辱不惊、心态平淡，外要少酒少肉。

我们剧烈运动之后心脏会猛烈跳动，老年人激动也容易诱发心脏病，大开大阖，超量运动，容易引起心脏的疾病，要动静有时有度。

脾土有包纳之气，犹如包裹，过空过满，皆不利于其运行。儿童常常脾胃不好，在于饥饱不节，脾胃不调。养脾之法，就是饮食定时定量。

用呼吸去调息，可以洗瀹五脏。呼吸可以调神，屏住呼吸，便能集中精力；深呼吸，就能心绪平静。道家通过调息让气息贯通全身，炼气化神、炼神还虚。多言伤气，肺主气，少说话也能涵养肺气。

肾主水，主聪明、精力、神气。若肾水消降，便会耳聋眼花，牙齿松动，头发变白。养肾只有恬淡寡欲，节制欲望，精气不散，自然神气清爽。

中国文化讲"仁者寿"，在于仁者无忧。长寿者，一是心存善念，不伤外物，不伤身体，二是善于调养心态：

> 气之温和者寿,质之慈良者寿,量之宽宏者寿,貌之厚重者寿,言之简默者寿。[12]

温和、慈良、宽宏、厚重、简默,都是仁者的表现,也是长寿的要求。相反猛厉、残忍、褊狭、轻薄、浅躁者,皆不能长寿。猛厉难以沉稳,气血也太冲动;残忍,心中没有仁爱;褊狭,为人狭隘,心态不平;轻薄,男子轻薄则好色,女子轻薄则多情,最易伤筋动骨;浅躁,是浅薄浮躁。好性情涵养好气质,使人平和淡定,从容自得,不好的性情令人偏颇躁动,气机不畅,难以调养。

四、心神有守

心神有守,是知道什么重要,什么不重要,学会与自己相处。《庄子·在宥》言养心之法:

> 无视无听,抱神以静,形将自正。必静必清,无劳汝形;无劳汝静,乃可长生。目无所视,耳无所闻,心无所知,汝神将守形,形乃长生。

修道、养生的关键,在于守住心神。我们对天下的大事要清楚明晰,对一些琐碎的人事则要做到无视无听,不挂碍于胸,这样就能进入"抱神以静"的状态。只有内心静下来,保持率真纯洁,身心才不会忙忙碌碌。没有繁杂之事来侵扰内心,不去关注耗费心神的事物,不去想那些算计的小聪明,心静下来,形神都得到保养。

白居易总结自己的养生经验,发挥了庄子"心神有守"的道理。他认为有十个方法能把病调养好,做到"病有十可却":

静坐观空,觉四大原从假合,一也;烦恼现前,以死譬之,二也;常将不如我者,巧自宽解,三也;造物劳我以生,遇病稍闲,反生庆幸,四也;宿孽现逢,不可逃避,欢喜领受,五也;家室和睦,无交谪之言,六也;众生各有病根,常自观察克治,七也;风寒谨防,适欲淡薄,八也;饮食宁节毋多,起居务适毋强,九也;觅高朋亲友,讲开怀出世之谈,十也。

一是静坐观空。坐看云天,就能明白天下万事万物皆空,人的富贵荣华,生不带来、死不带去,何必太刻意追求甚至妄求;友情也不过是前世的因缘、今生的机缘而已,不能太执着。白居易晚年信奉佛教,他常静坐观空,认识到春花秋月只是一个客观的存在,并不能长久拥有保持,心无挂碍,是养生却病的关键。

二是明白世上烦事,与生死相比,都是小事。在生死面前,人还有什么疙瘩解不开?还有什么困惑放不下?

三是现实中不如意之事十有八九,不必企慕艳羡更好的境遇,那只能徒增烦恼。生活在无谓的比较中,或徒生怨恨,或沾沾自喜,久而久之便郁结心绪。人不能总自欺欺人,要为自己留下一片和缓、安静,以宽广仁厚看待万事万物。

四是不幸得病,要以豁达心态面对。上天使人一辈子都在忙忙碌碌,偶尔得病,正是休息停歇、回归自我的好时机。要有这样的豁达之心宽解自己,振作精神。

其后几条具体指出"却病"的要旨,保持家室和睦、谨防风寒、节制饮食、起居有时,从生活细节上着眼,以防止疾病侵袭。特别提到要时常"觅高朋亲友,讲开怀出世之谈",要有好朋友,见面不谈俗事,谈高远之学、出世之想,彼此关照,彼此欣赏,就能不孤单,自然少抑郁。

　　白居易的养生秘笈,也是从养身、养心两个维度进行调养。生活压力巨大,令人身心疲惫,我们很少再像孩童那样打打闹闹,开怀大笑,很多疾病,便是从吊着脸、生着气中慢慢积聚起来的。

　　心神是人之根本,保持心神的鲜活灵动,是养生、养身的不二法门。因此,要留下一片明净的地方给自己,留下一片纯洁的地方给自己,留下一片最柔软的地方给亲人朋友。在激烈的竞争中,人们常常戴着职业面具,内心一定要留一点柔情、留一片宁静,活得自在一些,活得轻松一些,让心神更敏锐,更活泼。

第二节 谨慎

谨慎,是做人做事要能持重。南朝梁的萧纲给自己立了一个标准,叫"立身先须谨慎,文章且须放荡"。[13]萧纲在诗文里面写了很多风花雪月,对于立身做人却很讲究谨慎。很多英雄豪杰、帝王将相的失败,在于自己不谨慎,或说话不谨慎,或做事不谨慎,让他人抓住把柄而身毁名裂。杜渐防萌,慎之在始,立身做事要谨慎。

一、谨敬

一个人在世界上,必然有发自内心崇敬的人。崇敬感能使人谨慎敬畏起来,形成愿意为之坚持一生、奋斗终生的信念。一个人能否成功,在德行上来讲,看其能否谨慎、敬畏。人没有谨敬之心,行事很难让人信任。在职的人,如果没有谨敬之心,对领导、上司交代的事情就不会认真对待,敷衍应付。与朋友交往,没有谨敬之心,会随意而为,再亲密的友情也不能长久。

谨敬,一要保持谨慎的心境。周公去世后,周成王告诫其子君陈要"惟日孜孜,无敢逸豫",[14]忠于职守,兢兢业业,不要放纵,不要松懈,始终保持谦虚谨慎的作风。《老子》言人只有"慎终如始,则无败事"。做人做事始终谨慎,如打仗一样,时刻想到进一步、退一步的利害,才能始终立于不败之地。现实中,很多人做不好事情,不是没有能力,而是心中缺乏责任感,抱着可有可无的态度,不能认真对待,不能善始善终,虽天资聪颖,最终一事无成、一生平庸。

人的失败往往不是从挫折开始的,而多是从某次胜利开始。胜利时,便不能把持定力,很容易放松知足,怠慢忘身,祸灾乃作。怠慢对事业的危害是直接的:先是对知识怠慢,很自然产生某些知识无用、某些知识重要的想法。世上任何东西学了都是有用的,有用与否不过是早晚、深浅的问题,这一点不明白,就会错过多少有益的知识积累。再是待人接物的怠慢,千里之堤,溃于蚁穴,久而久之,养成轻浮随意的习惯,难以承担大事。

谨敬,二要时刻留意细节。方孝孺讲:"祸常发于所忽之中,而乱常起于不足疑之事。"[15]人做事糊涂,容易发生祸乱之处,正是那些日常忽略的细微之事。"圣人敬小慎微,动不失时",[16]有人之所以高明,在于注意细节。孔子言"祭神如神在",在祭祀时,仿佛神就在他面前,恭敬、谨慎、敬畏,时时刻刻充满敬畏之心。

邵雍《瓮牖吟》中说:"心无妄思,足无妄走,人无妄交,物无妄受。"一个能担负历史责任和时代责任的人,一是不要妄想,二是不要去不该去的地方,三是交友要慎,四是不要轻易接受别人的馈赠,这样就能免受无妄之灾。实际是提醒我们要严以律己,无时无刻不保持谨慎。

与人交往要谨慎,细微处保持谨敬,对他人怀有敬重之念,永远不在背后议论。在人前显得特别周到,心里却没有由衷的敬意,转身就调侃、非议,若一次被他人听到,便再也弥补不回来了。同学们在一块讨论,不要轻易谈论老师的是非,也不要轻易讨论他人的优劣,见贤思齐,见不贤自省,不以别人隐私为谈资,不以不在场之人为谈论对象。为人做事,从小事谨慎上做起、从内心敬重做起,人生便从此大不同。

二、慎言

古人认为,人生丧家亡身,言语占了八分。小而言之,侃侃而谈,言语用来表明政治观点;大而言之,祸从口出,言谈涉及家族存亡。孔子认为说话尤其要注意分寸:

> 可与言而不与之言,失人;不可与言而与言,失言。知者不失人,亦不失言。[17]

应该何时说话、说什么话、怎么说,要谨慎思之。该说的话不说,就会失人;不该说的话说了,就是失言。要做到不失人,不失言。人不诚处,多在语言,不要因为引喻失义,也不要妄自菲薄,如何才能做到慎言呢?

一是言不妄发,发必当理。说话要合乎道理,语言是用来阐释大道的,说话在理,自然清通简要,每一句话都合乎世道人心:

> 发乎口,为臧为否;加乎人,为喜为嗔;用乎世,为成为败;传乎书,为贤为愚。[18]

口里表达出来,就代表了臧否,肯定或否定别人的观点,就在言谈之中;话一出口,引起的便是或喜或怒的反应;如果讨论事情,言辞决定着做事的成与败;言辞被记录下来,后人便由此判断其贤明或愚昧。言为心声,如此重要,不能不引起我们的谨慎。

二是不涉秽浊、不处嫌疑。《李氏女诫》讲妇女教养,其中言:

> 藏心为情,出口为语。言语者,荣辱之枢机,亲疏之大节也。亦能离坚合异,结怨兴仇,大则覆国亡家,小则六亲离散。

一个人心思百转,怎么想都可以,但是不能把想法都说出来,在心为思,出口为辞,表达出来后,别人便知道了自己的心思。言语说得好,能够把很远的关系拉近;言语不得体,即便是很好的朋友也会渐渐疏远。言语大可以覆国亡家,小可以让亲戚离散,稍有不慎,便招致别人羞辱或诽谤。因此中国家教对言语表达有很多要求,如不要轻易接别人的话,回答时不发诡诼之言、不出无稽之词,不说调戏之事,不涉秽浊,不处嫌疑,言语干净,要有教养。

三是恶言不出口,苟言不留耳。不说不好的话,伤人的话不出口。人心中受委屈、烦恼郁结,自我宽解,不必骂骂咧咧。人生世上,不顺心之事很多,不能遇事不谐就口出恶言,更不能因此伤及他人。苟且之言,是那些蝇营狗苟的闲言碎语,苟且之言不留于耳,不入于心。

四是为人处世,多与人善言,要意识到"言人之善,泽于膏沐;言人之恶,痛于矛戟",[19]说人好话,听着如沐春风,感觉舒服;妄论他人,如拿刀枪剑戟伤人一般,容易招致怨恨。言人善抑或言人恶,取决于人的道德修养:

> 有道德者,不可多言;有信义者,必不多言;有才谋者,不必多言。多言取厌,虚言取薄,轻言取侮。

有道德的人，不用与他多讲，有很高的德行，自然能分清孰对孰错；有信义的人也不用与之多讲，他们一言九鼎，多讲就是重复；有才谋的人不必与之多言，他们有才学、有谋略，一点即透。

在现实生活中，话说多了只能增加别人的讨厌。如果只说虚无缥缈的话，就会让人觉得轻薄，有时候会自取其辱。与人言语，不能得到对方重视，常不在言语，而在言者的道德品行或者身份地位。特别是私密之言，尤其要慎重：

> 人当密厚时，不可尽以私密事语之，恐一旦失欢，则前言得凭为口实；至失欢之际，亦不可尽以切实之语加之，恐恋平复好，则前言可愧。[20]

两人关系特别密切时，也不能尽言自己私密的事情，因为一旦失欢，私密之事就会成为对方诋毁的证据。亲密者关系破裂，有修养者也一定不要口无遮拦地恶语相加，去揭露其过去种种事情过错，乃至贬低其德行人品，若两人日后和好，必会为这些过激言语而感到惭愧。而且，人在喜怒时，更要节制言语，喜时之言多失信，怒时之言多失礼。不经过仔细思虑就不轻许人言，否则日后难以办到，就是失信于人；发怒时行为言语容易毫无顾忌，容易在他人面前、在尊长面前失礼。

总之，慎言是要求言语得体，该说的就说，不该说的不说；言语清通简要，徐缓有致。

三、慎行

慎行，是做事踏踏实实，不要存侥幸心理，也不无所顾忌。之

第三章 修身　139

所以要慎行，一方面人的行为难以做到不被任何人知；另一方面，行为是品德的体现，人们是通过做事来观察一个人的道德品质。

曾国藩是识人的高手，他认为人之所以做事不谨慎，在于心态不对：

> 盗虚名者有不测之祸，负隐慝者有不测之祸，怀忮心者有不测之祸。[21]

爱好虚名者、做隐匿灰暗之事者、心中不诚敬者，最后行败而身灭，招致不测之祸。人若浮躁，很多人只为出名，做人做事没有底线，骂别人或被别人骂都行，只要是能炒作出名声的事情都愿意去做。这种名声就是"虚名"，慎行的前提是慎肃其心，不要存妄念，没有侥幸、阴暗、虚伪的想法，就不会胡作为非，体现在行为上，才能中规中矩，端正平和。

一是要知道"慎于言者不哗，慎于行者不伐"。[22]慎言者，语言朴实无华，不哗众取宠而取虚名；慎行者，不轻易地自夸自大，做任何事情都能老成持重，不近祸患。自古以来，慎重则必成，轻发则多败，做事要谨慎、稳重，则无往而不成；轻率鲁莽，则无往而不败。用《道德经》的话讲，战胜了，却要有丧礼一样的谨慎，这样才不会骄纵，才不会因自己的疏忽而被对手卷土重来。多一些谨慎，不仅可以避免祸患，还可以坚守志向。志向越大，其要遭受的煎熬就越多，所要付出的努力就越多，只有认真踏实前行，步履艰难却前头光明。很多家教著述总在谆谆告诫子孙谨言慎行。方孝孺说："人之持身立事，常成于慎，而败于纵。"[23]谨慎才能保身保家，骄纵放逸就难免失败。不行险则无祸患，不作伪则无破败。

二是能够"修其身而后交,善其谋而后动"。[24]交友要慎,物以类聚,人以群分,什么样的人结交什么样的朋友,要想结交道德高明之士,就要先修行道德品行。同样,要想做成大事情,要想做好事情,要预先善为思谋。步骤次序安排妥当,微细关键之处计划清楚,才是做事的"善谋"。曾国藩告诉家人:

古人曰钦、曰敬、曰谦、曰谨、曰虔恭、曰祗惧,皆慎字之义。慎者,有所畏惮之谓。居心不循天理,则畏天怒;作事不顺人情,则畏人言。少贱则畏父师,畏官任。老年则畏后生之窃议。高位则畏僚底之指南。凡人方寸有所畏惮,则过必不大,鬼神必从而原之。子曰:"乱之所生也,则言语以为阶。君不密则失臣,臣不密则失身,几事不密则害成。是以君子慎密而不出也。"[25]

在曾国藩眼中,慎有如此多的意蕴。钦、敬,是高度重视,极其敬爱;谦是谦虚,谨为谨慎;总而言之是强调心中多存几个"慎"字,内心充满敬畏忌惮,做事合乎天理常理善心,这样才能心安。古人言做事有"五知":天知、地知、神知、他知、我知,唯求要合于天地良心。

做事若不顾人情,容易招致非议。自己地位低、资历低时,要想着敬畏父母和老师的言传身教。年轻气盛,总以为父母、老师等长辈的言语教导是多余的,年龄渐长、经历渐富之后,才能体会到父母和老师都是很睿智的人,他们经历的人情世故,要远比自己丰富,有些经验教训,也是伤痕累累之后的醒悟和总结,对他们的教诲要敬畏,更要努力践行。

第三章 修身

曾国藩所言的"畏官任",可以理解为那些管理自己的人,也可以理解为长辈、老师、领导。事业刚刚起步,要善于从师长那里学习、了解,掌握处事的规范和做事的方法。人到老年,则要想一想自己是否能够与时代合拍,会不会遭到年轻人的非议。年轻人在不停地成长,就像早晨的太阳,希望终究在年轻人那里。年轻人要善于从年长者那里学习东西,年长者则要多为年轻人的成长创造条件,明白新旧更替的道理。在高位者,要善于听取于下属意见,多体察下情,才能使行为措施得当,才能得到支持而成事。曾国藩的谆谆教诲,强调不管处于何时何地,在心中一定要有忌惮,何事可做?何事不可做?都要有底线意识。只有如此,才能避免大的过失。

第三节　省思

　　人的一生都在不断成长,幼年有幼年需要成长的地方,成年有成年需要成长的地方。成长不光是身体、知识的成长,更重要的是修养、德行、格局、境界的成长。人的职务会随着修养提升而不断提高,事业会随着境界扩展而不断扩大,人的格局、心胸不断拓展,人生都会因之而不断进步。如果一个人总是觉得别人在犯错误,总觉得别人不如自己,其成长将是很困难的,因为他不能反思自己的缺点与不足。因此,省思的程度,决定了一个人发展的尺度与空间。

一、知耻

　　儒家言省思,从"知耻"开始。孟子说:"人不可以无耻。"[26]人要有耻辱之心,对于不知道的东西,对于自己不足的地方,应该有羞耻感。人能知耻,才能反省自己,不耻下问,求得知识、能力和修养的完备。

　　君子、小人的差别,在省思上也是分出上下的。孔子就说:

　　　　君子求诸己,小人求诸人。[27]

君子遇到麻烦，首先想这件事情能不能去做，该不该做。如果能够胜任，一定要力行之；当事情做完而没有做好，则反思自己的过失在于何处，作为以后的教训。小人却正好相反，平时不修身、不努力，遇事总是在乞求他人的帮助，一旦做不成功，便怨天尤人。小人在生活中总是盯防着别人，自己不能做的事，也不能让他人做；自己不能得到的东西，也不能让他人得到。君子力行而省思，小人畏难而抱怨，这是二者的区别。

社会在向前进步，我们无论做什么事，都存在力有不逮的情况。这就要坚持反省改进。真正想做成事业的，一定能在众人放弃修为的时候，自己坚持修为；在众人逃避责任的时候，自己勇于承担。在众人自我感觉良好时，深深体察自己心性的不足和行为的不当，励志读书，修养身心。

人的成长，一是心性的成长，二是心态的成熟。心态成长是心性成熟的基础，就像无数花开花落才是春天的样子，无时无刻感性的心态成长便能凝结为心性的成长。因此，一个人的成熟，是能够管理好自己的心态，健全自己的心性，正确面对生活中不期而遇的困难、艰难和灾难，冷静而客观地面对突如其来的问题，理性而认真地解决无穷无尽的麻烦。

人的成长，并不是年龄增大，也不是年级升高，更不是自己学历增加了多少，职务提升了多高，而是要承担越来越多的社会责任，承担越来越多的人生义务。《大学》中讲一个人如何从小我走向大我，有三句有名的话："大学之道，在明明德，在亲民，在止于至善。"是说一个人要成长起来，就要形成表里如一的品德，赢得他人的信任；要不断改变自己，形成良好的心性修为，才能不断获得进步；按照社会群体的要求，遵循价值共识，以之来约束自己的行为，获得各方面最大程度的认同。

通过省思,我们才能够不断成长,随着年龄的增加、职务的提升和权力的增大,仍能在心性修为、做事方式和价值认同方面不断完善。一生都不要关上成长的大门,孔子说自己:"十有五而志于学,三十而立,四十而不惑,五十而知天命,六十而耳顺,七十而从心所欲,不逾矩。"不同阶段有不同阶段的心性成长,不同年龄有不同年龄的自我发展,只有保证不知足、不自足的成长心态,才能不断提升境界、拓展格局,与时俱进,不为时代所淘汰。应按照成长的要求去涵养心性,调整心态,试着让自己在焦虑中平静,在无助中成长,在无聊中充实,在灾难中成熟,每一天有每一天的成长,每一刻有每一刻的收获。

知耻而后勇,省思以完善,一是要善于听取他人的意见,忠言逆耳利于行,朋友指出错误,一定要认真对待。人心性上的漏洞,每补上一个,就完美一分、强大一分。当我们的过失都能弥补、漏洞都能补上以后,就可以独当一面了。二是要靠自我省思,内省无咎,反省以后,自己内心就没有愧疚,无往而不利。若有不足,痛改前非,成长为一个可以信赖的人。

二、改过

要清醒地认知自我,一是反省,吃了亏,摔了跤,就知道疼痛,就会回头想想怎么回事。二是比较,要与良师益友相处,发现自身的不足,《尚书·伊训》里讲:

> 与人不求备,检身若不及。

不要对他人求全责备,而应该不停反思自己、检束自己。看到他人的缺点与不足,就要反过来检查自己的缺点与不足,约束自己,才是修身的正途。

"人谁无过,过而能改,善莫大焉",[28]这是大家都熟知的话,其承认人都可能犯错误,改正错误便是追求完善。不要怕自己犯错误,而要想办法改正错误。任何事情都不做,便不会犯错误。人的博大与坚强,常是经历了失误、失败之后仍能坚强,仍能承担。

古人云:"止谤莫如自修。"[29]我们难免被他人误解,甚而还会遭受他人的诽谤。与其辩解,与其文饰,不如反求诸己,努力修养自己,不是化解某人的误解、诽谤,而是由此减少失误,消弭未来可能招致的误解。现实生活中,要找出别人的错误和不足是很容易的,而发现自己的不足就太难了。能发现不足而勇于改正的人,更是难能可贵。遇上那些做得好的人一定不要妒忌,要想如何才能做得如他一般,埋下头踏实地继续去做;遇上不如自己的人一定不要嘲笑,要想自己有没有类似的糊涂、类似的昏庸、类似的可笑之处,要好好地反省自我。《延寿药言》言:

> 责人时须想着:人非圣贤,孰能无过?律己时须想着:细行不矜,终累大德。

责怪别人时,要想人非圣人,谁能没有过失呢?约束自己时,要重视小节,不拘小节,终累大德。袁采在《袁氏世范》中说得更具体:

> 人之处事,能常悔往事之非,常悔前言之失,常悔往年之未有知识。其贤德之进,所谓长日加益,而人不自知。

为人做事要时常反思，反思自身的种种不足，才能幡然醒悟继而德行日进。静坐思之，能悔恨往事之非，对以往所做错误之事要细察，自我检点，吸取教训；要常悔前言之失，要反省到言为心声，内心谨敬才能言语无失；也要常悔知识不足，对一事一物不能透彻理解，就要发奋攻读，处处留心，扩充知识与见识。

如果能如此坚持，一年为期，再回首来看，就能感觉到自己的进步。士别三日，当刮目相看，坚持一年，进步会非常大。坚持十年，进步就足够我们一生之用。做事用十分功，反思总结要占五六分。若不能停下来反思每一阶段的成败得失，漫无目的，就会陷入人生的循环之中，走不出成见设置的磨道。人的德行在省思中提高，对自己的不足，或补救、或完善，知识、能力与修养便会不断进步。《训俗遗规》讲了这样做的意义：

　　待己者，当从无过中求有过，非独进德，亦且免患。待人者，当从有过中求无过，非但存厚，亦且解怨。

对待自己，应当从没有过失中寻找过失，不但修养自己的德行和才学，还能够免除祸患，因为这是未雨绸缪的先见；对待他人的过失，要尽量予以谅解，寻找为其开脱解释的理由，他也许是误解、是偶尔失误，又何必抓住不放呢？这样宽厚待人，能够除掉很多怨恨。有的人或对我们不满，背后加了很多是非毁谤，若能一笑置之，则不至于陷于他人设置的心牢，而能始终保持谨慎而自如。

三、检点

张居正是万历时期的首辅，他能从一介布衣做到人臣之极，不

仅在于学问,更在于修养。他说读书思考做学问,落实到修养上,便是行不愧影:

> 学问做到形不愧影工夫,此圣门教人慎独之功。

我们现今讲学问,大多只讲学知识,不讲做人。经师易遭,良师难逢,读书学习的目的是提高人的修养、境界、格局,而不是死记硬背些无用的知识。教人背记之学的老师太多,教人做人的老师却太少,就在于不少老师本身就做不到知行合一。中国经典谈哲学、谈思想,处处落脚于如何修身、做人、处事。张居正认为做学问要做到形不愧影的高度,形是此生、此身;影是名誉、德业,就是做人做事上不愧大德、下不愧良心。

如何检点呢?古人说:

> 喜来时一检点。怒来时一检点。怠惰时一检点。放肆时一检点。[30]

胜利会冲昏头脑,愤怒时不顾一切,懒惰时百事俱废,放肆时毫无约束。要修养自我,一定要常存检点之心,注意收敛,留有余地。检点,不是激切的痛恨或自责,而是时时刻刻的约束与收敛。常言道:

> 不自重者取辱;不自畏者招祸;不自满者受益;不自是者博闻。[31]

不自重者行事就易于轻浮，不检点则招致他人侮辱；不自畏者，难有敬畏之心，不能约束自己的欲望，终会招致祸患；不自满就能对己严格要求而行事谨慎。不自以为是的人，能抛弃掉表面虚荣，放低姿态而留心学习，便能达到事事通晓，形成博大见识。若能时时检点自己是否不自重、不自畏，就能让自己时时不自满、不自是。没有理由不努力，便没有理由不进步。

第四节　浑厚

若要能有担当、成事业,第一等资质是深沉厚重,第二等资质是磊落雄豪,第三等资质是聪明才辩。现实生活中常讲聪明,真正的聪明,是让别人看不出的,不是表现在小处的。孔子讲的"巧言令色",是形容人见人说人话,见鬼说鬼话,过于玲珑剔透。深沉浑厚,是要以正直为本,以忠实为主,以廉洁为先,以诚实为要。论学要精详,论事要剖切,论人要带三分浑厚。精读经典,对其中的道理精思,有非常详尽透彻的理解。剖切,是鞭辟入里,能够分析得透彻,看到本质,言之有理、言之有据、言之有节。人要浑厚一些,有些事情该糊涂就糊涂,人间是非道不完,还要识大体,顾大局。

一、厚重

苏轼在说不完的风流故事里,常是主角。唯独与佛印的交往中,常常败下阵来。据说他曾做诗偈一首,叫书童乘船送给佛印。偈云:"稽首天中天,毫光照大千,八风吹不动,端坐紫金莲。"其中的"八风吹不动",是指尘世间煽惑人心的八件事:利、衰、毁、誉、称、讥、苦、乐,苏轼认为这八件事不会扰乱自己的心境。佛印看后,在诗上书一个"屁"字,让书童带给苏轼。苏轼一看咬牙切齿,就立刻乘舟到金山寺来找佛印算账。佛印说:"八风吹不动,一屁过江来。"他说一个字就使他如此,怎么还是"八风吹不动"呢?

"八风吹不动"是要达到什么样的境界呢?是厚重。《小窗幽记·集醒》这样概括厚重:

藏巧于拙,用晦而明,寓清于浊,以屈为伸。

藏巧于拙,人要心里面很清楚,外在却拙,看似沉闷默然的,其实内心极为通明的,是为内秀。用晦于明,人生在世难得糊涂,即使看得极明白清楚,也不必清楚计较。寓清于浊,是能和光同尘。莲花的纯洁在于出淤泥而不染,而非养在清水之中目无下尘。世人攘攘,浊气逼人,与之相处泰然并保持节操,才是真高洁。"水至清则无鱼,人至察则无徒",[32]若太明白、太精明,甚至让人觉得可怕,哪还能有好朋友、好伙伴呢?要做大事,必然要容众,要能够与三教九流的人交往,且保持原则,不被污染,这才是真正的清高。

以屈为伸,要学会退却,要学会忍让。人要做事,总有起伏坎坷,总有无奈无助时,有时候要蛰伏,有时候要奋起,蛰伏很久又能再起的人,才是真正的英雄。楚汉争霸中的刘邦,便以屈为伸。刘邦、项羽约定谁先打到关中,迫使秦皇退位,谁就为关中之主。刘邦先入关中,项羽不服,进攻关中。刘邦自知不敌,退出咸阳驻军霸上。项羽安排鸿门宴,刘邦恭恭顺顺,俯首听命。刘邦让出咸阳是一屈,鸿门宴示弱又是一屈,正是如此,才为成就大业保留了资本。项羽一味张扬,只是一时霸主而已,最终自刎乌江。

弓只有拉弯,箭才能射出去;器皿只有清空,才有装水之用。一个人要不自满,就要把心中那些小算盘、小精明去掉,把心胸扩大。当所有的鸡飞狗跳都不侵扰于心时,胸怀就博大了,能担负,能承压,就不会轻易被伤害。

《小窗幽记》还说了厚重的做法:

> 好丑心太明,则物不契;贤愚心太明,则人不亲。须是内精明,而外浑厚,使好丑两得其平,贤愚共受其益,才是生成的德量。

人修养到浑厚的境界,便少了分别心。若对事物的喜好太分明,往往会厚此薄彼,心就不能容纳万物了。例如我们常有的一个通病,是以貌取人,通过人的面貌或衣着来判定人的高下,这难免因人废事。好丑心太分明,认识事物时,便不能客观判断,许多本该成就之事却败在徒观其表上。若以关系亲疏把人分为三六九等,那些关系不密切的人就难免被排除在外,形成小圈子。心怀天下而能成大事,要以天下人为朋友,才能处处逢源,不能因感情亲疏,遮蔽了客观认识。

老师若无贤愚心,就不会对学生心存偏见。不因为学生的家庭条件、外表,或者以前的过失,把学生分成三六九等。教育的核心价值是公平,尘俗之中,趋慕富贵权势的人多,但教师要能不同流俗。人的内精明,外浑厚,是说做人要内和平而外圆通,使好丑两得其平,贤愚共受其益。

枝叶繁茂,根柢深固。要立得住、成得事,便要品行厚重。现实中,人的才气占五分,人的心性占五分。若心性暗昧,人品缺失,格局不够,单凭五分才气,不足以成事。孔子说的"君子不器",是说君子不要只顾念眼前实用的、具体的、形而下的琐事,而要心存高远之志,厚重之德,若能做一些看似于己无用而有益于天下之事,便多了几分气象。观人、察人、用人,也不能锱铢必较,要观其长远,视其格局,明其大体,方知其得失,晓其长短。

为人如此,做学问也是如此,都要求厚重。被董其昌誉为"书家禅种"的祝世禄,曾讲了自己书法卓然自立的心得:

> 学者不论造诣,先定品格。须有凤凰翔于千仞气象,方可商求此一大事。[33]

做学问、学字画,先不看其高低如何、造诣深否,而要看其品格如何。品格厚重沉稳者,学问自然踏实。万事万物,各行各业,凡事皆先看品行气度。有凤凰高翔千仞的胸襟度量,学问才能做得朗廓畅达。文章千古事,得失寸心知。好的学问、好的艺术流传后世,关键还是在品格上。中国人以才、德划分人的高下:有才有德是上品,有德无才是中品,有才无德是次品,无德无才则是废品。身边常常不缺有才气而无道德根柢的人,常缺正直、诚实、干练之人。

要修养厚重品行,做人做事就要认真踏实:宁失之迂,勿失之捷;宁失之拙,勿失之巧;宁失之厚,勿失之薄。遇事毋宁笨一点、拙朴一点,也不要贪图用巧思、走歪路。能容、能忍、能涵养、能谅解,便是厚重的第一步。

二、迁善

迁善,来自于《周易·益卦》中的"见善则迁,有过则改"。《周易》六十四卦,每卦讲一种德行、一种处世法则,提醒我们如何改恶从善、趋吉避凶。迁善既指自己不断完善,又指看到别人做善事,要起而行之,做到从善如流。

一是遇到善行,要能够追随他人去做。比如今天看见人家做义工,要反思自己难道不能去做吗?有时候若做一天义工,心情就会特别舒畅:成人之美是为乐,应人之需是为善。利用业余时间,帮助需要的人。每年要有一天不为自己去工作,去做一些与自己无关的事,做一天看似无用的事,调养心性,舒畅情志,舍弃私心,关心别人,能体会给予的快乐。

有空时,把不用的书整理一下,或减少一次应酬,把节省下来的钱送给福利院的孩子们,虽然这几百块钱自己没有花,却能够雪中送炭,给了最需要的人,既是对自己的报答,也是对社会的回馈。福利院的孩子,一生下来便被抛弃,虽然受到了社会的关怀,却没能体会到父爱母爱。面对他们,我们不会感到是在施舍,而是心灵被善良洗礼:我们能够健康平安,没有天生疾患,已经很幸运,还要那么多欲望干什么呢?看到那些孩子,不仅增加了平和之心,而且增进几分知足、几分感恩,觉得更有责任去关爱那些无助者。

二是海纳百川地接纳善言善行。做好事如登山,需要一步一步去做,不容易,特别沉重;做坏事却像山崩地裂,一下子就可以做了。柳宗元称赞其弟宗直有一个优秀的品质:"闻人善,立以为己师",[34]听到别人的善言,看到别人的善行,就立刻把人家当成老师,去求教,去效法。人性本善。男女老少,看到小孩,都喜欢逗一逗,抱一抱。为什么?因为孩童天真无邪,充满童真。我们都愿意与天真的人交往,在于天真充满善意。纯真的人心底纯静而不浮躁,内心安逸而不急切,容易得到别人的帮助,也最容易交到好朋友。

《淮南子·泰族训》言利用向善之心实现长治久安：

> 民交让争处卑，委利争受寡，力事争就劳，日化上迁善而不知其所以然，此治之上也。

老百姓不停地争夺或者争利，最后一起羸弱；夫妻整天吵架，家庭好不到哪去，也发展不起来。家族内部争斗不止，最后必然破败；单位内部整天内耗，最后也会毁掉。交让而争处卑，委利而受寡，好的管理者，会引导手下相互谦让；好的家长，会鼓励孩子相互共享协助。与其争夺碗中仅有的蝇头小利，莫不如团结起来向外拓展。

庄子说如果要争，蝇头小利都值得大战一场。他举例说有两个国家在打仗，一个国家在蜗牛左面触角，另一个国家在蜗牛右面触角，为了蜗牛中间那一点地打得是人仰马翻，血流成河。鲁迅看到中国人的劣根性，在于整天争来争去，像苍蝇发现一点血便凑上去，乱哄哄。其实，在日常生活中，很多时候争心之起，本不在于一点利，常出于一时之不忍，咽不下那口气，宁肯自己得不到，也不愿让别人得。说到底，还是修养不够。损人利己本不应该，损人不利己更是错上加错。遇到利益而不争，遇到责任和义务而行之，不推诿、不塞责、不敷衍，便能人心允平，从善如流。

迁善，是内心的自我满足，是德行的内化。善行不是表现出来让人看的，而是自己的坚守和行为的自觉。百姓常说："善有善报，恶有恶报，不是不报，时候不到。"佛家也言："但行好事，莫问前程，清者自清，浊者自浊。"或有人做好事，是为了让人宣传，这不是行善，而是求名。朱柏庐说："善欲人见，不是真善；恶恐人知，便是大

第三章 修身

恶。"[35] 做件善事担心大家不知道,这不是真正的善;做了件坏事怕别人知道,是真正的大恶。君子有了过失,就像天上的日食、月食一样,大家都看得清清楚楚,其改过自新之后,人人还会仰视之。

迁善,是改过的过程,不断自省改过,才能迁善。孔子称赞颜回"不迁怒,不贰过",[36] 始终能够平和淡泊,有着止于至善的坚持。《三国演义》中的诸葛亮,从来不犯第二次错误,过而能改,也是他赢得尊重的原因。

三、睿智

浑厚是外厚重而内精明。精明是睿智、干练,具体该怎么做呢?

一是人情练达。有修养的人、有责任担当的人,每走一步路,每做一件事,都应当成为后世的法则。《中庸》言:

> 君子动而世为天下道,行而世为天下法,言而世为天下则。

有了君子修为,做人做事,便能为天下表率,赢得大家尊重。年轻时,要读万卷书,储备知识;行万里路,增加见识。看过中国最贫穷的地方,我们才能产生更多的使命感;到过世界最繁华的地方,我们才会知道如何发展。我们不能一味追求繁华,有时候繁华不属于自己;也不要一味地厌弃贫寒,贫寒恰恰需要我们付诸责任。社会有问题,才给我们无穷的机遇,我们要从贫寒走向繁华,再从繁华回归平淡,如此涵养心志,洞察世事,便能见惑不迷,见利不争,见奇不怪。

人情练达，是要知道他人所思所想、所怨所恨，能设身处地，知道如何说，如何做，并且看问题能看穿、看透、看破。我们可从认识的三个阶段讲起：

第一个阶段，看山是山，看水是水。看到什么就是什么，读书就是字面意思，看人也是听其言，信其行，关注的是表象。

第二个阶段，看山不是山，看水不是水。能够看到表象之后的真相，开始对社会、对人生产生各种各样的困惑，原来不是这样讲的啊，跟我们想的不一样啊。似乎很多地方自己并不了解，读书时一直用一个视角来看世界，对社会的理解不外乎来自三个方面：书本、父母、电视剧。工作了后才发现，书本多是理想状态的描述，父母也存有偏见，电视剧全是偶然的幸运，现实不是想象的样子。

第三个阶段，看山还是山，看水还是水。改变不了社会，只能改变自己。或是让自己更加睿智更加干练，更加适应社会；或者让自己与世浮沉，改变初衷，最终放弃志向追求。其实，社会现实既不像书上描述的那么好，也不像我们感觉的那么差，其按照合力在运行，无论任何人都不能改变其发展轨迹。山高水长，万世不变。我们既要看到其表象，也要看到其真相；既要能坚守个人情志，也能与世事融通。明白安详为处事之法，做事时不着急，慢慢来。涵容为待人之法，多包容别人，不羡慕、不嫉恨。恬淡为养心之法，能自处超然，处人蔼然，无事澄然，有事斩然，得意淡然，失意泰然。

二是事能洞明。世上万事非常复杂，不可能事事洞晓，只能一点一点学习。知之为知之，不知为不知。有不知则有知，无不知则无知。先有自知之明，知道何去何从。做事时把问题精确下来，往深处思考，就能想得更透彻。"积学以储宝，酌理以富才，研阅以穷照"，[37] 多读书，多思考，多学习，多实践。读书与文章是服务于社会的,看得清历史、看得清世事,这样的学问才是有源之水、有根之木。

世事洞明要赖于学习。在中华文化里,一个人从未知到已知,是为"学";从已知到成行,是为"习"。《论语》开篇言:"学而时习之,不亦说乎?"学,是把不知道的知识理解了、掌握了;习,是学会的东西用于个人成长,用于外部事功。"学而时习之"本身就蕴涵着知行合一的要求。

颜元曾说,学习之事绝对不是嘴上说说、口里念念,最重要的是入心入行,否则的话,所学的只是知识,而不是应用自如的本领。王阳明也主张用所作所为来衡量、检验所思所学:"知者行之始,行者知之成。真知即所以为行,不行不足谓之知。"如果掌握了一大堆知识,不能落实到个人的修为上,落实到待人接物上,落实到日常的工作中,那只是录音机、打印机,而不是真正意义的学习。

从这个角度来讲,我们要养成学习的心态,无论何时何地,都要对未知的事物多几分关注、几分好奇、几分努力,把事情想清楚想明白。在面对疫情时,我们要多去学习生理的、病理的、药物的一些知识,在社会实践中增加自己面对自然灾害的本领,对自己进行一次生物的、生理的、药物的科普,让自己能够更为深刻地理解疾病、理解瘟疫、理解生命,甚至理解面对突如其来的灾害时的社会管理、国家治理的机制。并由此观察社会舆论、大众心态、群体认知的形态,把已知的知识综合起来,把未知的领域探索一下,抱着学习心态,我们就能够在一次次困境中不断成长,把每一堑都作为自己成长的阶梯。

三是内能守中,外可担当。任何事业都要由人来做,任何成功都是人做出来的。年轻时要多为做事做好储备,养成能成就事业的品格。大事难事看担当,逆境顺境看襟度。临喜临怒看涵养,群行群止看识见。平时一团和气,庸人、常人看不出来,甚至木秀于林,风必摧之。一个家庭,一个单位或是一个社会总会有艰难、困顿的时候,这最是人才脱颖而出的时候。敢于躬身入局,力挽狂澜,需要的不仅是勇气,还有道义担当。襟怀,只有在逆境顺境中才能看出来,有的人喜欢打顺风球,只能在顺境中做事,在逆境中要么一蹶不振,要么一事无成,那是缺少开阔的襟怀,患得患失,愈来愈下。涵养的高下,在于喜怒转换之时,浅薄无聊之人,得意忘形,失意手足无措,不要因喜得祸,不要因怒生事。人的见识高下,不是关起门来自吹自擂,真正有见识的人,是意见领袖,是公众言论的代表,只有公诸于众,所有人都觉得是高瞻远瞩,才是真有见识。

　　守中,是通过自修,做到言有简徐,心能光明,量能阔大,事能妥当。不仅担当起自己家庭的重任,也能担当起这个时代的重任,立志做第一等人,干第一等事,说第一等话,抱第一等识。内要做到心不妄念,身不妄动,口不妄言,外要做到行己有方,做事有成。轻财足以聚人,要想团结别人,就不要把财看得太重;律己足以服人,只有严格要求自己,才能做到令行禁止;量宽足以得人,要想别人跟他一块成就事业,就要有度量;身先足以率人,要想率领别人一块做事,就要身先士卒。把心性修养的结果付诸实践,克服心性的弊端,改掉贪利、放纵、狭隘、畏缩的毛病,便能走向无私、严谨、博大、果敢的境地。

四、诚信

　　要诚信,首先要真诚。有时候人们会觉得世间道德败坏的事情很多。网上报道老太太摔倒了,别人扶她就被讹上了。看到这里,难免会觉得人心坏了。实际上,这样的事情很少,之所以成新闻,在于这类事太少见。生活中,帮助别人、援之以手的现象随处可见,要相信这个社会是往好的方向发展的。"德不孤,必有邻",[38]社会上还是有良知、有善念的人更多。

作为教育者,我们相信每一个人都是善良的,每一个人都有培养成材的可能,每一个人都能改过而完美。警察眼中的每个人可能都是嫌疑犯,教师要相信每个人都能学好。有教无类,不存偏见,只要有向上之心,我们就培养他、指点他、帮助他。

诚信是立身之本。孔子说:"人而无信,不知其可也。"[39]我们来到世界上,要工作,要发展,靠的是个人信誉、社会口碑。一个人的钱丢了,可以再捡回来;身体有病,可以治好。唯有信誉被毁掉了,就很难去弥补。如果朋友、老师、亲人都不信任自己,还能做什么事情?与别人的承诺,从来不挂在心上;与别人的约定,不严格遵守。久而久之,就难以在社会上立足。

信,包括两个含义:一是对别人有信誉,二是对自己要诚实。内不以自诬,外不以自欺。有时候欺骗自己、宽恕自己,需要些自我解嘲来缓解压力,但一定不能把这当成逃避责任的借口。一个人靠投机取巧,可以获利一时,不如靠修心明德,可以成就一生。

中国文化将"诚",作为成就大事业的关键,《中庸》言:

> 唯天下至诚,为能经纶天下之大经,立天下之大本,知天地之化育。

只有至诚,才能够把握社会运行的大道,才能够明白天下秩序的运行,才能够知道天地万物生生不息的原因。至诚,是用诚心去体察,用诚心去为学,用诚心去修身,用诚心去做事。

《中庸》言心性修炼,将诚明与明诚作为修身的法门。诚明是内心修养转化为世事洞明的过程。一个人只有诚心诚意,才能明白世间许多事情,才能够真诚对待外部世界,明白自己内心,明白世间万事万物的运行秩序。明诚,是说明白了世间万事万物秩序,能够让自己更加坦诚、诚实,无怨无悔。君子无诚,万物不生;小人无诚,一事无成。管理者如果没有诚实、诚信,就难以服众;普通人没有诚恳,连个朋友都没有。如果能诚心对待自己、对待朋友、对待家人、对待顾客,便能得到他们的支持与理解。

曾国藩讲从不妄语。妄语有两种:一是吹牛,二是有些事情随意去讲。他认为:"天地之所以不息,国之所以立,贤人之德业所以可大可久,皆诚为之也。"[40]国家之所以有信用,社会之所以有秩序,在于政府的诚信,在于社会的公义。一个人之所以能从小到大做成事业,靠的也是日积月累的诚实守信。

正是因为"诚",曾国藩从一个农民之子变成了改变一个时代的人。起兵之初,曾国藩没有兵源、没有经费、没有装备、没有经验,一仗下来,全军覆没。很多人是明知跟着他肯定惨败,可能送死,但在屡战屡败的困境中,还有那么多人追随着他,在危难时陪着他。靠的是什么?靠的是曾国藩的待人以诚。

曾国藩认为他做成事业最大的法宝便是"诚"。他说:

> 勤字可以医惰,慎字可以医骄,此二字之先,须有一诚字以立之本。立意要将此事知得透,办得穿,精诚所至,金石亦开,鬼神亦避,此在己之诚也。[41]

第三章 修身

勤奋治疗懒惰，谨慎治疗骄纵，二者要以"诚"作为基础。没有"诚"，勤、慎便少了依托。正是靠"精诚所至，金石为开"的信念，他吸引了无数人才为之效力，挽救晚清于水火。

诚，落实到生活中，就是要珍惜自己的事业，善待自己的工作。甲午海战之前，日本人派使节来中国参观北洋水师。他们看到了清朝水兵洗完衣服，搭在军舰的炮杆上晾，便意识到北洋水师徒有先进装备，却没有战斗力，他们对自己的军舰都不爱惜，怎么会严格训练呢？

军队训练，有时过于严苛，但正是要培养做事一丝不苟的精神，把床单铺得整齐，被子叠得跟切出来的豆腐块一样，天天这样做，是在养成良好的习惯，对待任何事要一丝不苟，谨慎、认真，从而培养发自内心的谨慎、严肃，养成赤诚之心、忠诚之念，提高执行力和战斗力。

只有重视一件事情，才能谨慎对待。参加面试时，衣冠楚楚，举止得体；考上之后，衣着随意，敷衍塞责。可见我们都有诚明之时，也会明诚，但常常是因为满不在乎而行为随意。曾国藩认为，要做大事，就要多些诚明、多些明诚，随意越少越好。胡林翼是曾国藩的得力干将，他也说：

> 唯诚信之至，可以救欺诈之穷。欺一事，不能欺之事事，欺一时，不能欺之异时。不可不防其欺，不可因欺而随心所办之事，所谓贞固足以干事也。[42]

一个人可以一段时间内欺骗所有的人，也可以长久地欺骗一个人，但不能在所有的时间内欺骗所有的人。要想把人做好，把事做好，就要保持真实无妄之心，保持真诚不欺之念，不要小聪明，不去哄瞒骗。诚实的人面对欺骗时，是痛苦的，他的诚实不会因此而减少；聪明的人受了骗，也是痛苦的，聪明会因此而增多。有时候，看着吃点亏，有些拙，但若因为诚信、质朴而吃亏，我们不应因此而愤愤不平，因为，我们可能由此收获了德行，涵养了情怀，并可能赢得了信任和尊重。

【注释】
[1]（北宋）欧阳修《答李翊第二书》，《文忠集》卷 47
[2]（清）金缨《格言联璧·持躬》
[3]（三国·魏）嵇康《养生论》，《文选》卷 53
[4]（北宋）张载《正蒙·中正》
[5]（北宋）苏轼《御试制科策一道》，《东坡全集》卷 45
[6]（清）曾国藩《曾国藩家书·修身》
[7]（清）曾国藩《曾国藩家书·军事》
[8]（清）曾国藩《曾国藩家书·修身》
[9]（清）金缨《格言联璧·摄生》
[10]（清）曾国藩《曾国藩家书·修身》
[11]（清）金缨《格言联璧·摄生》
[12]（清）方苞注《论语》
[13]（南朝·梁）萧纲《诫当阳公大心书》，《汉魏六朝百三名家集》卷 82 上
[14]《尚书·君陈》
[15]（明）方孝孺《深虑论》，《逊志斋集》卷 2
[16]《淮南子·人间训》
[17]《论语·卫灵公》
[18]（明）方孝孺《幼仪杂箴》，《逊志斋集》卷 1
[19]（西汉）刘向《说苑·谈丛》
[20]（清）陈宏谋《五种遗规·训俗遗规》
[21]（清）曾国藩、胡林翼《曾胡治兵语录·诚实》
[22]（西汉）韩婴《韩诗外传》卷 3

[23]（明）方孝孺《慎斋箴》,《逊志斋集》卷1
[24]（汉）扬雄《法言·修身》
[25]龙梦荪《曾文正公学案·谦谨》
[26]《孟子·尽心上》
[27]《论语·卫灵公》
[28]《春秋左氏传·宣公二年》
[29]《三国志·魏书·王昶传》注引《魏书》
[30]（清）金缨《格言联璧·存养》
[31]（清）金缨《格言联璧·持躬》
[32]《大戴礼记·子张问入官》
[33]（明）黄宗羲《明儒学案·泰州学案》
[34]（唐）柳宗元《从弟宗直墓志》,《柳河东集》卷12
[35]（明）朱伯庐《朱子家训》
[36]《论语·雍也》
[37]（梁）刘勰《文心雕龙·神思》
[38]《论语·里仁》
[39]《论语·为政》
[40]（清）曾国藩、胡林翼《曾胡治兵语录·诚实》
[41]（清）曾国藩、胡林翼《曾胡治兵语录·诚实》
[42]（清）曾国藩、胡林翼《曾胡治兵语录·诚实》

第四章

德 行

中国文化认为德行第一，德为品德，行为言行，二者表里如一，相辅相成。让人口服很容易，心服则很难。要让人心悦诚服，必须依靠德行。《新语·道基》言："君子握道而治，据德而行，席仁而坐，杖义而强。"做事顺应天地万物的规律，靠德行治理国家，让老百姓善良而仁爱，各负其责遵守规矩，国家就能不断强大。

一个人出身贫贱，若能够不断完善德行，便能逐渐得到别人的尊重。一个人身处贫困，若讲求道义，同样也能发展起来。治理天下，一是让人心悦诚服，这是盛世。二是让人口不服心服，这是开明之治。三是让人心不服口服，这是强权之治。四是让人心不服口不服，这是乱世。我们每个人都是社会的一员，德行，小而言之决定个人的成败，大而言之，决定国家的兴衰，可不慎乎？

第一节　大度

要想成就事业，一是靠才能，二是靠机遇，三是靠胸怀与度量。做事越大，胸怀、度量的比重就越关键。项羽与刘邦争天下，项羽靠的是才能，率兵亲征，叱咤风云，越打领地却越小，在于凭一己之力而为之。刘邦并不冲锋陷阵，也不运筹帷幄，而是创设平台，让张良、萧何、韩信等天下豪杰充分发挥作用，人人施展才华，刘邦的事业就争奇斗艳。想成就一番大事业，必不可少的便是大胸怀。

一、天下为任

以天下为己任，把天下之事当成自己的事，而不是把自己的事当成天大的事。中国的教育，历来关注培养士人的傲岸气度、博大胸襟、宽广视野，士大夫以天下为己任，是国家的建设者、天下的担当者，应该有与责任抱负相当的胸襟气度。

孟子曾言："乐以天下，忧以天下"，[1]是范仲淹"先天下之忧而忧，后天下之乐而乐"的原版。他们认为喜怒哀乐不取决于个人的私情，不会因为今天的工资增加了而兴高采烈，也不会因为有一些小事就影响心境。范仲淹告诫滕子京古仁人之心，在于"不以物喜，不以己悲"，不因为获得了什么就欣喜若狂，不因为失去了什么就痛不欲生,始终保持恒定而明通的心境。孔子也曾提醒子贡"君子不器",鼓励他忧道不忧贫,要承担起天下责任,不要盯着身边琐事而忘记天下责任。

中国历史上,能流芳千古的文学家、思想家、政治家、教育家,都有包容、博大的胸怀。杜甫被称为诗圣,在于身无所栖、房无片瓦时,想到的不是自己的窘迫,而是"安得广厦千万间,大庇天下寒士俱欢颜,风雨不动安如山",想到了天下可能有着同样际遇的人,要与之同温凉同寒热。杜甫改变不了自己的命运,但他有忧怀天下的大格局,诗中所表现出来的对天下苍生的眷顾,充满感人的力量,千载而下,依然令人动容。

有时候,我们会认为国家的事情跟自己无关,单位的事情跟自己无关,别人的事情跟自己无关,这是超脱,也是自在。但当一个人总是用这样的态度看待身边的人和事,抱着淡漠而无所谓的态度,就会被朋友忘记、被单位边缘、被世界疏远。国家安定,我们才能安全;单位不好,我们也会跟着受罪;朋友遭逢的不幸,有时候也可能会发生在自己身上。

随着年龄增大,职务提高,要越来越多地担当起家庭责任、工作责任、社会责任,能做一分是一分,能帮一把是一把,能尽一分力就尽一分力。大家都好,才是真的好。有这样宽广的气度,便能以天下为己任,"风声雨声读书声,声声入耳;家事国事天下事,事事关心"。有时候也听有人说,不是我们不爱这个社会,而是社会不爱我们。辛苦付出了,热情倾注了,最后却出力不讨好,问题太多了。正因为问题多,才给我们提供了施展才能的机会,需要我们去解决、去完成。胸怀天下,关注社会,随时躬身入局,我们就不会计较个人得失,而能顾及更多人的利益,做事的立意提高,做事的顺利就会不期而遇。

人要想做成大事,需要有两个基本心态。一是规模远大,二是综理密微。规模远大是人的格局要大,每个人看世界的眼光都是不同的,有的人看到的是社会中阳光的、积极的、充满正能量的一面,有的人看到社会中阴暗的、卑劣的、丑陋的一面。用什么样的眼光看待社会,决定于人的格局。

格局体现了一个人面对世界的眼光,有格局的人常常能尽最大可能地从公众的立场、大家的利益来考虑如何做事,如何成事。格局小的人,常常用自己的私欲来考量要不要做、如何去做。孔子所言的"君子喻于义,小人喻于利",便是言有大格局的人,常常想到的是历史责任、群体要求;小格局的人,常常想的是如何获得更多的好处。君子居下位则多怨,居上位则多誉;小人居下位则多誉,居上位则多怨。其差别就在于格局大的人想得更多的是如何利他,格局小的人想的是如何利己。

中国教育特别注重培养人的格局:"会当凌绝顶,一览众山小""欲穷千里目,更上一层楼""仰望绝顶上,悠悠白云还"等,便是通过登山、登楼远眺四方,拓展人的格局,让人能够俯仰天地,吞吐宇宙,举目千里,而不局限于个人私利而斤斤计较。

不可否认,在现实生活中,我们会有很多的不满、委屈甚至愤恨,但在情绪化之后,更要冷静思考如何解决这些问题,是否有更好的方案。如果让自己来做,能否做得更好?站着说、旁边看似乎很容易找到解决办法,但只有在入局之后、亲自去做,才能体会到与站着、看着是完全不同的体验。因此,我们在发现问题、思考问题时,要着力想怎么能够把一件事情看明白、想清楚、做妥当,这就需要培养更宽大的格局,才能承担更伟大的事业。

有了开阔的格局，少了自私的狭隘，我们就能与任何人合作。无论是读书，还是做事，都能时时刻刻为更多的人负责，这才是真正意义上的事业。中国人把"太上立德，其次立功，其次立言"称为三不朽。立德是按照社会群体的要求，按照价值共识的标准，不仅把自己的事情做好，更要让自己的心性修为不断完善，为这个世界更美好贡献心智。立功是要抱着对全社会负责、对全人类负责的态度，为人类的发展做出杰出的贡献。立言，是把自己的所思所想，总结下来，表述出来，成为公共经验或者社会共识，有益于后来者。就像孔子、孟子、杜甫、辛弃疾那样，立言虽不能改变自己的命运，也能穿越历史的灰暗而烛照未来。

二、不拘小节

　　不拘小节，不是说在细节上不在意，而是说不要斤斤计较生活小节、个人恩怨，而是要眼光开阔，"天下之事成于大度之君子，而败于私智之小人",[2] 从根本上确定一件事的性质，从本质确定一个人的品行，不要斤斤计较一些琐屑之处。

　　从格局来看，天下人只有两种，一种是有大智慧的人，考虑大事，从宏观的角度来看微观的问题。一种是有小聪明的人，整天只会算计于个人得失。做事，首先要在战略上做出抉择，尔后在战术上进行调整。如果战略决策不对，在战术上无论怎么取胜，也不一定能够取得确定性的胜利。项羽是战术胜利、战略失败的典型；刘邦是战略胜利、战术逐渐也就胜利了。刘备在遇上诸葛亮之前，刘、关、张兄弟三人骁勇，但仍无立足之地。诸葛亮隆中做出战略部署时，确定了三分天下有其一的决策，即便打一些败仗，却可以在四川立足。

第四章　德行

在学习时,要首先确立个人的战略目标,也就是人生的基本规划:自己一生要做什么?朝什么方向发展?袁枚曾讲过大与小的区别:

> 人须顾名思义,为大人者,不可不大;为小人者,不可不小。所云大者,非骄傲之谓也,气量恢宏之谓也;所谓小者,非卑诌之谓也,安分知足之谓也。做小经纪之人,惟恐其不富;做大官府之人,惟恐其不穷。经纪能富,则其人平日之勤俭可知。大官府能贫,则其人平日之廉洁可知。[3]

远大者,不是自高自大,而是气量恢弘。卑小者,不是谄媚,是安分知足。如果要做大事业,就要有大格局、大智慧、大胸怀,天马行空,无所拘束。如果不能做大事,就要循规蹈矩,勤奋踏实,安分知足,没有贪欲,也能实现小康。

《大学》又列出来了八个步骤。前四个步骤是格物、致知、诚意、正心,是说要想成就梦想,先要让自己成长为一个可以实现梦想的人,具备成就梦想最为基本的心性修为:能够明白人情物理,能够形成自己独立的思考,能够真实面对自己的不足,能够公平公正地面对客观世界。后四个步骤是修身、齐家、治国、平天下,就是把自己心性修为的结果应用到个人修养、家庭管理、事业发展与成就伟业之中。

有时候我们觉得很累,有梦想无从实现,原因在于所做与所想没有同频共振。想做一个大学问家、大科学家,读书很少、思考不深,觉得老虎吃天,无从下口。不积跬步,无以至千里。眼前的事都做不好,盯着蝇头小利亦步亦趋,忘记自己的目标,就会离梦想越来越远。读书时,要先把脑袋里装满,不要整天想着装满口袋。既想学习又想赚钱,便是缘木求鱼,与自己的梦想越来越远。

人生苦短,精力有限,总有一堆一堆的事做不完。如果想朝着目标迈进,要考虑做什么,更要清楚不做什么。学会放下,轻装前行,是做成大事的必然选择。放下一些不必要、不要紧的事,才有精力做更多、更大的事。无聊应酬减少一些,胡思乱想减少一些,低效工作减少一些,少打一会儿游戏,少看一会儿乱七八糟的片子,少刷一会朋友圈,把时间一点一点挤出来,用在读书、思考、工作上,今日事今日毕,不拖延时间,不减损质量,过程把握住了,结果也就有了。

不拘小节,要意识到所从事的事业是什么,不要因小事忘了大业,忘了根本。做买卖的,我们唯恐其不富。做官的,我们唯恐其大富。经营能富,其人平日之勤俭可知;大官能贫,其人平日之廉洁可知。观人要观其本根,不用是否穿名牌、是否有钱来衡量,那些只是拜物的标准,而要衡量其有无责任担当、有无道德自律。

不拘小节,是要求做人做事,该博大时要博大,该谨慎时要谨慎,不能空有大理想而不做小事,也不能只做小事而没有大目标。做大事能宏大,做小事能慎微,这便是"致广大而尽精微,极高明而道中庸"的境界了。

三、器宇轩昂

器宇轩昂是说人要精神昂扬。有人职务稍一提升,走路姿势马上就变了,脸开始与地面平行,趾高气昂,这不是器宇轩昂。轩昂,首先是精神之美,然后才是外表姿态。

器宇轩昂是人格精神的外化,呈现出推己及人、民胞物与的气度,"君子成人之美,不成人之恶",[4]"恶言不出口,苟语不留耳",[5]都是人的轩昂之美。能够成就别人、包容别人、赞美别人,更是器宇轩昂。人有大德,心底无私,坦荡诚恳,自然会无悔无咎。精神充实,志趣高雅,即使无誉无美,也一样赢得别人尊重,必得其位,必得其禄,必得其名,必得其寿。

器宇轩昂,在于人要有一种正气,能涵养自我,影响同事,吞吐宇宙,牢笼八方。陆九渊讲宇宙事是分内事,分内事是宇宙事,便是心与天地万物相呼应,这是志趣壮阔。做事,要有气魄、有气度,才能傲岸。我们可以身在天地后,但要心在天地前;可以身在万物中,但要心在万物上。心学,认为人虽然很渺小,心却能装得下整个宇宙。宇宙一张一弛、一开一合、一枯一荣,可以靠心来感应、来接纳。心在跳跃,把自己的心胸打开,宇宙才能与之息息相通。我们在尘俗之中,若把心放得高高在上,才能不被尘俗污染,不被利益诱惑,不被眼前得失所困扰。

要做到这一点,可以从出世、入世两端来言。身心在尘俗之中,按社会法则做事,是为入世;独处之时,心能超凡脱俗,是为出世。中华文化提倡以出世法做入世事,便是强调不要太功利、太实用,要能够放手、放下,学着放松。即便在现实之中,形容可以逢迎,行为可能恭顺,但心神却不受污染,保持人格独立。

现实生活中,人形形色色,各有所长,各有所短,关键在于人品。人品端正者,即便才能有所不足,依然可以信赖。人品卑劣者,常常圆滑世故,方能谋得一席之地,可以与之共事,不宜与之交友。人要保持几分清高,不是自我封闭,而是人生苦短,何必要与那些污浊之物翩翩起舞,浪费大好时光。我们要把生命用在美好的人与物上,而不必与世浮沉,看似觥筹交错,实则刀光剑影;看似一团和气,实则各怀心思。有德者,尊敬之,仰望之;有才者,敬重之,合作之,如此方能精神愉悦,器宇轩昂。

关于德与才,曾国藩有段精彩论述:

> 德若水之源,才即其波澜;德若木之根,才即其枝叶。德而无才以辅之则近于愚人,才而无德以主之则近于小人。世人多不甘以愚人自居,故自命每愿为有才者;世人多不欲与小人为缘,故现人每好取有德者,大较然也。二者既不可兼,与其无德而近于小人,毋宁无才而近于愚人。自修之方,观人之术,皆以此为衡可矣。[6]

他认为以德为本,来支配才,德如水源,才就是德的波澜。有德无才近于愚,有才无德近于小人。人人都不愿被视为愚人,便自以为有才而争先恐后做小人。曾国藩觉得与其做小人,反倒不如做个愚人。但现实中,小人太多而愚人太少,便是人人自以为有才。小人之才,只是小聪明而已,而且是自己以为自己很聪明,往往多有弄巧成拙的可笑,但自以为是,自以为得,津津乐道于此。

什么是德呢?是能够朝着理想的人格完善自我,富贵时能施舍帮助别人,贫穷时守着本分,高贵时能够礼贤下士,贫贱时不趋炎附势,自轻自贱。德才兼备是用人的标准。若两者缺一,或是有德无才,或是有才无德。有德而无才的人,可以帮助,尽管有时近愚,却可以信赖,可以培养。有才无德的人,是小人,不可重用,也不必亲近。有德之人不会坏事,无德之人早晚必然坏事。为什么自古以来宁肯用庸人,也不用看似有才却德行一般的能人?观察别人,修养自己,应把这个问题想明白。

人人都觉得自己有德、有才。有德者不同流俗,有才者不甘沉沦。要想让自己无怨无悔,就要反思自己的才与德,如果有怀才不遇的想法时,一是要反思一下自己的才,是否真的能够做到独挡一面。二是要反省一下自己的德,是否能做到无疚无悔。如果德、才皆问心无愧,那就坦坦荡荡,不必讨好别人,因为不是自己的过错,是我们所在的环境出了大问题。

四、胸次旷迈

庄子认为,真正洒脱的人,真正逍遥的人,能"行小变而不失其大常也,喜怒哀乐不入于胸次"。[7]生活中总有高兴的、哀伤的、愤怒的、快乐的情绪,可以反应出来,但不能让这些情绪毁掉自己。苏轼有一次看到秦观写的词后,觉得秦观寿命不永,因为他写的是彻骨的伤感,喜怒哀乐全部装满他的心,词中满是无边的哀愁,寒彻骨髓,很难涵养自己。

程颐认为,一个知识分子,应该气象开阔,像凤凰翔于千仞之气象,不为区区利害所动。做人要有气象,做学问也要有气象,胸襟开阔,要有庄严博大的气象。就拿做研究来说,有的同学感觉到不好找研究的题目,实际是没把学问打开,没有把阅读打开,没有把思想打开。之所以如此,一是太过拘谨,二是储备不足。如果思路清楚了,材料掌握了,观点清晰了,论证严密了,若有机会,便能侃侃而谈,就能形成扩大的研究格局,感觉到无穷的思路滚滚而来。做学术研究时,要知道"彼之理是,我之理非,我让之;彼之理非,我之理是,我容之"。[8]他人做得对,自己做得不对,心里要清楚,不要逞匹夫之勇,要懂得谦让;若别人做得不对、说得不对,没有必要计较,要能够包容他。

胸襟开阔的人，遇事沉着，"卒然临之而不惊，无故加之而不怨"，[9]一个灾祸猛然出现在他面前，他不会感到惊慌；无缘无故地给他增加一些罪名，甚至受点羞辱，也能泰然自若。看出别人耍小聪明、欺骗甚至蒙蔽时不形于言，受人之侮不动于色，这样就能辨清是非，既能坚持自己的原则，又能宽容别人的过失。这便是孔子所言的"忠恕"之道。

《忍经》解释了人的"忠恕"之道：

> 范纯仁尝曰：我平生所学，唯得忠恕二字，一生用不尽，以至立朝事君，接待僚友，亲睦宗族，未尝须臾离此也。又戒子弟曰：人虽至愚，责人则明；虽有聪明，恕己则昏。尔曹但常以责人之心责己，恕己之心恕人。不患不到圣贤地位也。

范纯仁是范仲淹的儿子，性格平易宽厚，生活廉洁勤俭。宋哲宗时期同知枢密院，也曾拜相。他推崇孔子一以贯之的"忠恕"之道。忠，即忠诚，对事业忠诚，对朋友忠诚，不辜负他人信任。恕，即宽恕，能够原谅别人，以责人之心责己，恕己之心恕人，能够完善自我，更能够团结众人。

那么，难道对待仇视、陷害自己的人也要行忠恕之道吗？朱熹是这样理解的："仇者，以义解之；怨者，以走报之。"[10]可以看成处理仇怨的策略。仁，是关心人、爱护人、帮助人、尊重人。义，是要负责，要担当。两人相互关心，为仁。别人托办之事，答应了就要去办、去做，这是义；婚姻中支持对方，相互负责，也是义。有了仇怨，是个人恩怨；但面对事业时，要讲大义而不避私怨。如果有了私怨，解释不清，沟通不了，只能一走了之，不要与无理取闹的人再纠缠,白白耗费美好的人生。

解不掉的怨恨,没必要化解。孔子也不主张以德报怨,而强调"以直报怨"。直,是正道直行,也就是坦率、正直地把事情讲清楚,把自己的想法讲清楚,仍有人不理解、有埋怨,只好不再解释。道不同不相为谋,可以异道而相安,换成俗话便是大路朝天,各走一边。朱熹是大儒,他很文雅地说"以走报之"。换成陶渊明的话:"吾不能为五斗米折腰,拳拳事乡里小人邪!"

《菜根谭》也讲了放下恩怨的思路:

> 昨日之非不可留,留之则根烬复萌,而尘情终累乎理趣。

日常生活,总有无穷的口舌、无穷的是非、无穷的烦心事如影随形,过去的事情莫要纠缠,更不可久留心中。一个人骂了我们一句,我们记住他;三年、五年以后,我们找个机会再回骂他一句,睚眦必报,反累乎心。如此一来,恩恩怨怨后会把我们毁掉,导致自己一点好心情也没有。有些伤害我们的人和事,慢慢就忘了吧,忘了不是好了伤疤忘了疼,而是让某些人成为自己生命的一部分,确实不值得。

要做大事业的人,一定是能容天下人的诽谤。这话说起来很沉痛。商鞅、桑弘羊、王莽、王安石、张居正等人的变法,都遭受到了无穷的压力,任何变革都会损害部分人的既得利益,调整就会打破旧的格局,必然会引起很多人的反对。单位中一个小小的调整,有时候甚至稍微改变积弊就会遭到抵制,原因是很多人久而久之已经习惯了这么做。想要做的事情越大,反对的声音就会越多,承担的压力就会无穷增大。有胸襟能容天下之谤者,才有可能够受到天下的赞誉,因为对大多数人有利的事,刚开始付诸实施时,普通人是看不到好处的,他们便本能地抵触。

　　胸怀广大,要有肚量,不要一句话容不了就吵架,一件事容不了就翻脸。少年时动不动就争吵、打架,因为只盯着眼前的事情来看,随着年龄的增加,和别人吵架的机会越来越少,打架的机会更是减少,因为我们已经变成"大人"了。"大人"更成熟、更稳重、更能容忍。因为,要想做成一点事,就要忍受有人不理解、有人不支持、有人拆台、有人使坏,确实很不容易,意识到这一点,有了心理准备,就不会被乌七八糟的议论所扰乱心志,也不会被接踵而至的压力所击倒,团结志同道合的人,坚韧不拔,才能做成远大的事业。

第二节　隐忍

现实之事,并不像我们想象的那么美好,也不像想象的那么顺利,要做出成绩,做成事业,需要我们坚韧起来,随时随地面对意想不到的困难。有时候坚强不一定就能战胜困难,任何事物的发展都有曲折,也有积累。那么我们该采取什么样的态度呢?《延寿药言》说:"齿以坚毁,故至人贵柔;刃以锐摧,故至人贵浑;神龙以难见称瑞,故至人贵潜;沧海以汪洋难量,故至人贵深。"便是言浑厚深沉的隐忍之道。隐,是要沉潜下来,要想成事,必须有一段时间沉潜,静心思虑。忍,是能够收敛自己,尤其遇到争执时,能够压抑愤怒,守住心志,不要被反对者击垮,也不要被小人暗算。天地万物有张有弛,宇宙运行有升有降,任何事情的发展必须要符合自然之道,社会规律。找一段时间让自己沉下来,变得内敛而沉稳,不仅可以涵养心志,而且能够成就事业。

一、动心忍性

只要工作,就有不顺心、不如意之事。年轻时刚刚起步,还没有得到承认,没有得到认可,要想让自己能够成长壮大,要学会动心忍性。因此,隐忍不是退却,而是以退为进。《尚书·君陈》里说:"必有忍,其乃有济。"有济,是渡过;只有隐忍,才能渡过艰难。《周易》有既济、未济两卦。既济是已经渡河,未济是尚未渡河,深层的含义是事物的成功和失败。在中国古代,江、河被视为地理分界线,凭借着江、河作为天堑,敌对双方相互对峙。能济,意味着能取得主动,可以顺利前进;未济,意味着无法前行,发展受阻。

隐忍,首先要能善下。老子说:"江海所以能为百谷王者,以其善下之。"[11]"百谷"是百川、河谷,百谷王即为大江大海,其之所以能不择细流而成其深,在于它能善下。下,是接纳,是接受,是谦卑,是低调,更是隐忍。小不忍则乱大谋,有些小瑕疵、小不足、小毛病、小分歧,如果不能隐忍,不能忍受,最后会毁掉自己的大业。儒家把隐忍看成一个人接受磨炼、接受考验必不可少的过程,这些外部的磨难,恰恰是锻炼心胸、锻炼意志、涵养气度的磨石。孟子有段著名的论述:

> 天将降大任于斯人也,必先苦其心志,劳其筋骨,饿其体肤,空乏其身,行拂乱其所为,所以动心忍性,曾益其所不能。[12]

"忍性"的"忍",有的解释为"韧"性,言人性要坚韧。《孟子·告子上》里曾讲:"食色,性也。"人有饮食、男女的欲望,是人与生俱来的自然属性。人之所以作奸犯科、不合礼法,在于不能忍住贪婪、好色的本性。动心忍性,是让我们能够从食色本性中解脱出来,超越出来,以恻隐之心、羞恶之心、辞让之心、是非之心来对待万事万物。

隐忍包括三重含义:一是心能沉潜;二是识能积累;三是行能

约束。莫大之祸,起于须臾之不忍,在于临时起意。一个留学生在机场取钱时,发现前面的人取完钱没有把卡拿走,顺手从中取三千块钱,被摄像头发现。其实,他不缺这个钱,问题在于这一瞬间,没有能忍住自己的贪欲,最终被拘留15天。这便是临时起意,让贪婪之心瞬间蒙蔽自我。如果他想到拿这个钱要被拘留15天,绝对会理性思考一下要不要如此做。祸患常积于忽微,他在此之前可能没有想着占别人便宜或盗窃他人的财产,只是一瞬间把握不住自己。这样我们来理解孟子所谓的"动心忍性",就能体会磨炼心性的必要,就是无时无刻都不会临时起意。心境恒定,便不会被引诱。

人情冷暖,世态炎凉,可能很多朋友有过类似的体验,心性也不自觉地被磨炼了很多。《格言联璧》中说:

> 世路风霜,吾人炼心之境也;世情冷暖,吾人忍性之地也;世事颠倒,吾人修行之资也。

人生之路如爬山,有时候会觉得很有滋味,因为有风景;有时候会觉得很无聊,因为没尽头。年轻时常有两种倾向:一是觉得人都是好的,相信人心之善,却不知不觉就发现自己被出卖或欺骗了。二是有时觉得人心险恶,不相信任何人,慢慢地发现自己更孤独或者被孤立了。其实,世上很多人和事,不是绝对的坏,也不是绝对的好,大部分人都在好与坏之间徘徊,我们自己也在矛盾中修身养性,让善良的我战胜丑恶的我,让高尚的我战胜卑劣的我。年轻时,常拿自己去对抗世俗,其实,人世间哪有绝对的公平?而且以个人的视角来看,仿佛很有理,从另外的角度来看,则只不过是自己的一厢情愿。

任何事情都要长远考虑。胡林翼曾说:"凡事当有远谋,有深识。坚忍于一时,则保全必多;一惭之不忍,而终身惭乎!"[13]有些事情我们改变不了,要先学着入乡随俗,然后再寻找机会调整,而不是抱着同归于尽的壮烈和不撞南墙的执拗来做事。有时忍一忍,一会儿就过去了;有时候却因一念之差,没有忍下来,做出了更大的错事,以致终身遗憾。

黄庭坚是苏轼最得意的门生,也像苏轼一样被不断贬官,先为涪州别驾、黔州安置,再移至戎州。黄庭坚丝毫不以贬谪为意,每到一处,与当地士人唱和,指导他们作诗。徽宗即位后,一度起用他,任为太平知州,上任九天就被罢免;又被送宜州管制,再转永州。但黄庭坚着力于书画与诗文,外人看其超脱,实则他意识到坚韧、隐忍的重要,他在《赠送张叔和》时说:

百战百胜,不如一忍;万言万当,不如一默。

打了很多胜仗,不如能忍住一次不打仗;说话不管多么准确,还是只有静默下来最能保全自己。韩信,如果当时他不忍受市井无赖的胯下侮辱,逞匹夫之勇将其杀害,即使不会把自己的命搭上,至少也要身陷囹圄,怎么能成就自己的事业呢?

二、谦退守拙

文学史推崇屈原的人格峻洁,班固却批评他"露才扬己"。一个人是否有才华不是他自己说有就行,也不是在诗里面骂别人就行了,要由时间来检验。一个人不能总觉得自己怀才不遇,更要想到是自己的才学还不足以让大家承认。

贾谊少年成名,21岁时就做了太中大夫。人出名太早,有两个不利,一是容易过度自信;二是容易遭到妒忌:人家熬了一辈子还没有熬到这个职务,他这么年纪轻轻的就当上了。背后说他坏话的人太多,汉文帝只好把他贬成长沙王太傅了。贾谊觉得委屈得不行,写《吊屈原赋》,言自己与屈原差不多的境遇,满怀牢骚。后来猫头鹰蹲到房子上,又写《鵩鸟赋》,感觉自己倒霉透顶,便抑郁起来,伤感过度而早逝。其实,人生在世,既有阳光道上的春风得意,也有独木桥上的步履维艰,各有各的风景,各有各的体验。

曾国藩把隐忍理解为怀德而不居德。人在倒霉时容易隐忍,被别人踩在脚下时想挣脱很难,这时需要隐忍。但曾国藩认为胸怀、气魄的展现不是在他失败时,更是看他在得意时。他说:

> 敬以持躬,恕以待人。敬则小心翼翼,事无巨细,皆不敢忽。恕则凡事留余地以处人,功不独居,过不推诿。常常记此二字,则长履大任,福祚无量。[14]

凡事留余地,有了成绩不独居,有了过失不推诿。推诿过失,是不敢担当,是不敢负责,更无法涵养心性。

处事要安详,待人要涵容。人都有缺点,只要大节不亏,小毛病便能不断改正。我们把恬淡作为养心之法,让心中不要总是充满激烈情绪,要能静默下来。拙,不是笨笨的,呆呆的,是不与他人争先、争锋的从容。守拙之人,对有些事情的反应不那么敏感,不是他不知道是非对错,而是懒得与人争执。读书人容易敏感,一是对自然敏感,看到春风、秋雨就感伤;二是对人敏感,听到别人有意无意的话,总会多想其中有没有话外之意,弦外之音,越敏感越多疑,就活得越累。

其实,在很多时候,我们自己的灵魂都决定不了我们的身体。有时候灵魂很想进去,脚步却在一步一步偏离。就像爱情,有时候不是让两个人走得更近,反而使得两个人走得更远;就像怨恨,有时候本该离得很远,却总想走到一起,去当着对方的面,歇斯底里。所以,有时候谦退一步,不是示弱,而是给自己与对方留有更大的空间,去容纳纠纷、误解和矛盾。有时候守拙一下,不是蠢笨,而是让自己守住内心,不那么敏感地面对尘俗中的人事纠纷。

所有的爱和恨,本没有距离,关键在于心的取舍。这就像记忆,有时候本该忘掉的,却总是挥之不去;而该珍惜的,却越来越想不起。最后真正让自己平和的,那就是消除嗔痴,不喜不惧,无怨无恨,无悔无毁。唯独如此,人才能彻底走向大明,在谦退中,获得平和;在守拙中,体味幸福。

三、平和宽广

随着年龄的增长,我们越来越觉得难以探寻事物的真相,渐渐地便不再像孩子那般好奇,凡事总要问个为什么;也不像少年那样执着,常常为一个问题争论得面红耳赤。有时甚至面对孩子们的询问,淡淡说一声:长大你就理解了。

是我们成熟了,还是我们世故了?是我们习惯了那样。对成年人而言,很多真相既难说明,也没有必要探寻。物理可明,情理难穷,皆因人情世态不断变化,此时非彼时,此处非彼处。知道了怎样?不知道又怎样?是这样如何?是那样又如何?

一个人满腔的爱和深情,在另一个人那里,可能是累赘,也可能是笑柄,甚至不值一提。关键是要自己明白:某个问题是自己的,还是所有人的。如果把自己的问题看得比天还大,以致于长戚戚,那就是格局太小,这问题就不成为问题。而比天还大的问题,因为属于所有人,那他便是真正的问题,思考这些问题的人,自然坦荡荡,无所畏惧。

人生哪里来的那么多的问题,这是旷达者的话;人生总有无数的问题,这是执著者的话。关键在于我们很多人既不是旷达者,也不是执著者。我们既不能解决所有的问题,也不能忘记各种各样的问题。我们只是沉湎于接踵而来的问题之中,无法自拔,忙忙碌碌一生,不停去解决大大小小的问题,一直忘记了解决这些问题的意义,于是我们大部分人就变成了芸芸众生。

钱钟书先生曾经说,人生很像围城,里面的人想出来,外面的人想进去。其实,在现实中,进和出,总是身不由己的事情,并不是自己便可以作出的选择。我们在某种程度上都是"被进""被出",几乎言行和思想也常常被他者决定,无法去做自己想做的事情,沿着一条被设计好的轨道,幸运时是前行,不幸时是循环,日复一日,年复一年地盘旋,找不到一个可以获得心灵自由的出口。

我们面对的,还有无法超越的岁月壁垒,高高耸立于即将成真的梦想之前,不仅无情地剥夺着我们的时光,还隔离着我们的情感和追求。时而让我们束手无策,时而又似乎充满希望,在恍兮惚兮中,慢慢变老,回头一看,猛然发觉,任何人都逃脱不了时代的局限,自己所能成就的,不过是那么一点点。

无论是生活高高在上的伟人、达官,还是腰缠万贯的富豪,却都免不了在意历史如何评价,总是留心别人如何看待自己,不能如太阳一样高远,如大海一样宽广。于是,处处争夺,时时标榜,甚至自我吹嘘,意在获得别人当面或者背后的赞许。其实这些,不过是顾影自怜而已,活在自己对自己的眷恋之中,活在他人设定的评判之中,对名利无法舍弃,对虚妄无法放弃。

我们之所以活得累,就在于始终放不下自己的身段,放不下对名利的牵念,活在一个镜花水月般的妄念之中。有时候不惜牺牲一生的声誉,去攫取一个本与幸福无关的利益,去追求一个与快乐本无关系的名誉。得到之后,才发现那顶帽子或者那个称谓,不过是透入脊髓的无聊。因此放下无谓的自恋,才能看到真正的自己,不是镜中之影,而在中和之心;名利在很多时候,是他人束缚或者驾驭自己的羁绊,超脱之后,才能守住心性,活得自在。

其实,我们都渴望自己能像大海一样的开阔,但每一个人也只能面向大海,去感受它的浩瀚。大海只能在你的前方,在你的旁边,而不可能在你的身后。因为大海远比人类博大开阔。无论何时,我们只能被大海所拥有,而不能拥有大海。有时候我们期望成就一番大事业,那就要学着锤炼自己的心胸,拓展自己的视野,让自己的心灵像大海那样谦卑、那样深沉、那样包容、那样灵动。

水低为海,能谦下故能成其深;能深故能成其容;能容故能扬其波,风行其上,自然成文。一个人最可贵的,是总能不断锤炼、提升自己的修养和境界,能够去包容、去理解、去谅解越来越多的人。一个人最可怜的,是总怀抱一根细针,自怜自惜,以致让自己伤痕累累。在被人原谅、被人包容之后,失去了胸怀和格局。

第三节　善友

同门曰朋,同志曰友。朋,是指在一个师门里学习的同学,或者在一个单位工作过的同事。友,是指志同道合的人。人类是群居的,从早期的原始聚居,再到后来的家族,一直到现在的社区单位,我们聚集而居,相互协作。人类必须合作,必须相处,那就一定要找到一个跟自己心心相印的人,能够跟自己一起来做事业的人。二人同心,其利断金。做任何事情时要有帮手、有助手、有朋友,就能组成团队,去做更有意义的事业。那么,我们如何交友呢?

一、识人

识人,即认识别人,知道自己面对的是什么样的人,然后再决定是否与他交往。这就要分清楚益友与损友,孔子说:

> 益者三友,损者三友。友直,友谅,友多闻,益矣。友便辟,友善柔,友便佞,损矣。[15]

三类朋友有益于自己:一是友直之人,做事合乎道义,有浩然正气,与之相处,污浊之念、贪利之心就会慢慢消退,浩然正气就会植入到心中。二是友谅之人，谅解、体贴、宽容别人，生活中受点委屈，有点不平之事，找这样的朋友倾诉时，心胸能够开阔，问题看得开，看得透，看得淡。三是友多闻之人，要交一些博学的朋友，跟他相处，就像读书行走，有诸多增益。犹豫时，若有朋友可以咨询，抉择时，若有朋友可以提供意见，不失为人生一大幸事。

有三类朋友是损害自己的：一是便辟，心胸太狭窄，本来不生气的事，经他分析，就成了天大的事，受其影响，整天唧唧歪歪。二是善柔，表面奉承而背后诽谤，当面一套背后一套。三是便佞，总说奉承话，明明错了，却不提醒，实际是怂恿人犯更大的错误。

看一个人的朋友，就知道他的修养、心境和品性，这便是"观其交游，则其贤、不肖可察也"。[16]平时观察一个人，要看他的朋友如何，朋友交往决定了一个人的境界。人之订交，要经过共事的考验，逐渐了解其价值观、思考问题的思路、处理问题的角度、感情的倾向等，有了共识，有了默契，有了谅解，才值得深入交往。

如何识人呢？"君子之交淡若水，小人之交甘若醴。"[17]君子固守道义，彼此没有甜言蜜语，有事则聚，无事则散，相看两不厌，彼此合作共赢，不必整天黏在一起吃喝玩乐。人容易划圈子，是自己的好朋友，做什么事都可以容忍、谅解；不是我的朋友，做什么事都不顺眼。这是我们正心不足的成见，要能够调整，尽量客观地对待每一个人。

要区别君子和小人，主要看行动。君子是重践行的，不太说话，见于行动；小人是口头表达的，见于言辞，而不付诸行动。言过其实，不可大用，要么极其自卑，要么及其狂妄，多半难成事。《菜根谭》中说：

第四章 德行 189

> 遇沉沉不语之士,且莫输心;见悻悻自好之人,应须防口。

听人讲完话后不发表见解的人,不能跟他多讲,其心思深密;遇到总是夸耀自己的人,也要少说话。从来不讲自己的事,总听他人讲事情的人,要么心胸极其开阔,要么极有城府。林则徐也有一个观人心得,他在《观操守》中说:

> 观操守在利害时,观精力在饥疲时,观度量在喜怒时,观镇定在动荡时。

看一个人的操守,在有利害冲突时最分明,可看他能否坚守底线;看精力,在筋疲力尽时最分明,看他能否坚持初心;看度量,在喜怒时最分明,看他能否保持平和安定;观镇定,在动荡不安时最分明,看他是否乱了心神。遇到大事、难事时看一个人能否担当,遇到困顿时看一个人能否坚持,遇到喜怒哀乐时看一个人如何保持,遇到颠沛流离时看一个人如何修持。

刘劭在《人物志》中说,看人"必先察其平淡,而后求其聪明"。平淡是心境,聪明是才能。听到别人夸自己聪明,不必高兴,这不过是观察一个人的反应速度;更重要的是这个人在平常时、宁静时坚持做什么。说李白在寂寞时,"花间一壶酒,独酌无相亲。举杯邀明月,对影成三人",[18]与自然对话;孤独时,"众鸟高飞尽,孤云独去闲。相看两不厌,只有敬亭山",[19]与天地交流。沉静时最能看出一个人的情志,也能见出一个人的心境,更能看出一个人的修养。

中国有句话叫"无事生非",人无正事时就生出万千烦恼,也会生出无数想法。观察一个人，不仅要看他如何忙，更要看他如何闲。面试时，让面试者在外等五分钟，便能看出一个人的修养。有人急性子，坐卧不宁；有人淡定自如，有人面露不悦，有人长吁短叹，肢体语言会显示人的性情。《格言联璧》中说："有才而性缓，定属大才；有智而气和，斯为大智。"有才学，做事有分寸，忙而不乱，能像弹钢琴一样，此起彼伏，井然有序，这样才能成大事。有的人静不下来，一件事还没做成，便想着别的事，心浮气躁，难以深入持久。

人的性情，犹如硬币的两面，优点缺点并存，要把握好中庸之道，才能避免优点滑向缺点。《格言联璧》讲了保持性情中和的方法：

> 圆融者无诡随之态，精细者无苛察之心，方正者无乖拂之失，沉默者无阴险之术，诚笃者无椎鲁之累，光明者无浅露之病，劲直者无径情之偏，执持者无拘泥之迹，敏炼者无轻浮之状。

真正圆融的人非常豁达，内心无诡异之态，不会讲小心思、小权谋。真正的精细并不是求全责备，而是能看出问题的最关键、最简要之处。品行端正之人，原则性强，要学着包容。可以沉默，但不要阴险狡诈。可以诚实，但不能木讷。经过一番内外兼修，就能做事光明磊落、正直而不固执，敏捷而不轻浮。

二、察言

察言，是能听清楚、听明白别人的话，或者听别人讲话，能明白

话外之音、言外之意。要想做到这一点,需要掌握两个原则:

一是"无听之以耳,而听之以心"。[20]中国文化讲究微言相感,委婉劝告。要用心去听,不要用耳朵听,不仅要听字面意思,更要明白其中寄托的深意。交朋友时,要交正直之人,会给我们指出缺点、不足,我们闻过则喜,足以为戒。一个人很诚恳地讲出我们的不足,是真的为自己好。把我们的不足说出来,等于帮我们筑起一道防御的墙,尤其要引起重视。即使说错了,或者误解了,听一听,作为一个告诫,有则改之,无则加勉。

二是"无稽之言勿听",出自《尚书·大禹谟》。稽,是考核、考证。无稽之言,是不足考证的言谈,也就是没有来源的话,流言蜚语,小道消息,这些传闻不要相信,更不要多听。人都有好奇的特点,有时凑一起,说说别人的隐私,家长里短谈开来,"道听而途说,德之弃也"[21]。谣言止于智者,有些话姑妄听之,不必当真。有些人是巧言如簧,巧言令色,见人说人话,见鬼说鬼话,有些话不必全信。自己讲话也要有理有据,不吹牛,不尖刻,"君子耻其言而过其行",[22]多说善言,多说真话。

在日常生活中,可以通过观察一个人的说话,来判断其性情。一是"言未及之而言,谓之躁",[23]不该说的时候说,其人毛躁。二是"言及之而不言谓之隐",[24]该说话的时候不说,其人隐晦。三是"未见颜色而言,谓之瞽",[25]说话不看脸色、不看场合,其人盲目。《荀子·非相》中说:"赠人以言,重于金石珠玉;观人以言,美于黼黻文章;听人以言,乐于钟鼓琴瑟。故君子之于言无厌。"如何表达自己的想法呢?

首先,言辞要厚道。少用尖酸刻薄的语言去伤害别人,要做到躬自厚而薄责于人,要培养宽厚的品格,不要刻薄。心中宽厚,语言便不会尖刻;心中尖刻,自然会背后嘀嘀咕咕,便说出来也不能感动别人,更不能让别人信服。要能做到修己以安人,不断培植厚德,将养善念。

相由心生。心中阳光、开朗、和蔼,与人交往时,自然让人感到温存。总说别人不好,最终是自己毁掉自己。总是善待他人,夸奖他人,鼓励他人,也会赢得更多的奖赏与鼓励。这便是"毁人者,自毁之;誉人者,自誉之"。[26]我们尤其要留心说话分寸,宽厚而有雅量,"忿怒之际,最不可指其隐讳之事,而暴其父祖之恶。"[27]即便在愤怒之时,也不能开口大骂,损人声誉。

其次,言辞不可轻率。轻言轻动之人,不可与深计。一个人轻而易举许诺,不可深信;不假思索就答应,应当留意。这些人"不能深计",痛快直率,可以交朋友,但不能与之谋划大事。杨继盛告诫孩子:

> 宁让人,勿使人让我;宁容人,勿使人容我;宁吃人之亏,勿使人吃我之亏;宁受人之气,勿使人受我之气。人之胜似你,则敬重之,不可有傲忌之心;人之不如你,则谦待之,不可有轻贱之意。[28]

宁可自己吃点亏,也不要去占别人的便宜。能容忍别人时,自己在道德、气度、涵养上超过了别人;别人包容自己时,表面上得到了关怀,实际上在道德、能力、心性上已经处于下风。别人超过我们,要敬重人家,努力向他学习;别人不如我们,要好好待他,帮助扶植之。看到人家的错误,应有同情之念,反省之心。无论何时何地,不要轻贱任何人。

最后，要度德量力。《呻吟语》中说："察言观色，度德量力，此八字处世处人，一时少不得底。"察言，是要听别人讲的话到底是什么意思，有时候前面的话夸人半天，最后一句话才是批评，那就把前面的话忘掉，明白所有的夸赞不过是批评的铺垫。观察别人的脸色，要揣摩到底是什么态度。考量对方的德行如何，权衡有些事能不能做、值不值得做。

年轻时，我们总想跃跃欲试，有一句很励志的话：只有不敢想的事，没有做不到的事。但要想沉稳地成就一番事业，不能这么空想，更要实事求是、量力而行。曾有一个学生跟我讲，他想考研究生，要么考北大，要么就不考了。这是拿自己的一生在冒险。有时候我们就有这个想法，要么做全世界最好，要么就不做了。其实，大部分人不过是芸芸众生，我们要尽可能做自己能做的事，朝着好的方向努力，而不要走极端，要么追求最好，要么彻底放弃。要有平常心，不要总想着自己是拯救地球者，也不要认为自己是被幸运遗弃了。

人的祸患，常出于侥幸之心。之所以出事，是因为心存侥幸。今天晚上不去上课了，结果老师点名了；期末写论文，随便蒙混一下，结果被发现是抄袭的；参加工作以后，利用一点权力违法乱纪，心存侥幸，认为只做这一次，别人不知道。千里之堤，毁于蚁穴，好多事情都是从侥幸这个地方开始的，然后以最糟糕的结局收场。

三、至善

朱熹觉得四书是培养人之心性最关键的读物，曾对弟子们讲起读这四本书的次序："先读《大学》，以定其规模；次读《论语》，以立其根本；次读《孟子》，观其发越；次读《中庸》，以求古人微妙之处。"其中,《大学》是讲一个人如何从小我走向大我,其中有三句著名的话:"大学之道,在明明德,在亲民,在止于至善。"是在教人努力养成一种健全的心性,形成一种不断追求完美的人生境界,培养出能够影响他人、能够改变社会的理想人格。

明德,一个人要成长起来,就要形成表里如一的品德,赢得他人的信任。德,一是道家的德。《道德经》里讲"德"就是"道"的派生物。比如太阳,假如它的道是公平无私、坚持守恒,他的德就是"阳春布德泽,万物生光辉",对万物不分彼此,不论是丑的、还是美的,是高的、还是矮的,阳光都会给予同样的普照。二是儒家的德,即仁、义、礼、智、信。儒家讲的德就是要有德行,真正的教育就是培养学生要有日月一样的光芒,要有能照耀四方的德行。

什么是"明德"呢？日月为明,太阳无论是看到还是看不到,无论是阴天还是晴天,它东升西落的轨迹是不变的。月亮,无论阴晴圆缺,绕着地球的轨道也在不停地变动。所以说"明德",我们简单的理解就是,一个人在人前和人后都是一样的德行,在人前表现得非常的温文尔雅,在人后也同样如此。这才是真正意义上的德行,也就是表里如一。明德培养的正是一个无论何时何地,都能够表里如一的这种品行。而这种品行,能够使我们赢得信赖。

道德就在举手投足之间,比如给对方一个微笑,给邻居道一声问候,甚至雨天开车路过行人时,我们要减速,避免水溅到他们身上,这都是不落言荃的美德。当我们随时随地都能守德、行德时,就会发现越来越多的人跟我们一样去践行,不知不觉就会遇到更多志同道合的人。孔子说:"德不孤,必有邻。"

亲民,即新民,是要不断改变,形成良好的心性修为,才能不断获得进步。"亲"通"新"。朱熹认为亲民即新民,我们现在理解,其含义有二：一是每天在进步，每天也在成长。以明德为前提的新民，便是让德行不断提升，每天都在改变，每天都是一个崭新的自我。二是作为管理者，要能够带着手下，带着员工，带着身边的人一起不断成长。

商朝的开国之君商汤是一个很忧民的国君，他原来的领土只有不到一百里，但他与人民志同道合、同心同德，周围的人都赞赏他的德行并归顺于他。商汤的领土就这样慢慢地扩大了。商汤有一个铜鉴，刻了一个座右铭："苟日新，日日新，又日新。"成语"日新月异"就出自这里。这句话看似古老，道理却是一如既往的新，那就是每天进步一点点，每天都是一个崭新的我。对团队来说，也要总结经验，每天不断成长，激励大家共同进步。

止于至善，即要达到最善的境地。按照社会群体的要求，遵循价值共识，以之来约束行为，获得各方面最大程度的认同。善有两个含义，一是每一个人的人性本善，把我们的善心最大程度地发挥出去，去影响周围的事物，影响周围的社会。二是外部的正面评价。我们评价事物的标准，有真、善、美。科学的标准是求真的，求真标准是可以反复验证的。艺术的标准是求美的，因人而异，没有必要千篇一律。社会的标准是善，善就是在特定的环境中，在特定的历史时期为大家所公认，这就是善。也就是说，善是获得大家的认同，至善，就是最大程度地获得认同。

第四节　格局

　　格局是一个人在多高的境界上、多宽的视野里、多大的气度中去思考、去做事。很多人在很多时候，不是因为自己没有能力去做事，也不是不努力去成事，但最后收获却寥寥，就在于自己总是盯着眼前的利益，而不能从更为长远的角度考虑自己所面对的学业、所从事的工作。忙忙碌碌，其实没有走出自己的循环轨辙，一圈一圈下来看似在不停地走，其实在很大程度上是徘徊不前。这就需要我们能够冷静地反思自己大学四年应该如何度过？要能够更尽力、更务本、更负责地对待自己的大学生活。

一、尽力

　　在眼前这种市场经济体系中，人的成长过多被物质、财富和机会等所左右。知识的获取和学问的追求已经不得不让位于就业、考研等现实的选择。在我所任教的一所大学里，更具体地说在我所任教的一个学院里，学生关注的更多是自己的名次而不是知识的获取。渐渐地，发现不少学生听必修课是不得不听，而听选修课是为了学分，期末的论文也只是应付了事，这既使我忽然觉得自己精心准备的课程变得那么无所谓，也使我更加珍惜那些认真学习的学生。

我期望大学是一个精神的家园,充满活力和人文关怀,学生们无忧无虑地吸取知识,老师们心平气和地从事研究,彼此愉快地合作着,为这个社会的进步或者说社会的好转尽自己的微薄之力。这种想法或许太天真。毕竟现在的大学生,一进入校门就面临各种各样的无奈:他们不得不放下书本,去做家教,来缓解自己生活的压力,来缓解父母羞涩的钱囊;他们不得不放下书本,不是按照自己的理想,而是按照社会的需要去雕琢自己:英语过级,考取驾照,获取各种各样的资格证,甚至千方百计地去当学生干部,为了毕业履历上那无足轻重的一句。

现在读大学,要花费数万的资金投入,有的需要举家甚至举债来读书,很多学生也贷了款。这完全可以看成自己投入到学校的成本。同时要花费四五年来读本科,两三年来读硕士,三四年来读博士,加起来将近十年,这十年是人生最宝贵、最充满活力的时期,我们全部投入到了大学之中,且不说边际成本如何,但是人力资源又如何计算?不妨按心中理想的年收入算算,我们读书的这段时间,少赚了多少?

不妨将自己的学费和生活费算一下:自己每天的成本是多少?大学每年有至少三个月的假期,每周还有两天的周末,而且也不是天天上课,这样一算,即便是学费只有五千的学生,每天的净投资也超过了三十元。而如果参加工作,每天至少也能赚到三十元,把这边际成本计算一下,我们四年下来、七年下来,十年下来,为自己投资了多少钱?

这种投资的回报,是知识的获得,是习惯的养成,是方法的积累,是人际的锤炼,是为未来走向社会的全方位的储备。如果我们只追求一纸毕业证书,那无疑是将自己的资本变成了一个无法支取的空头支票。尽管也可以找到一份工作,但却失去了把"自己"这个公司做大做强的机会。

所以,看在"钱"的分上,我们也应该好好学习。

不要把自己变成知识的一部分,要把知识变成自己的一部分。要充分利用大学开放的课堂,来全方位地提升自己的修养:经济的、法律的、哲学的、历史的、文学的、艺术的乃至心理和管理的,都是提高自我综合素质必不可少的知识,为什么不去充分吸取、积蓄呢?如果我们能充分利用大学四年来锤炼自己,修养自己,四年的时间已经足够了,足够将一个身无分文、一无所长的年轻人培养成一个积极乐观、睿智干练、温文尔雅的青年才俊。

关键在于能不能坚持,很多同学在入学之初、在学期之初有很多美好的设想,但入校之后,却不自觉地被同宿舍、同班的同学所同化,沉浸在一种集体无意识之中,被动而不是主动地学习、作息。修养,无论是学习还是做人,从来都是进一步艰难,而从众最易。慢慢地,高中的一枝独秀,就被淹没在万紫千红之中。而自己,也由充满理想和抱负的新生,变成了千百万毕业生中普通的一员。

我回想自己的求学经历,总感到大学不应风花雪月地度过,而应将人生最美好的一段时间投入进来,心无旁骛地提升自己、丰富自己、锤炼自己,这是多好的机会。我真想能再年轻十岁,重新回到大学里去。——那时要是如现在明白这些道理,肯定要比现在成功许多。

二、务本

说到以人为本,不由得想起自古以来数不清的民本论。从《尚书·五子之歌》中的"民惟邦本,本固邦宁",到《管子·牧民》里所说的"政之所兴,在顺民心;政之所废,在逆民心"。民心的向背成为历代行政者悬在头顶、挂在嘴上的座右铭。古人虽然意识到了以民为本,但却把民作为一个整体,通过无数次编户齐民的方式,把民凝固在一个个乡里组织中,成为家国秩序的组成部分。在这样的体系中,人的个体差异和个性特征被消解得无影无踪。即便在最重视人的培养的儒家学说中,也并未关注到这一点。《大学》开篇讲"大学之道,在明明德,在亲民,在止于至善",提倡所有的士人要不断完善自己,培养自己,提升自己,但却为所有的士人设计了一条共同的道路:修身、齐家、治国、平天下。从正面来讲,这种积极的进取精神和追求完善的修养系统,无疑是一条通向全面发展的坦途,也为古代士人注入了自强不息的刚健和执着。但从反面而言,这恰恰为古代中国的教育埋下一个值得反思的隐患。

那就是,儒家的教育缺少对个体差异的充分关注,越来越多的读书人都义无反顾地走上治国的征途,成为千人一面的儒生。随着文化的普及,当越来越多的读书人都通过同一条道路来实现自己的梦想时,这条道路越来越像不可逾越的独木桥,不仅狭窄而且湿滑。唐代科举考试,一次录取的进士不过二十名左右,而到了宋代,每次录取的进士多达二三百人,明清时期也平均维持在二百五十人上下,这种扩招,使得进士的就业成了很大的问题,初职越来越低,很有点像当下的大学生。千余年的科举史,考来考去的无非进士、明经两大科,进士以声韵为务,昧于古今之见;明经强记博诵,疏于经世之才。这样选取出来的官员,除了照本宣科,引经据典,便是吟风弄月,诗酒唱和。仿佛《西游记》里那孙行者,慢慢被套上了紧箍之咒,再没有打破传统、张扬个性的勇气,乖乖地沿着西行之路,念那阿弥陀佛去了。只要读读体制内那些诗人的作品,就知道所谓的唱和诗,不过是用来交际的手段;那些应制诗,干脆就是肉麻的奉承和献媚。只有被科举淘汰的人或者退隐之后的人,才不妨峥嵘一下,有几分真性情,如李白、柳永、吴敬梓、蒲松龄、曹雪芹,或如任职之前的高适和退隐之后的辛弃疾。

文学崇尚的是个性。迥异于其他作品的创作,才具有独特的价值,才有流芳的可能。而历史对儒家学说的厚爱,对治道来说,无疑维系了文化传统,使得中华文化之舟稳妥地穿越万重之山。但对中华民族而言,却消解了民众个性发展的动力,使得精英阶层集中于同一个方向,不屑舒展于其他领域。乾嘉时期,文化的精英们陶醉于越来越长的注释出自己手,渴望越编越厚的全书署有大名,青灯黄卷耗去了无数童颜白发,也耗尽了一个民族文化更新的活力。龙椅的倒下,最终为千人一面的培养体制的倒塌,作了最后的殉葬。

真正的人本,不是编户齐民,也不是千人一面,而是直面每一个个体,尊重他的发展,满足他的需求,正视他的个性,尊重他的人格,关注他的情感。而这,说起来容易,做起来却是何等的艰难?东汉袁宏在《后汉纪》中就感慨:"经师易遇,人师难遭。"宋末胡三省在给《资治通鉴》作注时说:"经师,谓专门名家,教授有师法者。人师,谓谨身修行,足以范俗者。"可见自古以来,能教给学生知识的老师,太多太多;能教会学生方法的老师,少之又少;而教会学生做人的老师,屈指可数;而能行为世范的老师,更是凤毛麟角。很多时候,我们已经习惯了用背诵和默写作为考核学生的标准,我们已经深谙机读标准答案的便捷,淡漠了厚厚眼镜之后,那一双双被考试消磨得黯然无光的眼神,心安理得地用修修补补的教案在上百人的课堂上绘声绘色地朗读,用一个个枯燥而无聊的知识点去进行期末评判。我们无意之中忽略了:现代大学要培养的,是一个个具有无穷生命活力、崇高道德追求和无尽创新精神的青年才俊,而不是生产线上的标准型号。这或许是为什么大学越办越大,教授越评越多,而教育家越来越少的缘故。

教育家区别于教师,最为根本的一点,在于教育家眼中的学生,永远是一个个具体的个人,因而对他的疑问的回答,不同于其他的同学,比如孔子的因材施教。在教育家眼中的教育,永远是人格的熏陶,而不仅是知识的考核,比如蔡元培所提倡的"教育者,养成人格之事业也"。因此,对教师而言,我们不仅要教会学生妙手著文章,更要引导他们能够铁肩担道义。对学生而言,要意识到能成就一番事业,不仅在于专业的背景,更在于人的品格、责任、道德和行为。因而读大学的目的,不在于背诵多少知识,而在于真真切切地从历史的经验中汲取养分,来滋养自己,提高自己的修为,保持乐观的心境,从容面对尘世间的纷纭复杂,微笑应对各种挑战,真正成为未来社会建设的骨干和主流文化的引领者。

三、守正

守正,是无论何时何地都要坚守正道。一个本科生,往往在成为公民的十八岁左右踏入大学,成为离开父母叮咛开始独立面对社会的开始,因而大学的经历,自然成为他们理解社会、雕塑个性、锻炼才识的参照。如果这所大学是正面的,它提供给学生的便是积极的影响,这样的大学生活,往往成为毕业生最值得回味、最难忘却的一段生命历程。因为在这里,他们不仅丰富了知识,练就了才识,而且也提升了修养,拓展了胸怀,甚至收获了爱情,保持了友谊,分享了快乐。

　　这就需要大学有良好的文化传统。教育者用最新的科研成果去支撑教学,让学生在活水中自由徜徉,与时俱进,与时俱化,和这所大学一起成长;需要学生辅导人员设身处地去理解学生,呵护学生,让他们身心愉悦地能了解人性,充实自我,成为同龄人中的佼佼者。需要行政机构,不用死板的教条,去管理、约束、斥责、防范,而是要去尊重、帮助、引导、善意地批评。让学生在大学里,体会到的不是丑陋、势利和肮脏,而是善意、友爱、关心与和谐。当在这样氛围中毕业的学生,成为很多学校的老师时,他们会用自己的经历和修养,引导更多的学生向善、知美、求真,他们回报给社会的,是知行合一的能力,是不落言荃的教养,是温文尔雅的风尚。

　　如果一所大学所培养的最优秀的毕业生,不能留下,成为它的骨干,而是优秀的人才被逆淘汰,这所大学充其量只能在江河日下中自娱自乐,其结果自然是逐渐衰老,慢慢黯淡。如果一所大学再没有足够的胸怀和界限去吸引外校的优秀毕业生为己所用,而是任由近亲繁殖,在抱残守缺中自吹自擂,用看似繁花似锦的人造表象来掩盖腐朽和没落,纸糊的丰碑,则必然倒塌在时光的流逝中。

　　这是一个两难的选择,也是国内不少大学要有勇气面对的困境。就像病人讳医一样,很多时候出于政绩的考量,我们不愿意承认步履蹒跚、艰苦卓绝,而宁愿闭着眼睛齐声说行进在坦途上,在集体无意识中饮鸩止渴,把堕落看成飞翔,把沉沦视为改革。看似有效的措施实则杀鸡取卵,热闹的盛宴不过是"被幸福"挤出的笑脸。

　　大学的生命力,不应该是残灯拨烬,而应该是根柢槃深、枝叶峻茂。大学的根柢,来自于学术的良知,这需要从教者始终保持着

第四章　德行　203

对研究的谨慎，对知识的敬意，对创新的严谨；来自于日益培厚的尊重，包括对教师意见的听取，对同行成就的肯定，对学生进步的鼓励。严谨细密而又灵动活泼的研究团队，高效务实而又友好和善的管理秩序，充满活力而又相对疏朗的人际关系，会从里到外洋溢着大学的精神，体现着高等教育的修养。这样的大学，是社会的理想，更是教育的尊严。

从招生的角度来说，每一个学生都是一个家庭甚至一个家族的托付，托付给我们的不是四年，而是一生，他们是我们永远的客户，我们需要为他们终生负责。从毕业的角度来看，每一个毕业生既是我们的产品，也永远是我们的品牌，更是学生赖以生存的口碑。而在他们就读大学的四年、七年、十年甚至更长的时间之中，大学为他们提供了怎样的环境，给予了他们怎样的给养，无一不决定着他们的质量。培养方案、课程计划、社团组织、心理辅导、后勤服务，不是放在文件夹里供公文旅行的资料，而是实实在在体现在学生们可以感知、足以触摸的学习、生活和活动之中，这需要所有的教育者，不是沉浸在文件起草的完善中，而是要从心底为他们量身定做一件合体的衣服，让他们得体地毕业，优雅地成长。

衡量一所大学的生命力，不仅要看提供给学生的课程体系，更要看它提供给学生的服务，尤其是文化的教育、修养的引导和心理的辅助。没有高楼、几近窘寒的西南联大，规模有限、场所局促的清华研究院，依靠学术的坚守、品行的独立和氛围的良好，成为中国教育史上令人怀念的榜样。春风化雨、桃李不言，这样的大学，不靠强制力，无须自我标榜，才能赢得毕业生的怀念，才能赢得社会的尊重，才能在百舸争流中保持品格、卓然自立。

【注释】

［1］《孟子·梁惠王下》
［2］（明）方孝孺《郑灵公》，《逊志斋集》卷5
［3］（清）袁枚《牍外馀言》卷1
［4］《论语·颜渊》
［5］《邓析子·转辞》
［6］（清）曾国藩《曾国藩家书》
［7］《庄子·田子方》
［8］（清）金缨《格言联璧·接物》
［9］（北宋）苏轼《留侯论》，《东坡全集》卷43
［10］（南宋）朱熹《朱子家训》
［11］《老子》第六十六章
［12］《孟子·告子下》
［13］（清）胡林翼《复多隆阿八月二十五日》，《胡林翼集》
［14］（清）曾国藩、胡林翼《曾胡治兵语录·和辑》
［15］《论语·季氏》
［16］《管子·权修》
［17］《庄子·山木》
［18］（唐）李白《月下独酌》，《全唐诗》卷182
［19］（唐）李白《独坐敬亭山》，《全唐诗》卷182
［20］《庄子·人间世》
［21］《论语·阳货》
［22］《论语·宪问》
［23］《论语·季氏》
［24］《论语·季氏》
［25］《论语·季氏》
［26］（唐）皮日休《文薮·鹿门隐书六十篇》
［27］（南宋）袁采《袁氏世范·处己》
［28］（明）杨继盛《谕应尾应箕两儿》，《杨忠愍集》卷3

第五章

向　学

读书和做学问的目的，是要把知识与道理都变成自己心中的尺度、行为上的规范。研究的价值，不是来自于知识本身，而是来自于对知识的探求。读书做学问的目的有三个：一是开心，通过读书，能让自己内心完全打开、不断放大，用心涵养万物。能体察、洞彻、通达天下的万事万物及其道理。二是明目，就是通过读书来扩展自己的视野，使自己站得更高、想得更清、看得更远。三是利行，读书开心明目的结果是要致用的，致用既包括内在的修身养性，也包括外在的成就事业。这样的读书做学问，才是知行合一。中国传统的治学，是将尊德性和道问学结合起来，知行合一，促进一个人全面地发展。

第一节　读书

所有的学问都是自读书开始,欧阳修曾说:"立身以力学为先,力学以读书为先。"[1]修养德行以努力学习为先,要想把自己的事业做好,要想在社会中安身立命,必须有一定的知识储备。要在工作中独当一面,要想事业、家庭、收入称心如意,还要靠知识和能力来支撑。学习是以读书为起点,束书不观,游谈无根。[2]平时不读书,连说话都能显露其浅薄的素养,更遑论要求自己事事尽如人意了。

读书有益自不待言。颜之推谆谆教导孩子:"欲识人之多,见事之广,而不肯读书,是犹饱而懒营馔,欲暖而惰裁衣也。"[3]要想广交良友、结识高才,明晓人事、眼界开阔,不读书是不行的;就仿佛想求饱食而不愿意动手做饭,想求暖和而不愿意动手裁剪衣服一样,人不能如此甘于懒惰愚蠢。人生在世上,所能接受的直接经验太少了,很难遇到大家、名家来时时指点自己。要想提高自己的见识,要想了解历史、人性、现实,要想知道为人做事的道理,就一定要充分吸收前代经籍中的知识。若想把自己的理想变成社会的理想,变成一个时代的理想,先要读书。不读书,见识达不到一般人之上,提不出高远的理想,何以能一呼百应;即便提出一些理想,自己不知道如何来实现,如何能成就事业。读书明义理,增见识,深察社会运行,提出可行的思路、想法与方案,才能团结大家一起做事。

读书的目的,不一定是做学问、做研究,而是找寻做事方法,找寻成事的思路,将之用于日常生活工作中,这才是真正的读书。张之洞曾说:"读书不知要领,劳而无功。"[4]学以致用,是读书的要领;知行合一,是成长的关键。

一、专精

专精,是读书就要能够钻进去,深入读透一些基本经典,作为知识的根柢。读书百遍,其义自见。书,要拿来翻来覆去地读,经典之作要放在手头,反复翻阅,日积月累,就能精通其义。如《论语》《道德经》,每一次阅读、不同年龄阶段去读,理解都不一样,越读越能领略其中的道理。

鲁迅的小说《阿Q正传》,第一遍读,可能只是觉得阿Q太可笑了;第二遍读就觉得他非常可怜;第三遍读才发现鲁迅写的并不是一个遥远的角色,眼前现实生活中的不少人,便有着类似的特点;第四遍、第五遍读,可以感觉到鲁迅先生写的就是我们自己。一个人如果能够把本专业内最经典的十本书读透彻,学问就有根基。做学问,像建造一个金字塔,底座一定要开阔坚实,才能建得高大宏伟。专精读书,要透彻理解本专业最基础的理论,作为建构学术大厦的钢梁和支柱。

读书要有选择。不要去钻研那些貌似高深、实际上不知所云的书籍。真正被大家公认为经典的,并不是那些使人读不懂的书,却是语言浅显、道理深刻的著述。只有那些贴近于读者的书,才能使人深入阅读，语言简易，道理透彻，以己昭昭，使人昭昭。书写不明白，是自己没想明白，欲使人乐于读尚不能，又何以使人受益呢？语言深刻，不一定就是思想深刻，真正的深刻，应该是语言简单、内容丰富而表述清晰，把一个专业的基本理论阐释得清楚明白，才是我们要选择阅读钻研的必读书。

读书要循序渐进，先从基础经典读起。"读书之法，莫贵于循序而致精"，这是朱熹《性理精义》中的话。对某一领域、某一学科的基础理论没有理解，便开始涉猎高深的或末梢的书，只能把自己引入歧途。治学如种树，有根本，也有枝丫、末梢，要了解学问的大树，首先要看其主干、根本，然后再看枝丫，乃至枝丫上的花与叶。有些学术著作，研究的是某个专业最前沿的领域，但并不一定是最基础的原理。这些书要读，不必一开始就读。只有循根本才能明源流、明发展，也才能去辨别、理解研究成果。也许有的研究成果，并不是从根本上、不是从树的主干上结出的花果，也许是剑走偏锋，也许是变异了他人已经成型的花果，如果一开始就读这些著述，可能影响自己对本专业、本学科的理解。

读书要先读基本典籍，熟悉了这些经典的内容，别人怎么说，说得对不对，才能辨别评判。专精读法，《训学斋规》言："读书有三到：谓心到，眼到，口到。"我们据此介绍：

一是心到。读书，先要明白为何而读。为装点门面读书，大可不必讲究什么专精；为功利而读，也不必如此努力。如果是为了兴趣而读，为研究而读，才称得上"心到"。到，是真正领悟到读书的意义，心到，是能够全身心地探求学理、追寻意义。心到，还要求我们要不停地思考，做出自己的判断与理解。

二是眼到。只有心到，读书才能从字里行间看出意味来，才能从无字句处读书。泛泛而过，快速浏览，不是专精要求的"眼到"。有些书读了记不住，那是用读小说的方法来读基本典籍，只注重故事的叙述，对内在义理并不深究，过目辄忘。眼到，是要能领悟到作者为什么这样写，为什么这样论述，把书里面无关紧要的、朦胧不透的地方抛弃掉以后，读出整本书的背景、寓意与逻辑。不仅要读书上说了什么，还要知道说的是什么意思，更要明白作者为什么这么说。进而思考我还能怎么说？因此，眼到，不是看完一本书，而是能读透一本书。

三是口到。口到，是我们读完一本书，要能够对这本书进行品评，把大致内容和主要特点说清楚。每一本读过的书，要有自己的见解与评述，这是把书中道理内化为自己的知识体系、学问根基的过程。读书要思考，就是要读得精细些。每读完一页或一章，把书放下，自己想一想哪些地方讲得好，哪些地方讲得不够清晰，哪些地方应该记住，心里要能判断。这样，书的内容不仅进入心中，而且能够再讲出来，知识便活学活用。

朱熹在给陈师德的信中总结了自己的读书经验，他说：

> 读书之法，当循序而有常，致一而不懈；从容乎句读文义之间，而体验乎操存践履之实，然后心静理明，渐见意味，不然则虽广求博取，日诵五车，亦奚益于学哉。[5]

这是从知行合一的角度讲读书专精之法。循序而有常，是读书要从基本典籍读起，逐渐深入。有常，即坚持，专精之法要坚持不懈才能有成效。致一而不懈，是抓住一点疑惑进行不懈钻研，先把一本书读透、或把一个问题思考明白，或找到一个可以切入的角度。

做到专精,还要细细思量一句一字,悟透其中的义理、旨趣,并把领会的义理用到实践中。经过思考、思虑和思量,读书才能读到根本处,实现"心静理明,渐见意味"。由读书而悟至理,因高明而见广远,书中的妙言要道通过体悟、实践、运用,成为个人的修养,涵养自己的学识。

读书专精,是读书人的普遍共识。朱熹反复提倡:"读书之法无他,惟是笃志虚心,反复详玩,为有功耳。"[6]苏轼也说:"博观而约取,厚积而薄发。"[7]博观约取,先泛读而博学,从中找出有用的东西为自己所使用、所掌握。读书读得多了,会对古往今来的人事有清晰认识,就能总结出先贤成功的经验,能吸取古人失败的教训,作为自己行事的参照。曾国藩也说:"读古书以训诂为本。"[8]要仔细地琢磨每一个字词,把每一个句子揣摩精透,不放过一个疑难问题,日积月累,学问就做起来了。

被顾炎武称赞为"卓然经师"的张尔岐,在《读书强记法》里讲专精之法,说自己读书时,遇到一些特别喜欢的篇章、段落、句子,就抄录下来,朗诵十几遍。甚至将抄录的内容贴在墙上,有空就揣摩、体悟,熟读成诵,每天多则三十多段,少则六七段,日积月累,一年下来能精熟上千段。三五年之后,学识丰富,卓然自立。如果我们也能如此坚持,三四年之后,所读之书,所明之理,就会远远超过身边的人。

读书专精,还要求能够在读书过程中形成独立的精神,对典籍有分别、有取舍,读书效果事半功倍。被后人尊为"理学真儒"的张杨园在《养正遗规》中,也讲了读书的心得:

> 洗心静气,以求其解;勿执己见,以达古训;勿傍旧说,以

昧新知。

洗心静气,方能做到心思纯净,思虑纯一,才能把道理体悟明白。洗心,是把心中的杂念、污欲和成见摒弃掉,以赤子之心阅读。少时读书,会记得很清楚,即便年龄渐长,也不易忘记。在于此时读书熟读成诵,不急不躁,入眼入心。成年以后的阅读,先存成见,喜欢的书多读,不喜欢的书少读,志趣相通的书常读,志趣不合的书不读,再没有啃书的耐心,也没有沉潜的思考,阅历增加,知识增多,学问反而不能长进,在于功利心、私欲心、成见心太多。

勿执己见,以达古训,先不要望文生义,而是虚心静气,看看作者的说法。中国经典流传了数千年,有不同注释和诸多说解,要谦虚谨慎地对待每一条注释,认真分析一下人家为什么这么说?究竟是对还是错?读书不要成见在胸,而要从善如流。读书做学问,不要总在找机会与别人商榷,批驳他人的观点,而是要自己提出见解、探寻新方法、建构新理论、形成新观点,揪住别人的过失不放,以此来证明自己高明,只破不立,有疑无解,会让学术失去根本。做学问最忌讳的事,是骂遍天下,最后才知道自己是最可恨之人。

勿傍旧说,以昧新知,说的是读书要能自立。一代有一代的学问,一代有一代的需求,一代学者要做出一代应有的成绩。那些被我们尊崇的发现,比如圆周率、小孔成像等,在当时确实是人类的伟大发现,我们要记住这些历史功绩。但是当这些知识成为习以为常的学说,我们更要想到自己的责任。作为知识的继承者,我们有责任把人类的认识领域、认知水平和思想境界向前推进,为学者也一定不要局限于前人旧说,要敢于创新、敢于开拓,学习前辈们的经验、精神、方法,尊重前人的成果,不固守其结论,而能不断出新。

认识的发展,都是在推翻前人结论的基础上不断出新。只有不对前人之说顶礼膜拜,才能把自己的研究解放出来,推陈出新。商周时期,一种学问可以持续八九百年;唐宋时一个学说还能维持二三百年;明清一些见识能够维持一百年就很了不起了;现代学术上的一个结论,也只能维持十多年的时间便被超越。人类知识增加得越来越快,人也是越来越聪明,有时候觉得现代没有经典,是因为社会在飞速发展,稍不留神自己的看法就成了历史,被远远超越。一代人有一代人的使命,前人的结论不必作为我们的定论与成说,我们要竭尽全力随着时代的进步,而不断守正创新。

二、广博

专精,是为了形成学术基础。基础扎实之后,学术框架构筑起来后,还要靠广博知识填充之。专精与广博相辅相成,专精使学术骨骼变得硬朗,广博使学术筋肉变得丰满。做任何一个领域的研究,只读本专业的书是不够的,要触类旁通,才能解决现实问题、响应社会需求。触类旁通,是在更高层面观察世界,在更开阔的思路上思考问题,在更高立意中表达观点。

读书广博,首先是要读全书。"读书当读全书,节抄者不可读"。[9]节抄,是在一本书里找出感兴趣的东西,或者自认有益的东西,认真读,反复揣摩,这样能把书越读越薄。读书如节抄者,在读书时要思索,概括出书的义理,也可以记在书页的旁边。一本书读完,留下来也许只是十几句的心得,已是很难得的读书之法。作为爱好者,读书可以读选本。作为研究者,读书要读全本。专持节抄,一是读节选本,二是用检索工具,这是研究者的天敌。比如读唐诗,初读者能读《唐诗三百首》足矣;到大学时期,要读内容更多的《唐诗选》,仍是"节抄"读书。若要深入研究唐诗的话,要读《全唐诗》,这是基本功。如果不通读《全唐诗》,就不能知道唐诗全貌如何,写文章也是建立在别人的基本判断之上,缺少创见。用节本,好比拿一片落叶,钻到屋子里面,来研究秋天的景色,不着眼森林而去研究一棵独木、一片叶子,这样的研究钻研得越深,思路就会越狭窄。我们在研究一片叶子、一棵树时,要能够关注到整片森林才行。

读书欲求广博,要有勤奋的精神,坚持翻阅典籍,不能懈怠。傅山在《十六字格言》中言:"读书勿怠,凡一义一字不知者,问人检籍。不可一'且'字放在胸中。"不认识的字,一定不要蒙混过去,要动手查检出来,日积月累,不认识的字越来越少。如果"姑且放过""苟且不管",不但识字上懈怠,在探寻学理上也会懈怠,不愿花费神思细细体悟,读书就会不求甚解,泛泛而过。做学问,不能放过任何一点疑问,有疑问就要动手去查,查检之中,便是知识的积累。

一个人,只要先把内心纯净了,用心去读,沉潜其中,三五年便能由平凡而至高远。武侠小说中常写一个人要武功超凡绝伦,只靠在江湖上行走是不够的,必须在一次刻骨铭心的失败之后,陷入某种绝境,面壁修炼一段时间,耐住寂寞,才能技艺精进,重出江湖。读大学、读研究生,不妨也用闭门修炼、面壁苦练的心态,让自己心无旁骛地读书。

耐得住寂寞,就能分清读经典之书与读社会之书的区别。社会教人待人接物之学,有时候就难免于俗;读书让人长见识、拓心胸、涵养性情、拓展眼界,让人儒雅。既然读书,就要按照读书人的心志修养来规范自己,不要模仿社会中人的流里流气,以致书没读透，人情世故也没有弄明白，雅既不能，俗也不成，白白辜负了大学、研究生阶段的大好时光。光读书不了解社会容易成为书呆子，只了解社会不读书则容易成为痞子。因此我们强调读万卷书，行万里路，做到知行合一。

读书不是装点门面用的，只有入心入脑，才能改变气质，提升境界，对学问、对社会人事有真知灼见。"案上不可多书，心中不可少书。"[10]读书广博，不在于买了多少书，走马观花浏览了多少书，关键在是否真正领会其意味。我们常常是读书时没钱买书，有钱买书却再没时间、精力读书。衡量读了多少书，不是做了多少笔记，而是多少入了心、入于行。我们要多利用公共的图书资源，其中的很多旧藏，是经过千锤百炼的经典之作。不能从图书馆众多的旧藏中挑选出对自己有用的书，只能说明我们的眼光不够，更要沉潜下来，多读、多记、多思。

三、体悟

读书要深思，一是要把内容及其义理，内化为心性修为。二是细细品味，不要只是流于表象。陆游说："读书本意在元元。"[11]认为读书的目的在于追根溯源、探寻事物的真相。一本书读完后，要能心存疑问，并把疑问转化为思考的线索，作为研究的动力。

宋代大儒杨时言读书涵咏之法："以身体之，以心验之，从容默会于幽闲静一之中，超然自得于书言象意之表。"[12]涵咏书中意味，一要能够心领神会，二要能够身体力行。读到精妙之处，豁达开朗，结合言行际遇思考，才能真正领略其高明之处。现实生活中，我们随时随地都在接受教诲，也知道该何去何从，但现实中成功者稀，在于大多数人知道该怎么做，而不能去做，尤其不能坚持去做。人才,从来就不是塑造出来的,而是大浪淘沙之后的坚持者。涵咏,要能把书中之理与自己的言谈处事结合起来。

涵咏,是品位书的滋味、旨趣。陈廷敬是《康熙字典》的总裁官。他就讲:

> 读书须理会古圣贤言语行事。如理会孔子疏水曲肱,乐在其中;颜回陋巷箪瓢,不改其乐。此处见得一分,则心泰一分;见得十分,则心泰十分。能见其大,须守之勿失,渐次扩充,到纯熟处,则心无不足。心无不足,则富贵贫贱,处之一也。[13]

经典之书能够滋润我们,在于道理贴近于人情世故,循循善诱,引人入胜。读历史,可知英雄失意、凡人悲惨,朝代兴衰更替,都饱含了人世间的诸多规律,阅读中的思考,可以增广见识。读诸子之书,可以与高人为伍,可以涵养心志。如孔子言:"不义而富且贵,于我如浮云。"[14]颜回能够"一箪食,一瓢饮,在陋巷,人不堪其忧,回也不改其乐"。[15]正是由于胸次况迈,境界高远,他们才能思考自身之外的社会问题,才能安贫乐道。以此体悟出圣贤的开阔之处、豁达之处,成就个人修为,以此境界为人,以此胸怀做事,益莫大焉。

左宗棠不但学问做得好,人也活得明白。他说:"吾读儒书,天地民物,莫非己任。"[16]读书要与人生思考、国家兴亡、天下秩序一起思考,不能只读死书。顾炎武读儒家经典,关注天地大道,认为人情物理,皆在涵咏之中。

涵咏,是指读书要从容。读书为雅事,古人读书先焚香、净手、

第五章 向学　219

澄心,保持愉悦又不失严肃的态度。涵咏要在悠闲、安静之中,以从容平和的心态来读书。心远地自偏,内心清静,就能随遇而安,在火车上、飞机上,都能看得进去,不被周围环境干扰。涵咏,是以了无挂碍的心境,超然自得的优雅,来与古人对话。不急不躁,不慌不忙,凝神静气,读出书中三味。朱熹言:"为学读书,须是耐烦细意去体会,切不可粗心。"[17]读书要反复思量、细心体察,对每一词、每一句的妙处都仔细体悟,不能粗疏。

一味苦思而烦闷,就会干扰到澄明之心。好比井泉之水,不停舀取,必然浑浊。读书思索久了,会有倦意,这时候要停下来,给自己一点时间恢复,到外面散散步,仰望云天,俯仰宇宙,然后再敛襟正坐,澄定此心,继续阅读。读书为学,耐不住寂寞、辛苦是不行的。实在静不下来了,就索性放下书本,好好放松一次,重新回到鲜活状态,再坐下来读。心思鲜活灵动,才能克制、祛除杂念,专心致力于学,涵咏其中妙理。

读书时困倦,并不一定是身体劳累,有时是自己读糊涂了。对那些复杂高深的书籍,读糊涂便不能理清其中思路,不能领会其中的道理。这时候要停下来,回过头想一想、看一看,把混乱的思路重新理顺,再接着读下去,切不可糊涂朦胧到底。有时候碰到实在不能理顺理清,有可能是书本身有问题。我们一直强调要读基本典籍,要读经典名著,用意正在于此。

涵咏,还要深入体察超越文辞之上的妙理,即杨时所言的"超然自得于书言象意之表"。[18]曾国藩曾称赞朱熹:"虚心涵咏,切己体察。朱子教人读书之法,此二语最为精当。"[19]认为"虚心涵咏,切己体察"这八个字,概括了读书的最高境界。读书是获取知识的手段,而不是目的。读书的最高境界,是得意忘言,得鱼忘筌,深味其理,不停留在言语文辞表面,要理解文辞之中的深意。

有怎样的气度,就能在书中读到怎样的道理。书中蕴含的对于人生修养的指导,对于世事的深切体察,要做到涵咏之、熟思之、切行之。眼中所见,一定不要是文字,而是见解、思想、方法、策略。如读贾谊的《论积贮书》,读王安石的奏疏,更要思考其中的定国安邦大计。因此,要多读经世之书,不断涵咏其中见解、见识,提升思考问题的境界。

很多大学生读书的目的,是为了就业。但就业并不是唯一的目的,而是生活的刚刚开始。一个国家,一个社会的发展,不是仅仅要维持温饱和富足,而是要给予人们精神上的抚慰和满足。当我们解决了温饱问题,就会发现心灵的丰富与充足最为重要。在有的城市,文化相对薄弱,谋生艰难,很多青年和学生被生活的压力、工作的压力所窒息。在很多书店,看到很多下班的白领和职员,坐在那里看书,不仅是实用的技术书籍,更是如何平复压力,抚慰精神的文学典籍。不由得感慨文学并没有消失,功利并没有占据所有人的心灵。这也是为什么现在读书的、学国学的多是成功或者渴望成功的企业家。虽然文学不能直接带来货币,但却能够在无形之中修养一个人的气质,充实一个人的心灵,陶冶一个人的情操,完善一个人的品格。当我们步入社会,会发现一个人的知识虽然重要,但能成就一番事业,不仅在于专业的背景,还在于人的品格、责任、道德和行为,而这些,恰是文学等人文学科所给予的滋养。

读书的目的,不在于背会多少知识,而在于真真切切地从历史的经验中汲取养分,来滋养自己,提高自己的修为,从而获得精神上的愉悦,提高生活的质量。当我们能够时刻保持乐观的心境,从容面对尘世间的纷纭复杂,微笑应对各种挑战,真诚面对自己,不断前进,不断完善,慢慢地你会发现:我们现在所期待的,都会在不知不觉中拥有。在这其中,要激励自己不断成长,从学业到品行,从知识到能力,没有边界,只有前行。读书,正是通过自身的努力,去不断提高自己,去挑战自己的过去,向着一个更美好的未来走出的第一步。

第二节　为学

　　为学非一朝一夕之事,贵在坚持。学若牛毛,成如麟角,在于很多人缺少了持恒之心。大部分失败者都是跌倒在黎明前,有成就者也是在黎明前最黑暗的时刻,咬紧牙关走了过来。人生的每一个阶段、每一个坎坷,都会淘汰下一批人,人才是淘汰之后坚持过来的,成功是放弃了很多选择、尝尽万般的孤独前行者。治学也是如此,面对知识的困惑、学术的难题,能够坚持下来,才有可能超越众庶。因此,治学的第一要求,便是持恒。

一、善学

　　求学大抵有两个倾向:一是思而不学,对很多问题苦苦思索,却不能补充知识、查阅书本去解决,只能做无益之思,越想困惑越多。二是学而不思,没有形成自己的见识与见解,死读书而不会提出问题。朱熹曾言:"无一事而不学,无一时而不学,无一处而不学,各求其中节,此所以为难也。"[20]在学习中细思,在深思中总结,要把思与学结合起来,相互补益。

　　发明家的优点就在于,能在日常生活中发现问题,用其专业知识予以解决。理论研究也是如此,人文社会科学中有很多问题等待着我们去关注,去思考,去解决。我们从小学读到大学,切身体会到很多问题,诸如教育不公平、教育资源不均衡、风气不正、压力太大等等,我们不要抱怨,要想着如何解决。小而言之,想着自己如何摆脱困境;大而言之,想着社会如何改革。正因为有很多问题,才给我们提供了学习经验、思考策略的机会。我们要学会在生活中求知,总结经验;在问题中探索,寻找办法。

学问贵细密,自修贵勇猛。求知要从最细微处体察,读书要选一些好书慢慢品读,细细思考,把其中的学理融入到学术骨髓里面。"密",是讲自己的心思。天下万事万物,错综复杂,为学心思细密了,对书中的微言大义才能想明白,对生活中的道理才能体察深刻。

善学以持恒为基,持恒为立志之本。王阳明《悟真录》中讲:"立志者,为学之心也;为学者,立志之事也。"要为学恒久,一定要确立终生为学的志向。一个人须有凤翔九天的大志向,为学之事才能长久。在求学中,我们每前进一步,就要克服很多困难,既有知识上的蒙昧,也有心性上的怠惰。可以说,每一点进步,都是克服很多困难才实现的。尤其是到了大学之后,没有老师如小学、中学那样时时监督,求学更需要自励自勉。若没有大志向,很难坚持这条艰辛之路。王阳明意识到这个问题,对弟子们说:"凡学之不勤,必其志尚未笃也。从吾游者,不以聪慧警捷为高,而以勤确谦仰为上。"[21]一个人学习不努力,原因在于他为学志向不笃实、不坚定。要能够真正有所成就,不在于聪慧与否,在于是否有发奋的精神,是否有对学问的敬畏,是否有严肃谦逊的态度。在王阳明眼中,学而有成的人,不是看天性是否聪明,也不是看思维是否敏捷,主要在于是否勤奋、是否谦虚,是否有坚定的向上之念。

治学者要立志出新,立志于学术创新。章太炎言:"学问须有自己意思,专法他人,而自己无独立之精神,大为不可。"[22]既然打算做学问,要做有价值的学问,并为之坚持不懈。在这其中,要确立自己的学术格局,要有自己的见解,有独立的精神。学者分四种:第一流的学者,有开辟之功,能以一己之力开辟新的研究领域、形成新的研究方法,其研究是开创性质的,虽可遇不可求,但我们要心向往之。第二流的学者,能把某一领域的研究往前推进一大步,使其研究能够更深入、更扎实,代有传承,学问便是如此向前发展。第三流以下的学者,着力去寻求所谓的空白进行填补,人文学科的有些空白,有的是他人已经研究过但不深入,尚可关注;有的是学术价值不大,大家不屑于研究。因此青年学者要有建构的勇气,有开山立派的傲岸。为学,要树立做一流学者的志向。一流学者不可妄求,二流与三流可以作为目标,我们既不要妄自菲薄,也不要轻易放弃。

　　学问以澄心为本,要用全部的心去做研究;为学要纯粹为用,不要将之视为追名逐利的工具,那样只能在浮华和流俗中人云亦云,亦步亦趋,要将之视为修身养性的过程,将之作为探求真相、真理、真识的过程。

二、为学

　　《大学》又列出来了八个步骤。前四个步骤是格物、致知、诚意、正心,是说要想成就梦想,先要成长为一个可以实现梦想的人,具备成就梦想最为基本的心性修为:能够明白人情物理,能够形成独立的思考,能够真实面对不足,能够公平公正地面对客观世界。后四个步骤是修身、齐家、治国、平天下,就是把心性修为的结果应用到个人修养、家庭管理、事业发展与成就伟业之中。

格物,是探究人情物理。人情,是我们在社会中形成的人际关系。在古代中国,最为重要的关系是父子关系、夫妇关系、兄弟关系这三个最基本的家庭关系,社会关系为君臣关系和朋友关系。《中庸》认为这五个关系是人走向社会获得充分发展的"五达道",就是五条走向成功的通达的道路。物理,主要是如何去处理物与物之间的关系、人和物的关系。儒家认为通过不断学习,便能认知世界、观察世界、了解世界、理解世界、思考世界、参与世界。

《荀子·劝学》中说:"君子生非异也,善假于物也。"说君子与常人最大的不同,在于"善假于物",善于利用外物来实现目标。也就是说,人只有对外部世界理解越多,才越有可能超越自我,驾驭世界的能力才越强。但荀子认为假于物只是手段,是用来实现君子修为的完善,而不是通过能假于物来获得更多的物,因此他说"君子役物,小人役于物"。人要把物变成奴隶,而不能变成物的奴隶。类似的话还见于《庄子·山木》:"物物而不物于物,则胡可得而累邪?"也是说利用物而不被物所利用,人就不会有那么多的纠结、牵绊和羁累。

儒家和道家在人生态度上有着很多差异,但在对物的态度上却不约而同地看到了人类共同的心牢,那就是我们实在太渴望通过对财富、名誉、物质的占有,而获得某种安全感。这当然是动物的本能,为满足食、色的欲望,从拥有到占有,从占有到想尽一切办法巧取豪夺。

格物在表面上讲的是一个人如何处理好人和物的关系的问题,实际上要讲人如何充实自我。自我,恰恰是人不被流俗同化的一个根柢。流俗就是被物化,也就是说通过人所拥有的外物作为评判一个人的尺度,而忽略了人的本身。有人穿了一件最名贵的衣服,就能够获得自信;有人穿了一件普通的衣服,就失去了自信。这正说明在很多时候,人的自信不是来自于自我,而是来自于拥有了多少财物。从这个角度来说,这是人之常情,我们几乎都无法免俗。拥有好的生活是合情合理,但任凭物欲横流、不择手段占有则会把我们带入到无穷无尽的贪念之中,忘记了人之为人的根本。

格物,一是能够培养一个人基本的道德感,那就是面对人情时,知道如何处理人际关系;面对物理时,知道如何取舍外部事物,从而形成举止有度、取舍得法的习惯。二是能够培养一个人形成理性精神,即能通过观察外物来体察内心,或者通过内心来体认万物,人的体贴便在这样的过程中培养出来。

中华文化中有托物言志、物我双观的传统。托物言志,便是观察、思考、理解自然界万千事物的形态、特征、品性,反思于人的品性、德行、修养,以我观物,以物观我,促成情感寄托和理性认知。王阳明曾经在竹林中格物,思考体察竹的品性。郑板桥也曾在晨光微熹中格物,观察竹子的形态。我们对梅、兰、竹、菊的理解,绝不是把它们看成单纯的草本、木本植物,而是作为某种精神的象征。即便我们现在收到一束花或者送人一束花,也要思考一下不同的花代表不同的感情,这便是最简单的格物。

致知,"知"是什么呢?简单理解是知识,深入理解是见识。致知,是形成对外部事物的系统理解。如果说格物是观察外部事物形成分门别类的见解和观点的话,致知则是对局部知识的系统化,采用类推、演绎、归纳等方式面对知识死角,而能有所推断、理解和应用。格物所获得的一点一点的认知,能够举一反三地思考,触类旁通地面对未知领域。

致知的知，是由日积月累形成的知识。这些知识积累得多了，便是人的聪明。"聪"是耳字旁，右边一个"总"字，似乎是耳朵、眼睛、口和心，日夜不停使用，人就会从懵懂走向睿智。从这个角度来说，致知便是日无忘其所能，处处留心，不断拓展知识的领地。

　　致知的第二个层面，便是要形成见识。见识是什么？就是能利用已有的知识、经验或者原理形成看法，能看透一般人看不透的问题才叫作见识。《中庸》将致知的过程概括为博学、审问、慎思、明辨，作为一个人从懵懂少年走向睿智成年必不可少的学习过程。其中的博学，是广泛学习。现代社会的分工越来越细，做好每一项工作都需要对相邻的知识有所了解，因此要抱着海绵吸水般的心态，不自满地通过学习来成长。在工作中，我们会遇到各种各样的问题，就要去分析问题何在？这便是审问的过程。审问是要对问题的前因后果有一个全面的认知，其如何产生、为何产生、如何解决的思考，便是慎思。解决问题的方法很多，选择最优方案去解决便需要明辨。这四个过程是知的过程，也是一个人理性思考的过程。然后将做出的判断、结论与决策坚持去做，便是笃行。

三、正学

　　《中庸》列出了治学的基本路径："博学之，审问之，慎思之，明辨之，笃行之。"可以看做我们治学的一个路径。

　　博学，是讲学问的基础一定要厚实，坚持学习，让自己的学识丰富起来，让基本理论扎实起来，对自己所学领域的基本常识明了于心。学中国文学的，对于整个中国文学发展的脉络就要很清晰，心中要有一部文学史存在；学历史的，心中要有一部中国通史、中国制度史，才能入目三分地观察历史现象。在本领域之外，还要能涉猎到相邻的范围,扩大视野。不能因为自己所学的是古代文学,就对相邻的学科茫然无知;也不能因为所学的是历史,就对考古、文字置若罔闻。博学就是要求我们扩大治学的广度,不断拓展知识的边界。

审问,就是要对研究对象多问几个为什么。看一本书,一定要有所思考:其内容如何？哪一句话最精彩？是否同意书中的主要观点？哪些观点有理？哪些论证更加严密？养成这样的一个审问的习惯,读一本书才能彻底了解一本书、掌握一本书,治学的深度才会增加。

慎思,就是对自己提出的问题,不要轻易地放过,而是要学着寻找答案。小学生的问题可以问父母,中学生的问题可以问老师,大学生的问题要学会问自己,自己想办法解决,查阅字典、网络搜索、数据检索、比对资料,要学会自己去解决。到了研究生,就是老师给你问题,让你试着去解决;参加工作之后,就是要自己发现问题自己解决。所以在大学阶段,要养成设计方案、理顺思路,自己深思熟虑去解决一个问题的能力。

明辨,就是要对问题进行辨析。读书的目的就是为了超越书本,吸收养分的目的在于成长自己。读完他人的文章,一定要考察书中的线索、脉络,总结他人学问的特点,自思用同样的材料,自己能不能做得更为高明。我们阅读一本研究著作,就要辨析是否赞同其结论。如果赞同,要理出其论述逻辑,要辨明"自己用同样的材料能不能说得更透""逻辑上是不是可以更为严密""是不是还有未尽的可以补充之处"之类的问题。只要用心思考,就能发现任何一个领域都有很多问题是没有得到解决的,能否做出成就,就在于自己能不能慎重对待、能不能仔细分辨、能不能更为稳妥地去解决。

笃行，就是坚持不懈地做。对做研究的人而言，其有两个含义：一是在学习和思考的同时，要能够把自己的所思写出来。谈了很多高论，却没有形诸文字，对不起学术史，只有写出来，人的思路才清楚，也才能让更多的人了解自己的成果，这样学术才能泽被后世。二是要把自己学到的道理、道义都用在生活中滋养自己，知行合一，不能实践的学问才是真正的空头学问，自己研究出来的东西自己都不信，那样的学问更是无根之木。

学问之功，贵乎循序渐进，经久不辍。循序渐进，便是由易到难；经久不辍，才能日新月异。曾国藩讲为学持恒时说："学问之道无穷，而总以有恒为主。……不以昨日耽搁而今日补做，不以明日有事而今日预做。"[23]曾国藩认为无论何时何地，不应该放弃学习。他曾说："学者于看、读、写、作，四者每日缺一不可。"[24]看就是多看书，涉猎要广泛。读，就是精读，注重求长效的知识。读书要坚持为之，如攻城略地，不断扩大范围，意在求多；思考要像固守城池一样，意在求牢。写、作落实到实践，更需要坚持：

> 至写字不多则不熟，不熟则不速。无论何事，均不能敏以图功。至作文，则所以浦此心之灵机也。心常用则活，不用则窒，如泉在地，不凿汲则不得甘醴，如玉在璞，不切磋则不成令器。[25]

书法多写多练，才能手熟生巧，这是技法的提高。纯净心思，没有功利心，长久坚持，才能进入道的层面。好文章得之于活泼灵动的心思，要把道理想明白通晓，发而为文，这就需要每天养气、养心、养灵性,才能纳万物于胸中,挫灵秀于笔端。

学者要有淑世情怀,学问研究要与社会发展结合起来,离开了社会关注的学问,实际上是空中楼阁,书斋里的学问是长不大的。学者面向现实,要有建设性的态度,躬身入局,全力促进社会变得更好,从自己做起,从小事做起,一点一滴去改变。学者是要来解决社会问题的,要有交流意识,独学而无友,则孤陋而寡闻。[26]学问是天下之公器,要在学术交流中、在同行切磋中、甚至在相互批评中,才能够提高。

一是纵通与横通,所谓的纵通,是我们研究一个现象,要把其历史发展脉络了解清楚。一个历史现象从古代到现在,是如何发展演变的?它何以会形成如此特质?这要从历史发展的线索中寻找答案。所谓的横通,就是以某一个点为坐标,观察同时代所有与之有关的事项,与其互动、调适的方式,思考这个现象为何在这个时代发生,这个思潮为何在这个地区里发生,文化习惯、舆论氛围、制度背景相似的地方为何没有产生?这样通过比较的方法,在共时、历时两个维度中找到一个立足点,就能左右逢源地观察。

二是博采与精见,学者也有两种:一种是狐狸型的学者,一种是刺猬型的学者。狐狸型的学者兴趣非常多,以博采见长。经常一个点一个点的去走,某个点研究得差不多了,就换一个兴趣点去研究,灵动飘逸。另一种刺猬型的学者,以精深为用,就是一个领域钻进去,深挖深究,沉着稳重。这两类学者是根据自己的才性不同而有所选择。如果见识广、思路多、想法巧、观点新,总能出人意表,就可以去博采,根据自己的兴趣,在不同的点上左右逢源,游刃有余。如果扎实稳重,靠长时间的积累才能够达到一定高度的,那就去做精深的学问。

三是深入与浅出。读书要低下头读,表达要直起腰来说。无论多深的研究,表达一定要清晰。研究的问题有深度,写出的论文要规范,关键是要让人看得懂。有时候说不明白,实际是自己没想明白。刚写论文时,喜欢用语言的深刻来显示思想的深刻,渐渐地要学会用浅显易懂、约定俗成的话语来表达,让外行看得明白,让同行看到高明,这才是为文为学的纯熟境地。

第三节 深思

为学,是读书与深思相辅相成,一味苦思而不知道在读书中寻求解决之道,不是读书的良法。死读书,不给自己思考的余地,收效不大。在读书的过程中,我们会发现很多亟待解决的问题,可称之为未解之谜,每一个未解之谜都值得去探索。读书之后,要思考这些问题,寻求解决之道,也许不能最终解决它,但在思考解决方法的过程中,会掌握更多材料、学会更多方法,形成自己的看法与思路。

清初大学问家黄宗羲,历览前朝兴衰更替,发现一个规律,即历代的财赋、税收不断增加,各朝做出种种变革,仍不能使之减少。后人称之为"黄宗羲定律",这为后代循此财政问题与朝代兴衰,并找出解决之道提供了线索。这就是读书的良法。对做学术研究的人来讲,能够提出问题,就是研究成功一半了。要能在读书中、在材料中提出有见解、有价值的问题,还得靠自己的深思才行。

一、能思

《礼记·学记》言:"学,然后知不足;教,然后知困。"只有求学才能进步,但进步从何而来?在于我们读书,就能发现自己的不足,发现自己认知上的缺失,予以补充完善。要能知自己不足,必须经过自己的深入思考。

我上小学时,老师在黑板上画了一点,问我们黑板上有什么,我们都答说"一个点"。老师却说黑板上什么都没有,点只是很小的一部分,可以忽略不计。老师接下来又画了一个圈,问同样问题,我们回答说"一个圈"。老师说大家要看圈以外的东西,而不要盯着一个小圆圈。

治学就是如此,当自己知识只有一点,或者只有一个小圈那么大时,往往固守于此,感觉知识很丰富。识少见寡的人,发现一点灰尘便惊叹不止。知识领域宽广无边,当我们关注于一点时,会感觉这个点很密实。若掌握了一个圈以外的知识后,才会发现未知世界更为开阔广大。圆圈越大,边缘越大,所接触的未知领域也就越大。一个人知识越丰富,所能接触的未解领域就越多,所学的新知识也就越广,需要思考的问题也就越深。

唐代刘知几讲学与思的做法:"睹一事于句中,反三隅于字外。"[27]要能在文辞中见事理之所在,对于含蕴丰富的话,要能举一反三去思考、去理解。举一反三地读书、思考,才是最为高效的为学之道。举一反三,教一知十,是形容学习的突飞猛进。能够领会所学的内容,将之得心应手地运用到问题的解决中。学生能够教一知十,就像一只船,老师稍微一推,便能顺风顺水地前行。

朱熹《朱子全书》也讲了同样的道理:"举一而反三,闻一而知十,乃学者用功之深,穷理之熟,然后能融会贯通,一至于此。"思考要能举一反三,要在探究事理上下功夫,在融会贯通上用心。时代要求创新型人才,创新就要学会独立思考。要想成就事业,实现理想,就要把工作做出色,培养独立求知、独立思考的能力。在书中、在老师处，不要只是得到一条鱼就心满意足，要能学会打鱼之法，才是为学的真谛。

学得益于深思。深思可以打破成见，提高见识，解放思想。朱熹认为这是"濯去旧见，以来新意"的过程。[28]只有把条条框框打破了，才能在研究领域里形成新格局、新思路。袁枚言："学如弓弩，才如箭镞，识以领之，方能中鹄。"[29]学问是培养才情能力的基础，才情能力要靠见识来引导。要做良史，不但要有史才，还要有史识。做学问也是如此，不仅要有才能，更要形成基于知识、思考而形成的见识。

要想增加见识，一是多阅读多思考，二是常接触现实，有深沉的现实关照感，才能引发深沉的思考。读书绝不能从字面到字面，从书本到书本，见识也不是能在书本中生发出来，而是要将知识与实践结合起来，才能形成更为清晰、独到的认知。没有现实生活的感受，没有充实的社会关爱，没有深沉的历史责任感，做学问只为了发论文评职称，其结论是无力的，也缺少了经世致用的旨趣。思则睿，睿则圣，就在于基于现实深沉关切的思考，可以培养自己的担当感与责任感。若能够在读书时心怀天下，关心民生疾苦，这样的读书，才是见识的扩展，德行的完善和心性的修养。

二、善思

学问大致分两种范式，即历时研究与共时研究。在人文社会学科研究中，历时研究主要是要找到一个事件、思想在整个历史发展中的线索、过程和作用；共时研究则要探索不同的事件、思想在相同历史背景下的结构状况，以及它们相互之间的交替和变异。做学术研究，既要能从横的线索上思考，也要能从纵的线索上观察,才能探明一个问题在历史进程中的定位。

我们提倡纵通和横通相结合。若想把学问想清楚,把书中道理领会明白,就要能够从古至今、从此至彼地思考问题的全貌。思考就像泉水一样,既要不断地疏通,也要不断地扩充,才能使之常思常新。读书时,要有意识培养发现问题的能力,通过思考提高研究的针对性,拓展研究的思路和领域。有时候思考如活水,没有固定角度可言,这就需要独出机杼,在未知的领地纵横捭阖。

一个时代有一个时代的问题,一个时代有一个时代的思想。人文学者形成学术成果,多在三十岁到五十岁之间,五十岁之前还不能培养出学术能力,就很难赶上时代潮流了。理科研究,能出重大成果常在三十至四十岁间。学术研究要纯熟,一是靠经验,二是靠思考,三是靠阅读。青年是智力最活跃的时刻,一定要好好培养研究习惯,积累学术经验。"旧书不厌百回读,熟读深思子自知",[30]经验需要日积月累,思考则需要删繁就简,结论却可以标新立异。

吕本中在《童蒙训》中教孩子们如何治学:"后生学问,聪明强记不足畏,惟思索寻究为可畏耳。"死记硬背不值得称道,只是天性聪明而已。善于思索,学会思考,才是读书的要义,二者的差别在于是否用心。我们阅读文学作品就能看出,有的诗文是用脑子写出来的,有的诗文是真正用心写出来的,用心写就的东西才能感动人。研究亦是如此,只有心和脑结合起来,才能深入,才能独到。

为学深思,有一定章法可循。一是能疑,二是能问,疑问生惑,深思生法。"动以静为母,疑乃悟之父",[31]发现问题,思考问题,解决问题是为学的三个步骤。这就需要纯净心思,心无旁骛,集中精力于一点寻求突破。

老师给学生讲授知识,不要一次讲透所有知识,要留下一部分未解的知识引导学生去主动思考,培养学生独立思考、独自解决问题的意识。明代学者陈献章被誉为"岭南第一人",也是一位杰出的教育家。他曾说:"学贵有疑,大疑则大进,小疑则小进。疑则能进,已得知识之半。"[32]疑,是让学生去思考。读书生出大疑惑,就能有大长进,生出小疑惑也有小长进。要想不断进步就要不断思考,因疑惑之心而思考解决之法,这便是学问研究的入门路径。能生疑惑之心,说明读书者有心,会独立思考。

　　有疑之后,要对疑惑的问题进行反复探究。从各个角度发问,逐渐掌握问题的关键所在。《尚书·仲虺之诰》中便推崇"问"的重要:"好问则裕,自用则小。"好问之人,查阅资料,思考深入后,仍然未解,才向别人发问。好问,是经过自己深入思考仍不理解而发问,虽然不能透彻理解,其实已经有了很深的理解,只差最后一层窗户纸没有点透而已。有了问题思索不得,轻轻放过,长久下去,不但知识面越来越窄,为学格局也越来越小。

　　孔子言自己之所以会积累那么大学问,在于能做到"每事问",凡是遇到不懂的事务,便要不耻下问。古代的学子读书漫游,到天南海北走一走,寻访名师,交游豪杰才子,正是要通过游学开阔眼界,接触社会,向更多高明的人请教,丰富知识,增长见识。"博学多识,疑则思问。"[33]通过广博涉猎,扩充知识范围,拓展研究领域。读书生出疑惑,一定要善于询问,向高明者请教。荀子说:"迷者不问路,溺者不问遂,亡人好独。"[34]不能问,便会迷惑、沉溺于学术困境中,找不到前行之路。

　　《礼记·学记》言治学之法:"善问者,如攻坚木,先其易者,后其节目。"读书、做事不能清楚明白而生疑惑,才有问;问,正是打破知识壁垒的关键。询问要循序渐进,"先其易者,后其节目",先思考容易的问题,把知识、材料、经验全部调动起来,解决能解决的问题。然后再去思考艰深的问题,探究到问题的核心之处。为学者,不要在起步阶段就做太难的题目,初学者难驾驭,便会生出放弃之心。做学问要循序渐进,思考问题也要循序渐进,越研究越有兴趣。

要做到善"疑"善"问",还是要回到"学"上努力。刘开《问说》中说:"学与问,相辅而行者也,非学无以质疑,非问无以广识。好学而不勤问,非真能好学者也。"学问,一是要善于"学",二是要善于"问",二者相辅相成。不努力向学,便不能增长知识、经验,读书也就不能有见解和评判,想有所质疑而不得。没有质疑,便不能对书中的朦胧处、不切实处发问,读书只能原地踏步,难能前进。善问是深思熟虑之后的提问,是向未知世界的探寻。非问无以广识,能在大量查阅资料的基础上、在深思熟虑之后提出问题、解决问题,人的学养、见识就能豁然开阔。

三、见识

读前人文章,有的浊气逼人,有的非常爽利,有的格局广大,有的则气象狭仄。能流传千古的好文章,还是要靠见识。见识不到,气象、韵味也就不足。君子立身处世,见识是根本。读书深思探究其理,是为了扩展、提升见识。见识又从何而来?

孔子说:"多闻,择其善者而从之;多见而识之。"[35]多闻为见,识即多思,只有多闻多思,才能提高见识。有时候看不透、看不穿道理,在于不能多闻多思,不能下苦功夫去锤炼思维。陈寅恪先生研究历史,见识极高,不仅关注到历史演进的基本路径,而且能细致周密地考证出一事、一人、一制度的细节,并对其"所以然"进行概括,从而形成了其独特的历史研究法。

学术研究有两条途径,一是抓住主流大势,一是细节上精深研究。胡适、梁启超皆为第一路径,王国维先生则主要在第二条路径。我们不管走哪条路径,要结合自己的性情、思维长处、知识积累与所从事研究领域的特点,进行系统思考。为学宜深思,求学向学,是要把活泼灵动的心思,用到天地物理、人生至理的思索中,扩充自己、修养自己,从中安身立命。以近知远,以一知万,以微知明,[36]形成对自然、社会、人生的全新理解。

一是以近知远。通过深思,人能够凭借眼前知识,推知遥远的事理。"有道之士,贵以近知远,以今知古,以所见知所不见。"[37]天地物理相通,古往今来延续,我们要善于利用眼前的生活经验、社会结构、情感体验来推至古人的生活形态。古代的流行歌曲,与现代的传承形态不同,但歌词所表达的情感倾向大致相似,《诗经·邶风·击鼓》中的"执子之手,与子偕老",用现代的歌词来表达,便是"最浪漫的事,就是和他一起慢慢变老"。汉代乐府民歌中的"行行重行行",翻译成现在的话,便是"走走走走,走啊走"。情理相同,词句相近,意趣便可以体会。

赵翼总结东汉有一个历史现象"崇妻党、替母党"。东汉时期皇帝年幼时,太后掌权,必然要依仗外戚势力,让皇帝的舅舅们掌握重权,是为皇帝母党。皇帝亲政后,要把权力夺回,便依仗皇后家族,把舅舅家族赶走。政治形态的背后,是人伦关系和社会认知的体现。研究古代历史的诸多现象,要做深层的、人文的思考,历史虽是过往,却也是有血有肉之人创造出来的。研究社会发展,要能够深思各种现象,体会古今相同之理,便能以近知远、以今知古。

第五章 向学

二是以一知万。北大有一处地方叫勺园,言取一勺之水能窥天下之水。《华严经》中言:"一花一世界,一木一浮生,一草一天堂,一叶一如来。"观人在细节处着眼,一个最不经意的细节,最能体现一个人的本质特征。做学问也是这样,思考问题要从小处着手,入口要小,挖掘要深,容量要大。东晋有句民谣:"王与马,共天下。"一般人读到此处可能忽略掉了,但民谣流传甚广,其中往往蕴含着深广的历史细节。田余庆先生由此切入,对魏晋门阀制度做了深入考证,形成了经典名著《东晋门阀制度》,从小见大,将之作为制度史研究的着眼点。读书要广博,思考要精微,从精细处着手,才能由一斑而窥全豹。

三是以微知明,见微知著。遇到问题,每一个细节都不要轻易放过,细细琢磨,反复思考,终将洞晓到问题的关键之处。能在领略到学问的一点微妙之义理后,继续不懈深思,便能探究到学问的发展趋势。"见微以知萌,见端以知末,故见象箸而怖,知天下不足也。"[38]由细微之处,察觉到大的历史线索,发现新的发展方向,学问便由此深入,不知不觉便会看到无穷的问题值得研究。

第四节　明理

读书扩充知识,深思精于理解,其目的在于明理:明事理、明人理、明自然万物之理。读书为明理,明理为做人。学术研究的目的,是要把人情、物理想清楚,把宇宙万物想明白。

一、物理

陆九渊言:"读书须明物理,揣事情,论时势。"[39] 物理,是万事万物的道理。能明物之理,便能顺物之情,去理解自然社会的变化轨迹,进而能看透周围的世事,对时代、社会的发展趋势有深刻理解。读书若困守于书本,困守于书斋,与现实生活隔绝,对社会缺少真切认知,是死读书。因此,不能抱残守缺,要立志明天下事。

扬雄在文学史上的地位很高,却一生困苦潦倒。他早年追慕司马相如,创作辞赋去献于皇帝,但成、哀、平皆不好辞赋,粉饰太平之作,难得皇帝的青睐。后来,他觉得后悔,说当年学辞赋不过是雕虫小技,转而著述,仿照《周易》作《太玄》,仿照《论语》作《法言》,试图得到王莽的重用。当时京师流传着对他的评价:"惟寂寞,自投阁;爱清静,作符命。"扬雄人品不错,学问也不错,重视功名,就要明于世道,知道何去何从,他却因不合时宜,不明时世,以致进退失据。

姚鼐是桐城派三祖之一,学问很深,文章也做得好。他说读书人当求心性修养,通过读书而明心见性,由正心而修身养性。如果做不到这一点,即使文章写得像韩愈一样精彩,学问像郑玄一样深厚,也算不得是什么大学问。为学也要知行合一,不要写华美文章,心中却污浊龌龊。

左宗棠对读书明理如此论述:

> 读书做人,总在明理二字。读书时,须细看古人处一事,接一物,是如何思量,如何气象。及自己处事接物时,又细心将古人比拟,设若古人当比,其措置之法,当是如何。我自己任性为之,又当如何?然后自己过错始见,古人道理始出。断不可以古人之书,与自己处事接物,为两事也。[40]

看到古人处一事、接一物,都要在心里细细揣摩一番,深思古人为何做如此想?为何如此行?其中利弊如何?都要一一揣摩透彻。历史的记载,往往关注于某人大优点、大不足,体味其记载,反躬自问,在每一道关口自己能否坚持,对整个局势又能否清楚把握,一是可以明晰坚强毅力的重要,二是培养对事理的见识。

见贤思齐,见不贤而内自省,要多看到别人的好处,不要总是对书中的道理、对他人的行为做出"任性为之"的批评。即使他人有见不到处,自己也该反思此情此景下,自己能不能做得更完美。只有如此,才能省思自己可能犯的过错,懂得古人行事的道理。读书做学问的目的,是为了自己能明白道理,若把"古人之书"与"自己处事接物"看作毫不相干,读书便是死读书,做人也会浑噩一生。

王阳明曾说:"吾人为学当从心髓入微处用力,自然笃实光辉。"[41]读书时某句话让我们动心,就能很长一段时间都记住这句话;某句话能让我们仔细思考,也能很深刻地记得并且理解这句话。如果读书始终是没有一点动心,没有一刻停下来思索,读书便不得要领。只有在读书中常动心,常主动思索,才能渐增读书乐趣,才能保持阅读的新鲜感,才能持续获得新知。读书,要从书中能够深入心髓的地方用力,在书中最精华、最含蕴处仔细品鉴,才是读书三昧。

读书时,不妨把流传很广的古人名言摘记下来,记住三五句关乎心性修养的话,并且将其变成一生的座右铭,才是开卷有益。诸如《大学》《中庸》中修身养性之法,不能只看其文本表层之意,更要明白深层道理,见诸行为处事,如此《大学》《中庸》才算读透了。学以治性,虑以变情。读书、学习是为了让人觉醒,悟出所不知道的、曾不能明白的道理。经、史、子、集这些典籍,并不是告诉我们基本的结论,其更注重心性修为、经世致用、明心见性、涵养性情,阅读这些典籍,要切于人情物理,才能读出微妙用心处。

自然科学重在求真,要探索放之四海而皆准的科学真理;人文学科求美,重在寻求因人而异的审美体验,并形成具有共识性的价值认同。社会科学重在求善,注重行为的恰当。求真,可以经过反复的科学实验来证明;求美,不必追求同一,可以在相对宽松的尺度中争奇斗艳。求善,是在特定场合为大家所公认,不同时代看待同一问题的角度不同,没有对错之分,只有合适不合适的差别。求真的研究可以超越于历史与时代,求善则必须落足于特定的时代与区域来观察。中国传统的学术注重求善,即一个人的所作所为、所思所想,要最大可能地合乎群体认知与价值共识。

读书涵养性情，学问变化气质，是中国学术的内在追求。现在学科划分越来越细，我们要继承中国传统学术的旨趣，一方面要提高学术能力，另一方面要与志同道合的朋友相互砥砺，涵养性情，使自己心胸更豁达一些，视野更开阔一些，待人接物更妥当一些，做事的志向更坚定一些。每往前进步一点，接触的人就换了一批，不知不觉就改变了气质，变得睿智得体。

二、事理

郑板桥把读书的方式比喻为攻和扫："善读书者，曰攻曰扫。攻则直透重围，扫则了无一物。"[42]攻，是在不懂处深入钻研；扫，是广泛涉猎。善于读书的人，对触动自己的文字、契合自我的道理，一定变成实际行为，作为解决问题的路径。

善读书者，要有把天下道理穷尽的雄心，有知其不可为而为之的努力。张孝祥在《念奴娇·过洞庭》中说："尽吸西江，细斟北斗，万象为宾客。"可以作为读书思考的写照：尽吸西江，要充分阅读，尽可能多地掌握材料。然后仔细揣摩思考，犹如细斟北斗，找出可供研究的思路来。万象为宾客，是尽可能做到触类旁通、处处逢源，触发研究灵感，得心应手地使用材料，形成清晰的思路。

读书能改变气质，就要用心去体悟其中的事理。《论语·宪问》载孔子之言："何以报德？以直报怨，以德报德。"以德报怨，胸怀博大，当并不符合人之常情。孔子的回答是"以直报怨"。如果有人对我们有所怨恨，首先我们反省有没有不对的地方，若问心无愧，就不要理会那些抱怨，坚守自我。正道直行的君子，时日长久，才会让大家明白。正直的人会因意识到误会，消解掉不必要的怨恨。如果抱怨的是小人，无论如何施之以德，也消弭不了他的嘀嘀咕咕唧唧歪歪。君子与小人,道不同不相为谋,何必要为若干小人而改变君子的操守行事呢?《老子》所言的"报怨以德,安可以为善",正是强调不必以德报怨,对于那些以怨报德之人,一要能同情,二要能理解。

理解是要容忍、接受各种不同,这能让我们从昏暗走向光明。在日常生活中,我们跟很多人相处时,有时候感受到对方的善意,有时候感受到对方的恶意,有时候心里会去思考他是怎么想的,而有时候又大度地发现,人家并没有这么想。在这个过程中,我们如何面对和自己想法不同、行为不同的人,这就要提高我们的境界。

从日常做事的角度来说,人分三种境界:用手做事、用脑做事、用心做事;用手做事,就是要求什么就做成什么,只动手不入脑,推推动动,拨拨转转,没有自觉,靠的是外部的督促,久而久之便养成应付的习惯。用脑做事,是把这件事情想清楚,先做什么后做什么,形成可执行的策略,分清孰是孰非,知道何去何从,有了理性的思考。用心做事是全心全意的去做一件事,有热情,有毅力,有坚持,有梦想,生活中充满着不可遏制的激情和永不熄灭的动力。用手做事,只能做一般的员工;用脑做事,就可以做中层的管理者;只有用心做事,才能做出一番大事业。

人的境界分为四个层面。最低的境界是欲求境界,就是生活的全部目的是为了满足自己的食、色需求,做事的目的是让自己生活得更好,这是一般人的谋生之法。在此之上更高的境界是知识境界,是在吃饱喝足之后,能自觉探寻知识、探索未知世界、探索社会发展的规律,并能从中获得乐趣,告诉更多的人,是人类的思考者。再往上便是道德境界,其把对社会有贡献,让周围的人生活得更好,作为自己的追求。多一点善心,多一点规矩,多一点是非感,更愿意去做有意义的事,而不斤斤计较个人的得失。最高的境界是审美境界,是建立在欲求境界、知识境界与道德境界之上的艺术境界,其能用审美的、艺术的、有趣的眼光来看待人类社会,看待自然世界,能够让生活充满诗情画意。人类历史有很多诗人、艺术家能够把自己活成一首诗,活成一首歌,活成一幅画,就在于能够用审美的心态衡量万事万物,他们的喜怒哀乐表达出来就是惟妙惟肖的艺术品,为人类提供了精神生活的产品。

人的境界不同,就会产生千差万别的想法,就会对一件事产生各种各样的理解。我们在工作中,有时候会感慨有的人怎么那么懒,那么应付;有的人怎么那么急功近利,那么勾心斗角。如果我们能从人生境界上来思考,就能理解:人的境界不同,对待世界的态度完全不一样。本来是善意的提醒,有人就当成恶意的诋毁;本来是自发的奉献,有人就会揣测是为了达成什么目的。这就需要我们用包容的心态来看待世上纷纭复杂的人和事,不必强求,不必苛求,不必求全,不必责备。

因为,我们的成长,是不断提升自己的境界,让自己能够进入到更加高远、光明的境地,这就需要去包容那些眼光短浅的人,包容那些急功近利的人,去实事求是地理解他们的缺点和优点,才能人尽其才地进行合作。特别是在面对不同杂音、不同说法、不同看法时,我们就能明辨是非,知道为何有人会那么想,有人会那么做,理解所有的看法,尊重最负责任的选择,让自己能够看清真相而不会人云亦云。

三、情理

要想做多成功的事业,就得有多高的修养、多大的格局,就得有多开阔的立意和多坚强的志向。走上社会以后,我们要对自己完全负责,有些话不得不说,有些事不得不做,有毅力承担这一切,有能力承担这一切。读书时要在如何做人做事处多用心,不故步自封,不画地为牢,能够理解万事万物的情理,保持开放心态,从短浅走向恒远。

一个人的目光短浅,看到的只是与自己有关的事、有利的事。目光恒远,才能看到世界上一成不变的事,才能看清未来走向何方,让自己少走弯路。开放心态,就是少一些成见,对所有的未知事物保持几分尊重、理解和关爱,让自己做起事来持之以恒,具有更强的执行力。

世上的万事万物都有开始,但能坚持到最后的很少。《诗经》有"靡不有初,鲜克有终"的说法,佛经里也讲"不忘初心,方得始终",我们在开始做事之初,常常有很好的计划、很伟大的想法、很高明的思路,试图把这些事情做好。但是我们在发展的过程中才会发现,世上很多事并没有办法去完成,便开始削减计划、改变想法、调整思路,结果发现原本的设计是西瓜,结果却草草收场,以绿豆应付了事。

中华文化是以结果为导向的,《大学》中讲:"物有本末,事有终始,知所先后,则近道矣。"是说任何事情有了结果,它才有开始;没有结果的事情,它本来就没有开始。我们以结果为导向,不是急功近利,而是要善始善终,把事情彻底做成。这就需要我们对计划抱着一种开放的心态,既不要故步自封,也不要偷梁换柱,乐观、积极地面对所有未知之人,未知之事,实事求是地去做,时刻保持着对未来的敬畏,才能计划好;抱着对未来的期待,就能执行好。

一个人之所以能够成长起来,靠的是辛苦付出。别人需要做

第五章 向学　247

一次,自己可能需要做一百次;别人需要做十次,自己可能需要做上千次。只要付出百倍的努力,通过博学、审问、慎思、明辨、笃行的学习,就能够不断超越自我,就能够有勇气面对未知的世界,能够有毅力面对未确定的挑战。

中华文化认为,最平庸的人是困而不学的人,遇到难处还不愿意去学习,这也是不可教之人;平常的人,是遇到困难才知道去学习,通过学习解决问题;优秀的人,则是主动去获取知识、自觉成长;最卓越的人是生而知之的圣人,孔子也说自己是通过学习而获得知识的,因此世界上并不存在生而知之的人。看来,我们只有随时随地学习,才能让自己获得更多面对未来的本领,对眼前的困难便会少了几分抱怨。

我们可以用守于道、恒于德、持于志、成于行来要求自我,坚守正道,坚持德行,坚信志向。在做人上,要坚持李白所说的"为草当作兰,为木当作松"的信念,不断提高自己的心性修为,让自己更充实,更自信,更坚持;在做事上,要坚持杜甫所说的"种竹交加翠,栽桃烂漫红"的努力,要么不做,要做就做最好,不断提升自己的能力、品行,把事情做得完美完善。以开放的心态面对所有的新生事物,面对日益成长起来的更高的群体诉求和社会需求,与时俱进,与时俱化,一步一步往前走,行稳致远,就能进入更开阔、更通达的境地。

先天的禀赋,或许决定我们在起点时有些力不从心,但在长跑过程中若能坚持德行,坚守信念和改变策略,就会让我们不断调整,自我赋能,人生便能随时加速。在人生的终点,从来不是看起点时的与众不同,而是看长跑过程中大家的各自付出。人生不是一场百米赛,而是一场马拉松,我们只有坚守、坚持、坚定,才能在终点时站到众人之前。因为那时,我们才知道所有的云淡风轻,不过是持之以恒以后的不落言荃、从不放弃获得的岁月褒奖。

【注释】

［1］《荀子·劝学》
［2］(宋)苏轼《李氏山房藏书记》,《东坡全集》卷36
［3］(北齐)颜之推《颜氏家训·勉学》
［4］(清)张之洞《书目答问·略例》
［5］(南宋)朱熹《答陈师德》,《晦庵集》卷56
［6］(清)张伯行《学规类编》
［7］(北宋)苏轼《杂说送张琥》,《东坡全集》卷92
［8］(清)《曾国藩文集·家教》
［9］(明)冯班《钝吟杂录·家诫上》
［10］(清)金缨《格言联璧·学问》
［11］(南宋)陆游《读书》,《剑南诗稿》卷8
［12］(北宋)杨时《语录》,《龟山集》卷12
［13］徐士铜《知之集·学问与济世》
［14］《论语·述而》
［15］《论语·雍也》
［16］(清)左宗棠《与孝威、孝宽》,《左宗棠全集》
［17］(清)张伯行《学规类编》
［18］(北宋)杨时《寄翁好德书》,《龟山集》卷12
［19］(清)曾国藩《曾国藩家书·家教》
［20］(南宋)黎靖德《朱子语类·中庸一》
［21］(明)王阳明《教条示龙场诸生·勤学》
［22］《章太炎演说教育》(1916年8月6日刊载于《时报》)
［23］(清)曾国藩《曾国藩家书·修身》
［24］(清)曾国藩《曾国藩家书·家教》
［25］(清)曾国藩《曾国藩家书·复邓汪琼》
［26］《礼记·学记》
［27］(唐)刘知几《史通·叙事》

[28]（南宋）黎靖德《朱子语类·读书法下》
[29]（清）袁枚《续诗品·尚识》
[30]（北宋）苏轼《送安惇秀才失解西归》，《东坡全集》卷2
[31]（清）魏源《明末楚石诸禅师和三圣诗》，《古微堂诗集》卷8
[32]（明）黄宗羲《明儒学案·白沙学案》
[33]（东汉）王符《潜夫论·叙录》
[34]《荀子·大略》
[35]《论语·述而》
[36]《荀子·非相》
[37]《吕氏春秋·察今》
[38]《韩非子·说林上》
[39]（南宋）陆九渊《语录下》，《陆九渊集》卷35
[40]（清）左宗棠《与周汝充》，《左宗棠全集·书信一》
[41]（明）王守仁《静心录·与黄宗贤五》
[42]（清）郑燮《随猎诗草·花间堂诗草跋》

第六章

立业

格物、致知、诚意、正心是内圣之道，修身、齐家、治国、平天下是外王之道。内圣之道就是通过修养，先让自己高明起来，使自己具备能够成就事业的内在素质。外王之道就是把内修的结果，用于外部事业，用高超、高尚成就高明、高远的事业。

第一节　齐家

在这个世界上,其实最希望自己成就事业的,是自己的家人、亲人、亲戚,如何得到他们的理解、支持,往往成为我们走向社会的起点,也是成就事业的基础。可现实中,常可以看到这样的现象:在外面很成功,回到家里觉得疲惫不堪,家中充满着各种各样的矛盾;回到家乡,与亲族相处,也没有半点衣锦还乡的喜悦。这是我们在齐家上存在问题。无法获得家人的支持,又怎样能获得他人持久的帮助呢?中华文化将"齐家"视为检验修身成果的第一步。

齐家之"齐"的蕴含,在清明节扫墓中充分体现出来。清明节回乡祭祖、扫墓,有一个基本的习俗,就是举家同行,甚至两三代人共同参加,大家族会提前约好时间集合,从四面八方赶来的族人到齐了,才共同举行祭扫仪式。因此,"齐"的第一个含义,是齐聚、齐全。之所以人都到齐后一起祭扫,意在告诉族人:一同扫墓之人,往前追溯几代,便是同一家人,同出一系、一支、一祖,有着共同的祖先,内里流着相同的血液,大家是血浓于水的亲人。

与一般的社会关系相比,血缘关系含有更多的关爱与温情。在家庭、家族内部,成员之间也不是弱肉强食的竞争关系,而是相互帮助、相互支持、相互成全的亲人关系。对父母而言,无论有多少个孩子,都会给予同样的关爱。有时某一个孩子身体有问题,或者能力较弱,父母与长辈给予更多的关照。这就提醒一同祭扫的人,如果有能力,要尽量帮助同一家族中力量弱的人,让他们有饭吃、有衣穿,能够尽可能地活得更好。这是先祖在天之灵最期望看到的家族和睦、子孙相携。

中国文化的深沉之处在于,并不是通过说教、阐释来以理服人,而是通过教化、风俗来引导百姓养成良好的文化认同和社会认知。清明节祭扫中的齐家之道,正是将参加扫墓的族人,置于同一祖先的血缘亲情之下,使族人意识到无论贫富贵贱,都是同宗同祖同血脉,要相互帮助,相互支持,凝聚家族力量,富者周济贫者,强者帮助弱者,尊祖宗、收亲族,使家族绵延不绝。

这样,便形成了以敬祖孝亲为起点,以血缘亲情凝聚族人,以周贫济穷、积善收族为方式的齐家之道,以促进家庭、家族的团结和睦、互助共荣,相互支持,彼此成全,齐心协力做成更大的事业。

一、以孝感恩

孟子说:"天下之本在国,国之本在家,家之本在身。"[1]国家是由无数个家庭组成,一个国家能否长治久安,取决于每一个家庭是否稳定。这里所言的稳定,既指夫妻双方能否终生厮守,更指一个家庭能否稳定发展,形成良好的家风,影响子女的教养,养成正常的社会伦理。

中华文化思考两个基本的问题,一个是人之为人,一个是人之能群,人与动物的区别就在于这两点。人之之所以为人,在于有"仁",仁者爱人,人的仁爱之心,是人有普遍的爱心与善心,对同类有关爱、关怀、关心。人之能群,在于人类能够相互协作形成社会,

第六章 立业

动物完全依赖于本能而少相互服务的社会意识，人通过组成团队、群体、国家乃至社会来发展自我、适应自然，靠的是正是各司其职，各负其责。仁是爱心，义便是责任。孝，作为仁的延展，是对父母的亲情；又作为义的实现，是对父母的赡养。孝，也就由此成为中国文化最为基础的伦理认知。

一个人来到这个社会，三年才能免于怀抱，需要父母付出至少三年的辛劳，才能存活下来。因此每一个人都要对父母存有感恩之心，并在父母去世之后服丧三年，以怀念父母的养育之恩。因此，孝被作为最能直接体认并得以实现的伦理，在家庭中得以强化，在社会中得以鼓励。孔子有个弟子叫宰我，问孔子："依照旧制父母去世需要守孝三年，君子三年不为礼，礼必坏，三年不为乐，乐必崩，简省到一年可不可以？"

孔子说："如果简省到一年，你安心吗？"

宰我说自己安心。孔子说："如果你安心，你就只守一年吧。"

宰我出去后，孔子慨叹："宰我不是一个仁义的人，人在三岁之前都无法离开父母的怀抱，全靠父养母哺，父母却从来没有觉得时间长，现在你说安心只守孝一年，那你就守吧。"

我们可以想象出孔子满满的失望之情。中国文化坚持守孝三年，正是为了报父母三年的怀抱之恩。古代时，学生的老师去世之后，学生也要"心丧三年"，即追念、追思老师给予的指导，也是以感恩之心报答曾经的培养。

还有人问孔子什么是孝？孔子针对不同的人，做出不同的回答。一是慎终追远。慎终就是养老，让老人安度晚年。追远，是老人去世以后，能够追思怀念。孔子还说："父在，观其志；父没，观其行；三年无改于父之道，可谓孝矣。"[2]父亲在世时，要观察一个人的志向如何；父亲去世后，要看他是否仍能遵守父亲的教诲，若能坚持善道，将家族继承并发扬光大，这是年轻人之孝。二是让父母放心。有人问孔子什么是孝？孔子回答："父母唯其疾之忧。"[3]只让父母担心我们的身体，这便是孝。古人认为死生有命，富贵在天，人最无力掌控的便是自己的生老病死。若父母只担心子女是不是得病，说明父母对子女其他方面都很放心，不会担心其胡作非为，不会担心其不务正业。孔子认为这便是孝。知子莫如父，知子莫若母，父母看着孩子长大，对孩子的秉性清楚得很。父母叮嘱我们的，恰恰是我们最需要注意的。如果我们出门时，父母只叮嘱注意身体，别那么累，说明父母对我们做人做事放心。这是成年人之孝。

汉高帝刘邦起于布衣，开始并不喜欢读书，并且对读书人有成见。夺取天下之后，有个儒生陆贾，时常在刘邦面前称引《诗》《书》，也就是说话时常常说古人认为如何如何。刘邦听后很不以为然，说："我是在马上征战得到的天下，要《诗》《书》有什么用？"陆贾的回答是："陛下能够在马上得天下，但能在马上治天下吗？"并向刘邦讲述了秦国败亡的教训，认为秦统一六国后，没有从战时状态转移到和平状态，仍然迷信武力，能以武力夺取天下，却不能以文治理天下，以致十五年不到便亡了天下。

刘邦从眇眇之身变成皇帝，最大的优点在于能够反思，能够接纳他人意见。他立刻觉得陆贾很有道理，便向陆贾请教："请为我讲一讲秦亡汉兴的原因和古今成败的经验，告诉我该怎样治理国家。"

于是，陆贾开始思考国家如何治理，他每写出一篇，就拿到朝堂上讲与刘邦君臣听。刘邦听过后称善，众臣也山呼万岁，觉得言

第六章　立业　257

之在理。这些文章后来整理为《新语》，奠定汉初的政治传统。其中有一篇《慎微》，言治国要从最微小之事入手："欲建大功于天下者，必先修于闺门之内。"要想成就天大的事业，首先要管好家人。在古代的家族伦理中，"孝"为德之本，既体现了"仁"的性善之道，更体现了人的感恩之心。治家、修身以孝发端，在家感恩父母的养育之恩，外出报答社会的成就之功。

汉朝所确定的"以孝治天下"的理念，成为中国首要的社会伦理。以孝感恩，作为社会伦理的意义，在于培养人的感恩之心。中国人认为，人不孝则家必乱，家必乱则国必亡。明代薛瑄（1389—1466）说：

> 道大必先行孝悌，业荒须切戒游嬉。[4]

他认为修身的第一个原则就是孝悌。孝，对待长辈的感恩之心；悌，是对待兄长的秩序认知。有了感恩之心，便能深知自己所取得的一切，都是家人、亲人和社会支持帮助的结果，人就不容易自负。有了秩序认知，就会在社会行为中时时刻刻找到自己的位置，做自己该做的事，说自己该说的话。思不出其位，能够得到更多人的关爱和帮助。有了对长辈的感恩之心，便知道敬畏；有了对长幼的秩序认知，便知道礼数。就不会因为取得一些成绩就自以为是，也不会轻易放弃心性修为和责任担当而随意放纵，时刻保持着谦虚、谨慎、沉稳、踏实的作风。

《礼记》言孝分三等："小孝用力，中孝用劳，大孝不匮。"[5] 小孝用力，是挣钱赡养父母，早上起来与父母打个招呼，晚上回来与父母聊聊天，做好饭请父母去吃，思其慈爱，忘记劳累，靠的是体力，是为身养。中孝用劳,劳为劳心,即发自内心、尽心尽力地孝敬父母,尊仁安义,是为心养。大孝不匮,就是能成就一番事业,光祖耀祖,博施备物,使得父母生前得到敬重,身后能得到尊重。

中国专门讲孝道的《孝经》,提出了五等之孝,认为孝不仅是情感体验,更是责任担当。周代将人分为五个等级,自上而下依次是天子、诸侯、大夫、士、庶人。五个阶层的人地位不同、能力不同,在践行孝的时候要求也不一样。《孝经》说:"庶人之孝,用天之道,分地之利,谨身节用,以养父母。"庶人生活在社会最底层,靠天吃饭,谨身节用以度日。他们的孝,体现为养老送终,就是挣钱给父母吃穿,让父母安度晚年,去世后安葬父母,这便是普通百姓能做的事。

士是有公职的人员或者读书人,其受了更多的教育,父母也付出了更多的辛劳,同样他们也有能力承担更多的责任,士人行孝,要在养老送终之上,增加忠于职守的要求。也就是要把工作做好,对社会承担起更多的义务,把对父母的感恩之心扩展到社会事务中。

大夫,是古代县域的管理者,类似现在的县处级干部。其行孝的要求更高:"非先王之法服不敢服,非先王之法言不敢道,非先王之德行不敢行。是故非法不言,非道不行;口无择言,身无择行;言满天下无口过,行满天下无怨恶:三者备矣,然后能守其宗庙。"这个级别的官员之孝是当个好官,不胡作非为,不作奸犯科,能够言必有据,行必得体,要能"老吾老,以及人之老",主动去做好事,主动去做善事,保境安民,把该做的事做好。

诸侯是较大区域的管理者,地位更好,责任更重。《孝经》言诸侯之孝为:

第六章 立业

> 在上不骄,高而不危,制节谨度,满而不溢。高而不危,所以长守贵也。满而不溢,所以长守富也。富贵不离其身,然后能保其社稷,而和其民人,盖诸侯之孝也。

周代的诸侯相当于现在的省长,处于高位,身系一方安危,必须谨慎谦虚,不骄不慢。诸侯为一方之主,有守土牧民之责,更要能为官一任,造福一方,勤勉工作,尽心尽力以求国泰民安。

最高的是天子之孝。《孝经》说:"爱亲者,不敢恶于人;敬亲者,不敢慢于人。爱敬尽于事亲,而德教加于百姓,刑于四海,盖天子之孝也。"天子的责任是实现天下太平,身系天下安危,要亲和百姓,以身作则,严格自律,实现万邦协和。

因此,读《孝经》,一是要理解"孝"是用来培养人的感恩之心;二是要明晰以五等之孝培养人的格局。由此来看,孝作为中国文化的核心,其用意是通过家庭伦理影响孩子,培养他们的情感体验和道德认知,将之作为走向社会成就事业的基础。养成一种习惯,就能受益终身;养成一种认知,则可以泽被数代。

二、积善

一个家族要怎么管理,才能绵延不绝、福泽绵长呢?《周易》中说:

> 积善之家,必有馀庆;积不善之家,必有馀殃。臣弑其君,子弑其父,非一朝一夕之故,其所由来者渐矣,由辩之不早辩也。[6]

在《周易》中,乾卦讲天之道,坤卦讲地之道,乾代表父亲,坤代表母亲,古代认为男主外女主内,父亲体现乾德,以事业为重,自强不息;母亲体现坤德,以家庭为重,厚德载物。一个家族是否富有,取决于父亲;家族是否绵长,则取决于母亲。家庭昌盛衰败的关键,在于能否积善。积善,即家庭成员能否按照人性善的要求相处,家族做事能否合乎社会价值认同、能否遵守社会规则。如果合礼合法,便是积善之家,必有余庆;反之则为积不善之家,则必有余殃。善,为品性德行,积善,便是修德以安人。袁采言:"欲保延家祚,览他家之已往,思我家之未来,可不修德熟虑,以为长久之计耶。"[7]家族要长盛不衰,家人必须修养德行,敬畏礼法。

　　大家族常常毁在傲骄上,一是显富炫富耀富,不知节俭;二是觉得没有钱搞不定的事。这是古往今来大家族垮掉的通病。子贡曾经问孔子:"贫而无谄,富而无骄,何如?"穷困时不谄媚,富贵时不炫富,是否为正道?孔子的回答是:"可也。未若贫而乐,富而好礼者也。"[8]越是富有之家,越要教孩子守礼,这样才能既富且贵,不会成为令人鄙夷的"暴发户"。礼是规则,是秩序,是基于道德自觉而形成的规矩。越是富有越要注意自己的言行举止、行为方式,不要随意、大意,以致毁了自己来之不易的成就。

　　在孔子看来,穷人要做到贫而无谄、安贫乐道,守住自己的内心,就不会胡作非为。富贵时不要忘乎所以,贫穷时不要低三下四。富人不亢,穷人不卑,大家都好礼慎行,乐天知命,各得其所,便是积善。司马光说:"以义方训其子,以礼法齐其家。"[9]义,是责任,方是规矩。能力越大,承担的责任就越多,遵守的规矩也要越严。用责任和规则教育孩子,用规矩与道德治理家庭,才是齐家之道。

第六章　立业　　261

古代中国的大家族有很多家规、家训，目的是为子弟立规矩，让他们守礼、积善、外守道义、内求和睦，以保证家族长盛不衰。家训所立的很多规矩，常常是将心性认知、人格修养和行为规范结合起来，进行苦口婆心的劝导。如《女诫》中说：

　　室人和则谤掩，内外离则恶扬。

一个家族要想团结和睦，家族内部的人不能互相攻击。家族若有问题，要在内部解决，这便是家丑不可外扬的原因，即一旦家族内部矛盾暴露于外人，一则少了内部协商的余地，二则外人可以乘虚而入。兄弟不和，家族都会弥漫着一种戾气，家人相处，就会觉得别扭。因此，"居家之道，须先办一副忠实心，贯彻内外上下，然后总计一家标本缓急之情形，而次第出之"，[10]在家要忠实、忠厚，遇事分清缓急主次，一件一件地商量解决，绝不可因为一点矛盾，就反目成仇，互相算计。

　　家训所注重建立的规矩，是维系家族秩序的基石。"帝王之于亲戚，爱虽隆，必示之以威；体虽贵，必禁之以度。"[11]即便皇帝非常喜欢亲戚，也要以威严制之，礼法是维系道德认同、亲情秩序的基础。没有规矩的亲情，不能长远，家庭定了规矩，就不能因对孩子喜爱，轻易打破规矩。家教的核心，便是规矩不能轻易突破，家庭规矩代表着底线，也是养成孩子底线思维的关键。例如不能说谎，不论何时何地，都要说实话；不可以偷盗；不可以狠毒。做人的底线，需要从小养成，不可一时一事放松。

　　"刻薄成家，理无久享；伦常乖舛，立见消亡。"[12]家人之间刻薄、挑剔，家族就不会和睦。如《红楼梦》中各府各房、长幼嫡庶之间勾心斗角、机关算尽,最终耗完家族元气,树倒猢狲散。其中,四大家族"爬灰的爬灰,养小叔子的养小叔子"[13],伦理纲常败坏殆尽,无法避免走向衰败。曾国藩在给儿子曾纪泽的信中提到,要想使家族和睦绵延,就应该做到"三致祥":"教致祥,勤致祥,恕致祥。"[14]要让家里祥和,一是要有"教",教子以孝,教子有德,教子有行,家人有教养,家庭才能和睦。二是要能"勤",人人勤奋,家族勤劳,便能致富,便能发展。三是要能"恕",学会宽容,遇到问题相互体谅,相互理解,相互沟通,商量着解决。

三、勤俭

居家切要在"勤俭"二字。勤俭,不是要忙忙碌碌,也不是吝啬小气,而是要养成一种生活态度。

在中国文化中,士大夫几千年都歌颂幽兰,就在于幽兰代表着一种精神,它不会因为没有人欣赏而改变风姿、操守和本性。著名的古琴曲《空谷幽兰》,便是描写长于空旷的山谷里的兰花,可能一生都不会有人来欣赏,也不会遇到知音,但它仍能风姿绰约,操守严明,本性不改。能一时耐得住寂寞和孤独,是贤人;能一生耐得住清贫和独立,是高人。因为只有充实的内心,才能与山水为伴,与云天相观,与内心相处。

幽兰精神的实质,是无论是否有人欣赏,都保持本性,守着内心。也就是说,今天可能不出门,我们是否还能把自己收拾整齐;今天可能无人来访,家中是否还要打扫仔细。这看起来似乎是一个小事,却恰恰体现为我们所做的一切,究竟是为了自己,还是为了别人。

人的教养,不是在人声鼎沸处的温良恭俭让,而是在独处时的一丝不苟。

因此,勤俭作为生活态度,体现的是人自觉的修养,不是为了外在的好评、风光,而是内在的自我尊重。力量用在关键处,有钱使在刀刃上,这才是勤俭持家的内涵所在。我们常说"悠着点",不是吝啬,不是有钱不舍得花,而是一种人生智慧和生命体验。道家认为俭,是遇事时给自己留条后路,不恣意享乐,不劳费精神,懂得惜福,才能长生久视。因此,勤俭,是要求我们多做事,常惜福,不糟蹋,不浪费,不折腾,能够懂得珍惜眼前,留意天长地久。

中国人的家规、家训,必以勤俭为教。如郑太和《郑氏规范》言:"家业之成,难如登天,当以俭素自绳是准。"朱柏庐《治家格言》也说:"居身务期俭朴,训子要有义方。"以孝悌亲情,使家庭上下有节;防邪杜恶,使家族积善不衰;忍让团结,使家族和睦安定;勤俭耕读,使家族福祚绵长,便是古代中国齐家之道中的要义。

第二节　处事

　　成家而后立业,立业是成就自己的事业,读书修养的目的,在于涵养心志,行其所知,成就事业。中国文化中对此有怎样的认知呢?

一、节义

　　在中国文化中,节,是指人有底线、有原则。义,是能负责,能承担。节义,是说一个人能坚守人之为人的根本,有原则,有担当。韩愈言:"士穷乃见节义。"[15]人在穷困窘迫之时,最能彰显其节义。富而好礼,穷则守道,越富贵越该讲规则、守礼法,越困窘越要坚守道义。富而好礼,别人就抓不到你的把柄。穷则守道,就会赢得别人的尊重。衡量一个人的人品,可以看他在穷困时,能不能坚持走正路。即便面对财富,也要坚守原则,一是义中求财,二是义中取利,该做的事要做,不该做的事不做。

　　孟子言:"生,亦我所欲也;义,亦我所欲也,二者不可得兼,舍生而取义者也。"[16]义即责任,仁人志士在抉择时,能放弃生命选择道义。孔子也说自己的人生原则:

饭疏食饮水,曲肱而枕之,乐亦在其中矣。不义而富且贵,于我如浮云。[17]

每天粗茶淡饭,可以枕着胳膊入睡,无忧无虑,无咎无愧,坦然自若。不合乎道义而获得的富贵,对自己只是浮云,看得很开,看得很淡。这便是有原则的操守,能仁爱的独立。

春秋时,管仲辅佐齐桓公,使其九合诸侯,一匡天下,成为周襄王时期的霸主。齐桓公志向远大,却缺点分明:好打猎、好喝酒和好美女。

一次,齐桓公问管仲说:"天下社稷可以稳定吗?"

管仲说:"您如果成为霸王,就可以,否则不行。"

齐桓公说:"我不敢当霸王,只想让天下安定。"

管仲说:"您要是不想当霸王,那我就不跟着你干。您要是只当个普通的国君,是管不了天下之事的,我还跟着您干什么呢?"

齐桓公忙说:"我想当霸王。但是我好玩,喜欢打猎。"

但管仲说虽然不好,但不影响我们的伟大目标。

齐桓公又说:"很不幸,我还喜欢喝酒。"

管仲说这也不影响。

齐桓公又不好意思地说:"我还个污点,我非常好色。"

管仲说:"这些都不影响,只要不优柔、不愚蠢就行。"

齐桓公就说:"那我干。"

两人便通力合作,内修国政,外扶诸侯,成为诸侯们尊重的霸主。

管仲去世前,齐桓公便问管仲:"你去世后,易牙和竖刁都对我很忠诚,可以重用吗?"

管仲说:"绝对不行,千万要把这两个人赶走。"

易牙是齐国最出名的厨师,擅长煲汤;竖刁是桓公的宦官,负责起居。齐桓公便有些犹疑。

管仲说:"这两个人不赶走,必成后患。"

齐桓公听了很生气,说:"一次吃饭时,我说人间美味都吃遍了,唯独没吃过人肉。易牙回家就把自己的孩子杀了,煲了汤给我喝,多么忠诚!"

管仲说:"一个人连自己的孩子都杀了,骨子里是没有善心的。没有善心,一定另有所求。他为荣华富贵,可以把亲子杀掉,为了荣华富贵,还会铤而走险。"

桓公又说:"竖刁也很忠心,为了侍奉我,自己阉割做了宦官,说明他爱我超过爱自己。"

管仲说:"一个人能对自己下得了手,对别人更能下得了手。"说完后,管仲就去世了。

齐桓公听从管仲的遗言,把易牙、竖刁赶走了。但过了一段时间,就觉得饭没味道,便想起易牙。没有竖刁侍奉,桓公也觉得无聊。便把这两个人叫了回来。

桓公年老时,无力理政,易牙、竖刁便开始蒙蔽齐桓公,把持朝政大权。竖刁辅佐齐桓公的小儿子继位,将桓公软禁在宫中,直至活活饿死。

管仲在时,能补君之过。桓公是一个英明的霸主,虽然桓公有诸多不足,但管仲能使其保持在节度之内。但当管仲去世之后,齐桓公失去了节义的要求,便任由饮食、男女之欲放纵,不仅毁了自身,而且也使得儿子们因为王位之争而毁了齐国的霸业。

任何人都有食、色之欲,关键要能够对之进行约束,将之保持

第六章 立业　267

在合适的限度之内,无论何时何地都要坚守底线、承担责任。《管子》言治国要诀,以礼、义、廉、耻为国之四维。礼是规则,君臣上下都要遵守秩序;义是责任,君臣百姓都要各尽其责;廉,是廉洁,各司其职,各取其财,不能有非分之心;耻,是羞耻,人要能够反躬自问,社会要形成正确舆论导向。百姓如道规则、责任、廉耻,就能富国强兵,井然有序;如果不断失去底线,失去原则,一个单位、一个国家、一个社会就会陷于水火之中,相互争夺,相互倾轧,难以凝聚人心,自然一盘散沙。

二、负责

顾炎武说:"保天下者,匹夫之贱与有责焉。"[18]人在社会,不论职务高低,身份贵贱,都有要担负的责任。中国文化认为,人都是秉承天命而生,来到这个世界,就要担负相应的责任,为人子,为人夫,为人父。每个人都担负起责任,社会才能形成一个有机整体,才能有序运行。

负责,有三层含义:一是命运中定数。一个人能成就多大的事业,能有多少财富,得寿几何,古人认为似乎是冥冥注定的。孔子说:"五十而知天命。"天命,实际是外部因素综合而成的客观条件,出生环境、教育程度、心性修为、现实机遇综合而成的要素决定着一个人适合做什么,不适合做什么,能做成什么,能做到什么程度,是不以人意志为转移的外部条件。年纪越大,越明白人的自身局限性、历史局限性。负责的第一层含义,便是承担起自己的使命,把自己能做的事做好。

二是要想成就事业,改变命运,需要调整心性修为。与其求于外物,不如求变于己。尽量远离污浊之人,远离污浊之物,多接触正人君子，少与邪恶之人往来，不断调整自我，尽可能地朝着高远的目标前行。

三是要勇于负责。要成就事业，就要对自己负责，对手下负责。让合作者、追随者没有后顾之忧，才能组建有战斗力的团队，能够做到"扬善于公庭，规过于私室"[19]，相互勉励，一起成长。管仲曾对齐桓公说：

明王有过则反之于身，有善则归之于民。[20]

国君做成了事，要归结于大家努力；国君有了过错，应该反求诸己，反思是不是自己决策的失误。古代中国发生自然灾害，国君要反思是否因为自身德行有失，导致上天的惩罚。有时还要下诏罪己，让全国百姓提意见、建议，自己则素服避殿，反省过失。罪己诏中常用的一句话是："朕躬有罪，无以万方；万方有罪，罪在朕躬。"[21]意思是，如果我做错了事，上天要惩罚，就惩罚我一个人；如果百姓有了过错，是我没有管理好百姓，罪责也在于我，请不要惩罚百姓。要想真正的让部属心服口服，就要负起责任："有过而反之身则身惧，有善而归之民则民喜。"[22] 有了过错，主动反省，倍加谨慎；有了功劳，归之于大家，增进大家尊敬。

要想获得别人的支持，要常怀惭愧之心，常怀感激之情。自己取得成绩，首先要感激给予我们帮助的人，包括领导、同事与部属。这不是管理技巧，而是一种修养，是一种发自内心的感激。事业发展到一定层面，我们要把管理艺术内化为个人修为。还要时刻警醒自己，其实自己可以做得更好，可以做得更完美，大家对我们这么信任，还是没有达到理想的目标，或因为才能不够、或因为懒惰、

第六章 立业

或因为考虑不周,这样就把每一次成就当成了淬炼心志的机会。有时候,朋友可能用心地帮我们了,但没有效果,也要感谢人家,这是一种负责的态度。让每一个帮助我们的人,让他感受到我们的感激之情,感觉到我们还可以做得更好,有着更加深远广阔的前途,这样就会获得更多的帮助。

《说苑》言"明主有三惧":

> 一曰处尊位而恐不闻其过;二曰得意而恐骄;三曰闻天下之至言,而恐不能行。

一是地位越来越高时,最担心的是做错事没人提醒。二是取得成功以后最怕骄傲。事业顺风顺水时,也是祸患潜藏最多时,得意忘形,就容易失去准确判断,骄傲自大,便有倾覆搁浅之危。三是听到别人的至理名言,怕不能去执行。三惧概括起来,是提醒人地位高了,容易忘乎所以,刚愎自用,而听不进去别人的批评与建议。

古人言:

> 兴国之君,乐闻其过;荒乱之主,乐闻其誉。[23]

一个国家蒸蒸日上时,国君往往乐于听到别人提不同意见,这是兴国之君的所作所为。一个国家走下坡路时,国君多喜欢赞扬之声。一个企业也是如此,刚开始创业,会征求很多人的意见。企业做到一定规模,企业家就会认为自己的想法最好,不再咨询他人,有时就会出现战略性的决策失误,以致倾覆。

一个人要取得成功,至少需要四种人帮助。第一,需要高人指点。高人并不是指什么都比我们强,而是说某一方面特别优秀,能够看到我们的不足与失误,提出意见和建议。第二,需要贵人帮助,贵人是能帮到我们的人。真正的贵人并不是给我们利益,或者给我们鼓励的人,也不是与我们有血缘关系的人,而是觉得我们是可造之人,发自内心想帮助我们的人。第三,友人互动,无论从事什么行业,一定要有几个好朋友,分享我们的喜悦,分担我们的苦衷。第四,还需要小人磨砺。小人,或是竞争者,遇事能给我们提醒。现在找表扬容易,找批评太难了。当看到走向错路时,有人能够提醒我们,甚至批评我们,而不是奉承着、附和着我们,这是难能可贵的。

三、明敏

明是明通,敏是敏捷。明通,既要有大的抱负,又要有缜密的思路。《道德经》六十三章言:"为无为,事无事,天下难事必作于易,天下大事必作于细,可谓不匮矣。"天下难事、大事要从最容易、最细微处入手。曾国藩也说:"天下事当于大处着眼,小处下手。"以宏观的视角、阔大的格局来看天下事,又要有缜密思路由浅入深地付诸实施。

"君子之心不胜其小,而气量涵盖一世;小人之心不胜其大,而志意拘于一隅。"[24]君子成就大事业,气量阔大磅礴,往往习惯从小处入手做事。小人格局褊狭,却好高骛远,粗心大意。有的言过其实,认为自己什么事都能做,提出了无数设想,没有丝毫可行性,既不能去落实,也无法践行,这就是小人之心不胜其大。曾国藩认为要成事,远大格局与缜密思理缺一不可。[25]如果只有大没有小,那就是吹牛,只有小没有大,就无法发展。除了自己思考外,缜密也指要学会听取别人的意见。古人说：

> 夫听察者,乃存亡之门户,安危之机要也。若人主听察不博,偏受所信,则谋有所漏,不尽良策;若博其观听,纳受无方,考察不精,则数有所乱矣。[26]

做重大决策时,一定要多听取别人意见,要"博其观听",不可盲目地偏信。听取意见时,要纳受无方,不在意地位高低,关键看是否有理。

司马光也说:"凡百事之成也必在敬之,其败也必在慢之。故敬胜怠则吉,怠胜敬则灭;计胜欲则从,欲胜计则凶。"[27]人之所以成功,在于缜密敬慎,把事当成事,就容易用心去做。思考问题时,最基本的态度是庄敬缜密,慎重地去思考,博观广闻,听察有道,如此就可以避免决策的过失。

敏行,是勤勉重践、敏于践行,这是君子最优秀的品质,是知行合一的体现。孔子曾言:"君子欲讷于言而敏于行。"[28]君子少言寡语,敏于践行。孔子还说:"刚毅木讷,近仁。"[29]刚为正气,毅能坚持。木讷,是少说话,重践诺,轻言诺,不轻易承诺,答应的事一定办到。刚毅木讷的要求是,身有正气,坚强刚毅,不多说话,却知行合一。孔子认为这接近于"仁"的境界,可以作为君子的楷模。

敏行并非闻斯行诸,而是做事聪敏凌厉、讲究方法,分清轻重缓急,体现着一个人的才性与能力。古人常言:

> 缓事宜急干,敏则有功;急事宜缓办,忙则多错。事到手,且莫急,便要缓缓想。想得时,切莫缓,便要急急行。[30]

这两句话概括了"缓事急做,急事缓做"的做法。缓事急做,很多事情看似时间充裕,实际应该抓紧时间去做,不可拖沓。有时候上级安排一些工作,要求一个月做完,我们常常会一直拖到最后做,如果突然提前检查,便会陷入尴尬境地。诸葛亮观察人的"七观法",最后一条是"期之以事而观其信",不经意交代给属下一件事情,约定期限,来观察其做事的敏捷程度。就是看看他是立刻去做,还是拖到最后才办,如此可以看出一个人是否讲信用。急事缓做,是遇上急事不敢操之过急,要仔细思考,越忙越容易做错。

　　敏行,能够保证做事有始有终。做任何事情,开始时往往都非常认真,很少有人能够坚持到最后,渐渐地,便走向松懈、怠惰,要么放弃了最初的理想目标,要么疏忽失误而一败涂地。慎始而敬终,立志欲坚不欲锐。观人之志,不要观其志大,而要察其志坚。如何强调长大了要当科学家、当伟人,没有用,要坚定树立一个目标,终生不轻易改变,这才是坚持。做任何事,不在于跑得快,而在于跑得稳、跑得长。人生是场马拉松,比的是耐力,而不是百米冲刺。因此,敏行不是"跑得快",而是"跑得久""跑得远"。成功之道在于久,不在于速。学习中国文化,就是要沉稳发展,长久进步,不求一日千里,但求步步为营,明白自己最擅长什么,作出恰当选择,坚持做好,无论大小难易,都需要刚毅而敏行,慎始而敬终,才能真正立业。

第六章　立业

第三节　用人

《中庸》中提到"治理天下有九经",点明了成就事业的九个关键:

> 凡为天下国家有九经,曰:修身也、尊贤也、亲亲也、敬大臣也、体群臣也、子庶民也、来百工也、柔远人也、怀诸侯也。

放在现代管理的语境中,修身,是让自己具有成就事业的人格修为;尊贤,是尊重贤才、引进人才,形成一个有战斗力的团队;亲亲,是处理好家庭关系、家族关系,然后便治国平天下;敬大臣,是要尊重部属、尊重团队每一个成员;体群臣,是要欣赏手下、体谅手下;子庶民,是要关爱员工;来百工,是要善待工程技术人员;柔远人,想办法让客户、社会接受我们的思路想法,并愿意合作;怀诸侯,是要能与同行、同道处理好关系,形成相互协作的良好局面。在这其中,尊贤、敬大臣、体群臣、来百工皆是涉及选用人、管理人、提拔人的问题。

一、选才

做事,首先在用人。司马光说:"为政之要,在于用人、赏善、罚恶而已。"[31]高拱也曾说："要得天下治,只在用人。"[32]两位宰相都说治理国家,要做好用人、赏善、罚恶。用人,是选用人才。鲁哀公曾经问孔子,说："怎样才能让老百姓信服呢?"孔子说:

举直错诸枉,则民服;举枉错诸直,则民不服。[33]

选拔、重用正直的人,将之放在贪赃枉法之人上,老百姓就会信服;如果任用昏庸无能、贪赃枉法之人,让正直、能干的人沉沦,老百姓就不服我们。

管理的用意,是形成良好的协作关系。几十个工人,要选一个人来管,选什么样的人?是与自己关系好的,还是听话的?还是其中最有威望的?看似简单的一个小问题,决定了用人的思路,也决定了单位的风气。用对一个人,激励一大片;用错一个人,挫伤一大片。选众望所归且有能力的人,就会把大家凝聚起来、激励起来。群众的眼睛是亮的,人皆有自知之明,如果选择的人并非大家心目中的人选,甚至让人大跌眼镜,大家便会觉得辛辛苦苦干,还不如不干,因为领导没有识人之明,风气一坏,既没有凝聚力,也没有战斗力。所以孔子认为,管理也很容易,就是建构一个机制,选择最有德行、最有能力的出任,形成良性循环,就能彻底改变风气,让人心服口服,提高凝聚力。

究竟什么样的人才算是人才呢?苏轼言:

人才以智术为后,而以识度为先。[34]

人才,不是多聪明,也不是看心术,关键要看见识、度量,"大事不糊

第六章 立业 275

涂之谓才"。[35]人才是要承担重大责任,不要看小事。很多一事无成的人,常常在小事上极其聪明,大事上则犯糊涂。能够成就大事业的人,则是小事不计较,大事上极精明。古代中国有很多辨识人才的经验,《六韬·龙韬》中提出了"八征",列举了观察人才的方法:

> 一曰问之以言以观其详。二曰穷之以辞以观其变。三曰与之间谍以观其诚。四曰明白显问以观其德。五曰使之以财以观其廉。六曰试之以色以观其贞。七曰告之以难以观其勇。八曰醉之以酒以观其态。八征皆备,则贤不肖别矣。

一是通过询问观察其说话有没有条理。言为心声,思想有条理,说话便有逻辑感。与之略聊数句,可知其思路是否清晰。如果一个人思路混乱,说话则没有条理,聊了半天,不知道要说什么,说不清楚,便是因为没想清楚。

二是通过交流观察其应变能力。反驳他的观点,看其是否想清楚,是否准备充分,是否对这个问题有深入思考,有的人会左右逢源,有的人则张口结舌。应变,就是没有准备时,如何在短时间内组织材料、形成思路并进行有条理的表达。

三是通过其他的人或事观察其是否诚实、是否忠诚。中国文化认为诚实是令人信赖的品格,也是是否值得托付的关键。

四是通过明知故问来观察一个人的德行。比如某人在银行办业务,业务员操作错误了,多给其账户中输入了十万元,跟银行约定第二天去办理退还事宜。其打电话时正好跟朋友聚会,大家听了便立刻讨论开来,有的说不是自己的钱就要还给银行,有的说这个钱不能轻易还,总要说点什么吧。对这件事的态度,可以看出人的德行品性。

五是通过钱财来观察是否清廉。北魏迁洛之后,府库充盈,绢帛堆积,胡太后便把多余的绢帛赏赐百官,让百官量力自取,不限多少。有的官员扛得太多,有跌倒伤及踝骨的。太后看不下去,责令其空手回去。侍中崔光只拿了两匹绢帛,太后问其原由,崔光回答说:"臣只有两只手,只能拿两匹。"大家都服膺其清正廉洁。

六是通过美色来试探是否好色。七是诉说困难观察谁勇于负责,能共渡难关。八是观察酒醉之后人的本性,来看其在无法控制自己时的言谈举止,确定其自我约束能力。

《吕氏春秋·论人》也提出了一个"八观六验",以观察人更深刻的德行气质:

> 凡论人,通则观其所礼,贵则观其所进,富则观其所养,听则观其所行,止则观其所好,习则观其所言,穷则观其所不受,贱则观其所不为。喜之以验其守,乐之以验其僻,怒之以验其节,惧之以验其特,哀之以验其人,苦之以验其志,八观六验,此贤主之所以论人也。

通则观其所礼,一个人亨通发达,官也做顺了,钱也赚到了,要看其是不是讲规矩。事业做成功,又讲规矩,才是值得尊敬的人。

贵则观其所进,一个人职务提高,要看他推举的人是谁,是君子还是小人?君子不一定能成事,但绝对不会坏事。小人也许能成事,但更能坏事。如果地位高,推举正人君子,这便是君子所为。

富则观其所养,一个人富有之后,要看他养什么样的人。战国时孟尝君、信陵君等公子都养了一大批失业的读书人,也有鸡鸣狗盗之徒。放在我们现在的语境下,就是有了资金、有了财富,愿意去做什么事:是扶危济贫,雪中送炭?还是花天酒地,锦上添花?

听则观其所行,即听其言观其行。观察一个人的诚信、诚实和诚恳,看其能否做到言行一致,知行合一。

近则观其所好,观察其亲近什么人,疏远什么人。物以类聚,人以群分,观察其朋友与交游就知道他的品性、境界和爱好。

习则观其所言,特别熟悉、特别了解的人,要听他谈对世道人心的看法。有的人只说不做,有的人做了不说。熟悉之人常聊天,观察他思考问题的角度,做事的路径和心中的底线,便能深入了解其品性。不熟悉的人,则要听其言观其行。

穷则观其所不受,穷困潦倒时,走投无路时,让其做违心、不义之事,是愿意去做,还是断然拒绝,很能看出一个人的操守。

贱则观其所不为,地位卑微之人,看他是否有做人做事的底线,坑蒙拐骗的事情要不要去做,是否能够坚守本心。

八观,意在观察人基本的品行道德,可以确定一个人的基本素养。六验,则是通过不同情绪体验中的表现,来了解人的修为。特别高兴时,看他会不会忘乎所以;特别快乐时,看他是不是原形毕露;发怒时,看他能不能管住自己;恐惧时,看他有没有操守;伤感时,看是不是有爱心;痛苦时,看是不是有志向。

观人意在确定品德性情,用人是将选拔出来的人使用好。第一,要认识到人的才德不同。"天下之人,材德各殊,不可以一节取之。"[36]用人不必求全责备,不能用固定标准去衡量人才。第二,要能够"因其材以取之,审其能以任之,用其所长,掩其所短",[37]有的人善于与陌生人打交道,让他向外发展;有的人擅长同熟人打

交道,则要留在内部做事。《淮南子·泰族训》讲了用人之扬长避短之法:

> 故勇者可令进斗,而不可令持牢;重者可令填固,而不可令凌敌;贪者可令进取,而不可令守职;廉者可令守分,而不可令进取;信者可令持约,而不可令应变。五者相反,圣人兼用而财使之。

勇敢者可以进取,而不应该让其固守,其善于开疆拓土,让他去做向外发展。持重者反应迟缓,可以守住家业,不应该让其出征作战。贪婪之人爱财,给他越多,做得越多,可以进取,不可以看守。爱财之心用对了,就是好事,激励他去销售、去做事,多做多得,反而能够取得更大成绩。有的人对钱没概念,不爱钱,是优点,可以做财务,不会把钱装在自己口袋。但由于对物质激励也不敏感,难以奖励他做更多的事。有的人诚信,让他去履行合同,但缺乏应变能力,则容易被人误导。人的才性不同,有的人擅长谋划大局却不能随机应变,有的人聪明敏捷却没有远见卓识。才能各异,能有大小,不可强求,用人的关键,在于让人人尽其能。

唐代政治家陆贽认为:"人之才行,自昔罕全。苟有所长,必有所短。若录长补短,则天下无不用之人;贵短舍长,则天下无不弃之士。"[38]人皆有所长、有所短,若能取长避短,天下无不可用之人;若只看短处,天下便无可用之才。关键取决于用其之长,避其所短。欧阳修也说:"任之必专,信之必笃,然后能尽其材,而可生成事。"[39]要用人,就要敢于赋权,敢于信任,让其全力以赴去做事。只让人才负责,而不给人才权力,其有天大才能,也无法伸展

第六章 立业 279

拳脚。既然选择之,就要信任之,有缺点、有失误要包容,若在职位上,就要维护他的权威,使之敢于做事,便于做事。

二、敬贤

敬贤,即尊敬贤才、笼络贤才,这是选人的法则,也是用人的关键。东汉杨震言:

> 政以得贤为本,理以去秽为务。[40]

管理的第一要义,就是选用人才,建构团队。管理的第二个关键,便是要建立制度,实现流水不腐户枢不蠹。其中的"秽",既指人,又指事,管理就是要想办法把内部冗余人员、害群之马去掉,让做事之人、成事之人不受干扰,心无旁骛地发展。

能否得到贤才,取决于自己的品性、操守和度量。周朝之初,只有一百里的封地,周文王之所以能够得到天下拥戴,在于其德行仁厚。周文王以礼待人,士人愿意为其所用,诸侯愿意归附。要想招纳贤才,让人才跟着干,首先要有目标,其次要有德行,然后要有度量。三国时,关羽、张飞作为刘备的左膀右臂,生死相托。刘备嘴皮一般,水平一般,武功也一般,但所有人都知道他是个好大哥,关羽、张飞被他感动了,愿意与他一起打天下。诸葛亮、赵云、黄忠也被他感动,愿意辅佐他。要做好管理,必须有一个核心团队,有一批追随者,若对手下没有爱心,不尊重部属,便难以赢得他们发自内心的支持。看似人员济济,做事时不去尽力,遇到困难一哄而散,遇到利益一哄而上,这样的团队终究一事无成。

怎么赢得人才的追随呢?一是靠事业。贾山《至言》中说:"尊其爵禄而亲之。"要给人才以足够的待遇。古代赏赐大臣有三种：一是封王封侯，相当于我们现在的分股份，与天子共享荣华富贵；二是给厚禄，给予很高的年薪，让其衣食无忧；三是赏赐爵位，给很高的荣誉，让其感到被尊重。只有给予足够的待遇，他们才会愿意一起做事。二是靠情感，"疾则临视之无数，死则往吊哭之"。部属病了，要亲自前往看望抚恤；遭逢不幸，要亲自悼念、安慰亲属。意气相投，情感相通，便能志同道合，少生罅隙。

识才，是知道什么样的人才算是贤才，什么样的贤才能够为我所用。在《六韬》中，文王问姜太公："什么样的人能用？"太公回答说："要看六个方面：仁、义、忠、信、勇、谋。"一要看其人是否善良；二要看是否有责任感，能否担起责任；三要看是否忠诚；四要看是否诚信；五要看是否勇敢；六要看是否有谋略。

怎样评断是否具有六项品质呢？太公讲了六条：富之而观其无犯，富足时，看他能否包涵别人。贵之而观其骄，地位高时，看他是否骄傲。付之而观其无转，交给任务看他能否坚定不移地完成。使之而观其无隐，做事时观察他是否有所隐瞒。危之而观其无穷，危难时看他是否沉着稳重，临危不惧。事之而观其无穷，任务繁重时看他能不能应对自如。

用才，要能够把人才安排到适合的岗位上。刘邦之所以能够取得天下，关键在于识人用人。适合带兵打仗，就让他做将军，比如樊哙；能够论功行赏、运筹帷幄，就让他做丞相，比如萧何；适合出谋划策的，就让他做谋士，如张良；能够统率三军的，就让他作大将军，比如韩信。人尽其才，各尽其力，刘邦只要管好这几个人，就把大事业做成了。

三、组织

组织管理的意义,是形成良好的秩序。秩序的形成,一是靠制度,二是靠经验。《管子·五辅》说:

> 故善为政者,田畴垦而国邑实,朝廷闲而官府治,公法行而私曲止,仓廪实而囹圄空,贤人进而奸民退,其君子上中正而下谄谀。其士民贵武勇而贱得利。其庶人好耕农而恶饮食。于是财用足……

管理国家,要顺势而为,尊重传统。农民安心种地,人口增加,财富充盈,内外无事,秩序井然。制度可以自然而然形成,如果不知道怎么管人,就因俗为制,把老百姓习以为常的做法维护起来,世道人心得以弘扬。没人敢徇私枉法,能公正提拔中正的人,良好的秩序便建立起来。

组织管理,关键抓好三个问题:

> 一曰德不当其位,二曰功不当其禄,三曰能不当其官。[41]

一是德行能否与职位相配。德行不足,位高身危。企业没有德行,做得越大垮得越快。提拔之人,德不配位,无法服众,必有灾殃。二是薪酬能否与付出成正比,功劳大酬劳少,便会心生怨恨而跳槽;功劳小报酬多,就会养一批懒人。三是职务是否体现能力,能力很强,职位很低,像韩信在项羽手下,只是执戟之士,站岗放哨,他自觉没有前途,投奔刘邦,指挥汉军打败项羽,项羽可以说是自毁长城。

汉末荀悦作《申鉴》献给汉献帝,希望献帝参考其说治理国家。丞相曹操读完之后,大为欣悦,采用《申鉴》之策,很快便统一北方。其中提到治国必须"先屏四患,乃崇五政"。认为国家要想治理好,须去除四种祸患:"一曰伪,二曰私,三曰放,四曰奢。"这四种习气是毁掉国家的关键。

　　一是说假话、虚伪,要么吹嘘自己,要么相互吹捧,这是相互欺骗,久而久之,就成不说实话,不务实事的风气。二是自私,容忍自私自利之人走到领导岗位上,就会导致执政不为公,使得国家成为个人的私器。三是放纵部属,没有规矩,想来就来,不想来就不来,放纵逸乐,没有约束,组织就会涣散。四是奢侈浪费,生产者少,耗费者多,国家就会越来越穷。

　　杜绝四患后,还要做好五件事。一是兴农桑以养其生,以农为本,抓好生产。二是审好恶以正其俗,养成良好的社会风俗,形成明确的是非观念。三是宣文教以章其化,教化百姓,形成良性的社会舆论。四是立武备以秉其威,强化国防,不被外侮。五是明赏罚以统其法,要赏罚分明,制度严格。曹操用五政杜绝四患,西退马韩,北败二袁,南灭刘表,统一了北方。

　　中国文化非常重视君子、小人之分,我们可以补充一下。君子是概括德才兼备的理想人格,小人是才德不足的现实人格。修身养性的目的、礼乐教化的目的,都是为了培养理想人格。古人认为,可以通过说话声音分辨出君子、小人:"君子声深,小人声浅。"君子说话,声音深沉浑厚,有中正之气;小人声音浅,不是从胸部腹部发出的,是从喉咙发出,像小孩子声音,单薄尖细,没有中气。小人喜怒形于色,反复无常。

　　还可以通过做事分辨君子与小人。孔子说:

> 君子易事而难说也。说之不以道,不说也。及其使人也,器之。小人难事而易说也。说之虽不以道,说也。及其使人也,求备焉。[42]

小人易进而难退,君子难进而易退。刘备请诸葛亮出山,拜访三次,才得到诸葛亮的认可。诸葛亮临行前仍叮嘱家人,把房子看好,未来我还要回来种地。诸葛亮辅佐刘备,又因托孤辅佐后主,鞠躬尽瘁,死而后已。这就是君子之行,遇事非常慎重,不会轻易许诺,一旦答应,就会义无反顾,全力以赴。假如出现问题,无法继续,好聚好散,到此为止。小人正好相反,三言两语,便套近乎,主动要求各种职位,合作一旦出现分歧,没完没了地纠缠,想分开都很难,又要赔偿,又索回报,这就是小人。

此外,组织要宽中有严,严中有义。到一个企业参观,发现厂房、设备非常整洁,库存非常充实,管理者以宽容行政,内部运作非常有序,大家都按规则做事,不徇私情,说明单位形成了良好秩序,这便是组织的有序。《管子·五辅》中言理想的组织形态:

> 是故上必宽裕,而有解舍。下必听从,而不疾怨。上下和同,而有礼义,故处安而动威,战胜而守固,是以一战而正诸侯。

管理者对下宽容,尽量减轻下属负担,下属遵从命令而没有怨恨,组织内部上下一心,井然有序,就能无往而不胜。

管理的宽厚、宽容,但不代表要宽容邪恶之事。司马光说:"宽而疾恶,严而原情,政之善者也。"[43]施政宽裕,是以杜绝丑恶为前提,体察人情与制度严格相结合,严中带有情义,赏罚不是目的,而是维持秩序的手段。做到宽严相济,张弛有度。"张而不弛,则过于严;弛而不张,则流于废。"[44]总是绷得很紧,太过严苛,都会觉得很累。如果太松,组织失效,就会什么事都做不成。

第四节　谋略

中国文化重视谋定而后动,《说苑》言:"谋先事则昌,事先谋则亡。"做任何事,要先谋划清楚。深念远虑,胜乃可必。没有谋划,直接动手,一边做一边想,往往会半途而废。"知人者智,自知者明;胜人者有力,自胜者强。"[45]谋略有两个基本原则,一是要知人,真正了解别人,就能有备无患。二是要自知,了解自己,知道自己的成败关键,而且能克服自己的不足,才能游刃有余地面对未知世界的挑战。谋,是谋划;略,是战略,是在行动之前,知道自己要做什么、如何去做。

一、明法

明法是做事要有法度,形成一套行之有效的制度、规矩。管理有个维度:一是用制度去管理,二是用经验去管理。用制度来管理更多是法治,没有规矩不成方圆,制定制度,大家据此做事。用经验管理更多是人治,一事一议,利用人际关系,与熟人合作,凡事商量着办。

制度管理要建章立制,王安石曾说:

> 立善法于天下，则天下治；立善法于一国，则一国治。[46]

这是从治理国家的角度论述法度作用，确定一个最适宜、最有效的制度去管理，以此约束彼此的行为，形成一个基本的价值观。以此为要求，"善则赏之，过则匡之，患则救之，失则革之"，[47]做到"万事皆归于一，百度皆准于法"。[48]

善，是集仁、义、忠、信、勇、谋等道德要求在内的行为方式的总和。做到其一，就应该予以肯定、褒奖。如果违背善的理念或有损于善的行为，要要及时纠正。企业有召回制度，看起来赔了钱，却维持了一个品牌的正面形象。出现隐患时，要想办法补救。我们都知道自己的命门在什么地方，有的是资金流失，有的是技术落后，有的是人才短缺。发现隐患时，及时补救，或扬长，或补短，要知道自己的缺点在哪，优长在什么地方，优长就要发挥到极致，缺点要想办法把它补救上。当发现决策、模式、技术等走上歧路或者落伍时，要及时变革。

在中国文化中，礼法的制定是以人情、人性作为内在要求。没有规矩不行，但规矩一定要简明扼要，既不能让人轻易钻空子，失去规矩的意义；也不能定得很繁琐，让人无所适从。

制定了法度，便要严格遵守。张居正言：

> 天下之事，不难于立法，而难于法之必行。[49]

执法远比有法更重要，自古王朝的衰落，不在于无法，而恰恰在于法制松弛。任何制度时间一长，人们便会发现其中的漏洞，利用法律规定的漏洞或者执行中的松懈，在违法与守法的边缘地带进行

第六章 立业　287

活动,利用人本性之恶,松动司法的藩篱。因此,汉、唐、宋、明、清中叶,便推动变法,试图重新调整秩序,来挽回王朝的命数,但"国无常治,又无常乱,法令行则国治,法令弛则国乱",[50]但积重难返,习以为常,这些变法很难振弊,不在于所变之法的优劣,而在于大家已经习惯了利用制度、律令的漏洞去谋利,所以新法立意虽然是革弊,但却成为新的利益分配的手段,成为诸多人借以渔利的工具。

古代中国的皇帝,既是家长,为皇族的领袖;又是国君,为国家的最高长官。如果两种身份交杂起来,朝政管理就会紊乱。在国家管理体系设定时,便将二者严格区分。朝廷的税负归户部管,皇家的收入归少府或内务府管,两者泾渭分明。康熙晚年时追缴户部欠款,皇子还不上,康熙只好拿内务府的钱还户部。明法,便是建构明确的制度,形成必要的规矩,约定彼此的界限,把公私分清楚,权利、义务分明,大家各行其是,便能运行有序。

二、守正

做事要正,就是要有堂堂正正之气;谋略要奇,就是能够随机应变。陆九渊说:"任贤、使能、赏功、罚罪,医国四君子汤。"[51]四君子汤是中医里常用汤剂,由人参、白术、茯苓、甘草四味药组成。一个人中气不足,四君子汤主之。陆九渊以此作比喻:人正气不足,当用人参、白术、茯苓、甘草治之;如果国家正气不足,则应该用任贤、使能、赏功、罚罪四味药来救治,使得朝廷有正气,能够除尘布新,保持活力。

《管子·牧民》中也说了国家要昌盛,也必须树立"四维":

> 仓廪实则知礼节，衣食足则知荣辱，上服度则六亲固，四维张则君令行……四维不张，国乃灭亡。

要让人民负责任，懂规矩，先让百姓吃饱穿暖，先解决温饱问题。然后再解决认同问题，明确哪些事情是光荣的，哪些事情是耻辱的。形成社会共识，就能相互尊重。有了相互尊重，制度运行才有保障。这是管仲给齐国开的药方，他认为"礼、义、廉、耻"是治国的根本。

从个人角度来讲，人也要形成正气。《中庸》中说：

> 天下之达道有五，其所以行之者三。曰君臣也，父子也，夫妇也，昆弟也，朋友之交也，五者，天下之达道也；智、仁、勇三者，天下之达德也。所以行之者一也。

君臣、父子、父母、兄弟、朋友五种关系，是人人必须面对的、最基本的社会关系，要想做成事，必须把这五种关系处理好。要想处理好五种关系，需要智慧、仁爱与勇气，三者是面对人世间世事纷纭的最高德行，无论天资如何、采用什么样的方法、出于什么样的心态，对外部事物理解的智、对天下关爱的仁、面对困难的勇，决定着做事的方向与出路，是人应该坚守的道德品质。

守正为本，变通为用，二者相辅相成。苏洵说："泰山崩于前而色不变。"[52]苏轼也说："临大事而不乱。"[53]内心有了持守，有了底线，做任何事情都会泰然自若，不被威逼，不被利诱，能够"知通乎大道，应变而不穷，辨乎万物之情性"。[54]把握万事万物变化的规律，守住做事的原则，应对万方。季羡林先生曾说："假话全不讲，

第六章 立业

真话不全讲。"人,不要讲假话,尤其是那些廉价恭维的假话、毫无意义的闲话、恶意骗人的谎话。但是真话却容易伤人,因此不能全讲,要有所保留,留一点余地。知有所言,有所不言,守住为人之道,就能圆融处事,毫无滞碍。

一些话讲与不讲,要以是否符合道义为根本。无论怎么说,原则是不变的。治理国家也是如此。《淮南子·原道训》言:"圣人守清道而抱雌节,因循应变,常后而不先。"守道而变,万变不离于宗,天下皆运于掌。因循,是按照规矩、尊重传统去做事,明者因时而变,智者随事而制。不变的是原则,是基本的规律,是根本的立场;变的是方法,是策略,是手段。要根据条件去调整,根据事情的变化规律制定策略,既不要盲动,也不要教条,坚守原则,应对变化。下棋的高明,在于依照规则变化无穷,不可拘于棋谱,也不能离开了棋谱;治病不能囿于古方,也不能完全弃经方而不用。

三、决断

做事要判断,要决策,才能运筹帷幄,决胜千里。那么,怎样去判断呢?《管子·版法解》中有条经验说:

> 审治刑赏,必明经纪。陈义设法,断事以理。虚气平心,乃去怒喜。

判断事情的标准有三:一是奖赏或惩罚必须明确,要严格遵守。二是决策要合乎事理,依理断事。三是遇事要平复喜怒之心,形成理性判断,不能让情绪影响到决策。

判断力的形成,取决于情绪的自控能力,包括人的理性精神、理智意识和战略定力。理性精神,在于是否将好恶、亲疏来作为陟罚臧否的依据。理智意识是能够站在客观立场观察人、事的属性,并对其进行恰如其分的判断。战略定力是能较长时段坚守自己的目标,而不被突如其来的小事、杂事所影响。

中华文化认为断事要以"义"为法则:"疑则从义断事,从义断事则谋不亏,谋不亏则名实从之。"[55]如果遇到了一件难以决断之事,单纯用逻辑推理无法决断,那就根据道义与责任来判断,看是否合乎大多数人的利益,是否有助于推动事业向前,是否有助于个人的成长,如果合此三者,就毫不犹豫;如果合乎二者,就尽力去做;如果合乎一调,就尽职尽责,但求问心无愧,无悖于理。

古人认为人要做成大事,必须有三个基本条件:"气力过人,勇能行之,智足断事,乃可以为雄。"[56]气力指的是精力,要有超乎寻常的精力,在众人辛劳之中投入更多的时间和努力,方才能卓然其上。勇能行之,是敢于负责,敢于承担,敢于做事,敢想敢做,想到做到。精力充沛,敢于付诸行动,遇事时还要能分清楚是非曲直,能当机立断。谋贵众,断贵独。谋划时要集思广益,决策时要当机立断,不拖泥带水。如果议论纷纷,谋而不决,有再缜密的思考、再深远的战略,也无法得到执行。

我们在断事时最大的困境是什么呢?《中论》言:

> 人君之大患也,莫大乎详于小事,而略于大道;察于近物,而暗于远数。自古及今,未有如此而不亡也。

太多人是在小事上精明,在大事上糊涂。眼前的事情看得清,长远的事情看不清。许多英雄豪杰都毁在这上面,项羽是常胜将军,但

第六章 立业 291

缺少战略眼光，一是项羽一生缺少战略规划，并没有想清楚起兵反秦的终极目标是什么，缺少号令天下的鲜明旗帜，这在反秦时能够一呼百应，灭秦之后却不知何去何从，只能徒增内讧。二是没能顺应灭秦后人心思治的潮流，稳定天下局势，迅速建立新的王朝，而是选择了楚汉相争，树敌太多，以致众叛亲离，自刎乌江。三是在走投无路时，仍沾沾自喜于自己率队能冲散汉军的包围，逞匹夫之勇。其战术能力超群，却无战略规划，看似取得一个又一个战役的胜利，最终却一败涂地，无力回天。

决断，就是通过理性判断，集小胜为大胜，既要关注于眼前的利益，更要着眼于未来的长远发展，使得每一次选择都能朝着伟大的方向，使得每一次付出都成为未来的积淀，这样我们就能在不知不觉中前行，将日常的烦琐、无聊甚至无奈转化为坚实的路基，成为行稳致远的保证。

【注释】
［1］《孟子·离娄上》
［2］《论语·学而》
［3］《论语·为政》
［4］(明)薛瑄《示京子》，《敬轩文集》卷9
［5］《礼记·祭义》
［6］《周易·文言·坤》
［7］(南宋)袁采《袁氏世范·睦亲》
［8］《论语·学而》
［9］(北宋)司马光《家范·祖》
［10］(明)孙奇逢《孝友堂家规》
［11］《后汉书·史弼传》
［12］(明)朱柏庐《朱子家训》
［13］(清)曹雪芹《红楼梦》第七回

[14](清)曾国藩《曾文正公家训·咸丰十一年三月十三日谕纪泽、纪鸿》
[15](唐)韩愈《柳子厚墓志铭》,《五百家注昌黎文集》卷32
[16]《孟子·告子上》
[17]《论语·述而》
[18](明)顾炎武《日知录·正始》
[19](清)曾国藩、胡林翼《曾胡治兵语录·仁爱》
[20]《管子·小称》
[21]《论语·尧曰》
[22]《管子·小称》
[23]《三国志·吴书·贺邵传》
[24](清)金缨《格言联璧·存养》
[25](清)曾国藩《曾国藩家书·处事》
[26](三国·魏)杜恕《体论·听察》
[27](北宋)司马光《资治通鉴·秦纪》
[28]《论语·里仁》
[29]《论语·子路》
[30](清)金缨《格言联璧·处事》
[31](北宋)司马光《司马温公集·上皇帝疏》
[32](明)高拱《本语》卷6
[33]《论语·为政》
[34](北宋)苏轼《答乔舍人启》,《东坡全集》卷71
[35](清)魏源《墨觚·治篇》
[36](北宋)司马光《资治通鉴·汉纪》
[37](唐)吴兢《贞观政要·崇儒学》
[38](唐)陆贽《请许台省长官举荐属吏状》,《唐文粹》卷29
[39](北宋)欧阳修《为君难论上》,《文忠集》卷17
[40]《后汉书·杨震传》
[41]《管子·立政》
[42]《论语·子路》
[43](明)黄宗羲《宋元学案·涑水学案》
[44](明)薛瑄《薛文清公读书录》卷7
[45]《老子》第三十三章

第六章 立业　293

[46]（北宋）王安石《周公》,《临川文集》卷64
[47]《左传·襄公十四年》
[48]《尹文子·大道上》
[49]（明）张居正《请稽查章奏随事考成以修实政疏》,《张文忠公全集》卷38
[50]（东汉）王符《潜夫论·述赦》
[51]（南宋）陆九渊《语录上》,《陆九渊集》卷34
[52]（北宋）苏洵《心术》,《嘉祐集》卷2
[53]（北宋）苏轼《伊尹论》,《东坡全集》卷42
[54]《荀子·哀公》
[55]《吕氏春秋·召类》
[56]（三国·魏）刘劭《人物志·英雄篇》

结语

中国文化对人如何发展，进行了非常深入细致的思考。《大学》论述了人如何从小我走向大我，把明德、新民、至善作为成就事业的条件，把格物、致知、诚意、正心作为内圣之道，着眼于如何提高个人的修为；修身、齐家、治国、平天下作为外王之道，着眼于如何经世致用，以此阐释了一个人走出心牢、成就事业的路径。让我们了解到，事业是随着自己心性的成长而发展起来的，如果不知道个人得失，就不会知道未来成败。因此，了解自己、认识自己、修养自己，才是我们观察是否做事、如何做事的根本。

如何让自己能够不断成长？如何让自己坚守正道？如何让自己做事顺利？儒家以人性善恶来辨析人的本质，道教主张性命双修，佛家以禅定明心见性，其中蕴含着深厚的人性关怀，分别形成因性、化性、成性等观念，了解人性的本质，不仅可以透视自己，更能看透别人，做到人情练达，不为外部是非轻易困扰。这便需要我们修身养性。一个人的发展，不仅取决于外部环境，更取决于自我的修炼。改变自己，也就改变了眼中的世界，也就改变了自己对世界的看法。

其该如何去做？又该从哪里入手呢？本书讲解了一个人如何

从未知到有知、如何从小我到大我、如何从平庸走向高明的修身方法和做事策略。我们融合了儒家、道家、佛教以及诸子对完美人格的概述，从历史经验和理论建构的角度，阐述了作为一个优秀的人才所应该具有的修为，了解了成就事业的核心根基、团结大家的主要策略，可以全面提升个人修为。

  本书所讲的，只是中国文化的部分内容。国学，作为中国传统文化的学理性总结，内容博大精深，值得我们一生去学习。如果要学习谋略，可以读古代的兵法；要增益心境修为，可以去读儒家经典；要养生，就学道家经典；要养心，便去学佛家经典；要断事，则可以从法家、纵横家学说中汲取营养。在学习西方先进的科学技术之后，我们要重新回到中国自身的传统之中，运用几千年文明积累的经验、教训、策略、方法来审视我们周边的人和事，来审视我们成家立业、修齐治平中遇到的一些问题，能把自身的实际情况与中国的文化传统、西方的科学技术结合起来，师古而不复古，创新而不标新，卓然独立，超乎其上。

初版后记

2009年秋季，我在东北师范大学面向全校硕士研究生开设选修课"国学通论"，研究生院希望通过这门课程提高学生的心性修养，我便以"中国的修养"为题，重新设置了课程体系，对中华文化中的立志、正心、修身、怀德、读书、治学等内容做一个系统解读。当时的授课提纲和参考资料，便是此书的初稿。

这门课开设之前，正好北大国学研究院楼宇烈教授到东北师范大学做学术报告，并受聘为兼职教授。我全程陪同，并忝列讲座嘉宾，侧侍先生，聆听了《中国传统文化的当代意义》，后经我整理，蒙先生允准，赐为序言，使本书蓬荜生辉。

编辑马晓娜当年曾选修了这门课，承蒙她的鼓励，我得以有动力整理出版，作为读书的心得，与大家交流，期待批评指正。

在本书的整理过程中，耿战超、许玲、李媛、张烨等同学帮我整理录音稿，核对引文，使我省了不少时间。张甲子帮我拾遗补缺，并配上插图，使文字增色不少，一并致谢。

曹胜高

2012年8月1日

修订版后记

《中国的修养》2013年出版后,承蒙读者厚爱,很快便销售一空,不得不再次加印,现在市场上很难再买到正版书。出版人期望能重新设计出版,我在张劲锋的协助下,重新校读了一遍,增加了一些例子。其中补充的第六章,是我在清华大学深圳研究生院给中小企业家上课的录音,根据对象的需求,讨论的视角更开阔一些。这次修订使得语言更加凝练,内容更具有可读性,期待与大家进一步交流。

曹胜高

2015年8月1日

精编版后记

近年来，常应邀给国学爱好者、研修者讲解中华优秀传统文化课程，我更愿意讲解的还是人该如何成长，如何发展，如何完善，如何养成适合中华文化的修为与人格，从内到外来改变自己。至于那些权谋、韬略之类的内容，我觉得应该在心性修养之后，才能学习。

这些年来，我们在现代化的进程中走了很远，有些领域甚至走在了世界的前列，世界开始用新的眼光来打量我们的时候，我们也在用新的态度来面对世界。一百年前，我们曾经何等的焦虑，期望能与世界强国平起平坐，享受一个大国该有的荣耀。一百五十年前，我们曾经何等的郁闷，为一个有着五千年文明、一直领先了三千年的大国面对列强瓜分居然无能为力而忧愤不已。现在，我们终于从追赶者变成了超越者，再从超越者变成领先者时，我们该以何种态度来面对新的眼光？

在这过程中，我们很多人都享受到了国家发展、社会进步带来的巨大红利，或者通过读书，从遥远的小山村走进了近在咫尺的大城市；或者凭借努力，从身无分文的青年变成了小有规模的成功人士；或者借助才能，从默默无闻的科员成为了号令一方的领导。身份变了、地位变了、经济条件变了,心态可能也会随之变化:以前的谨慎、敬畏、体贴,现在的草率、虚伪、膨胀,难道人的心态如风中的浮萍,既随波逐流,全无根系?又风中摇摆,全无定力?

禅宗曾有一句话:不是风动,不是幡动,而是心动。这个心,便是人随时随地面对外物的灵动之心和睿智之心。之所以灵动,是因为其随物赋形,应类赋彩,是不由人的意志能够全部控制的;之所以睿智,是我们能通过后天的理性思考,修心养性,能让心猿意马变成专心致志,让心如明月,既能参阅晨露,又能映照万壑。

中华文化中最为核心的学理,便是不厌其烦地讲一个人该如何成长。儒家希望成长为君子,道家希望成长为至人,佛家希望成长为觉者。三者的阐述路径不同、目标也不一样,但都有修心养性、虚心体性、明心见性的内容,成为中华文化最为宝贵的人生理解,而且也培育出无数圣贤、名士、高僧以及英雄、豪杰,证明了其学理的有用性和方法的有效性。由这些人物参与的历史和所组成的社会,曾获得全世界的尊重、信赖和认同,送给了我们一个最高的褒奖:礼义之邦。

礼,是基于道德自觉而形成的行为;义,是合乎群体要求而形成的价值认同。礼义之邦的含义,便是用礼的精神来治理天下的国家。礼,是留存于心中的尺度,是口耳相传的规矩,是无需强制的教养,是道义精神的体现。礼义之邦的背后,体现的是一个国家全体国民的言谈举止、行为规范,是有良好的心性修为而自觉形成的行为方式。

这本书已经面世十余年,这次在内容上做了较大的修订,更注重从中华文化的思理、阐释和经验入手,来谈谈该如何形成理性而平和的心性修为。就像无数花开花落才是春天的样子,我们在无时无刻的成长中才能凝结为心性的成熟。一个人的成熟,是能够管理好自己的心态,健全自己的心性,正确面对生活中不期而遇的困难、艰难和灾难,冷静而客观地面对突如其来的问题,理性而认真地解决无穷无尽的麻烦。

期待对大家有所帮助。

曹胜高

2020 年 6 月 21 日

图书在版编目（CIP）数据

中国的修养/曹胜高著. -- 上海：上海文艺出版社，2021
（中国礼乐文化丛书）
ISBN 978-7-5321-7849-0
Ⅰ.①中… Ⅱ.①曹… Ⅲ.①道德修养－中国 Ⅳ.①B825
中国版本图书馆CIP数据核字(2020)第243875号

发 行 人：毕　胜
责任编辑：胡艳秋
封面设计：钱　祯

书　　名：中国的修养
作　　者：曹胜高
出　　版：上海世纪出版集团　上海文艺出版社
地　　址：上海市绍兴路7号　200020
发　　行：上海文艺出版社发行中心发行
　　　　　上海市绍兴路50号　200020　www.ewen.co
印　　刷：启东市人民印刷有限公司
开　　本：890×1240　1/32
印　　张：10.125
插　　页：2
字　　数：227,000
印　　次：2021年5月第1版　2021年5月第1次印刷
Ｉ Ｓ Ｂ Ｎ：978-7-5321-7849-0/G·0304
定　　价：58.00元
告 读 者：如发现本书有质量问题请与印刷厂质量科联系　T：0513-83349365